★ ★ ★ 让"阅读"变成"悦读" ★ ★ ★

跟着名著学读写

唱晓旭　主编

图说名著◎　名师点拨◎　书宝论坛◎　整本书阅读◎　群文阅读◎　习作指南◎

希望这本书为你打开一扇窗，透过这扇窗，你可以看远方、看世界；
希望这本书是一趟发现之旅，带你发现文学的奥秘，
发现阅读的方法，发现思考的力量，感受写作的快乐！

燕山大学出版社
·秦皇岛·

图书在版编目（CIP）数据

跟着名著学读写 / 唱晓旭主编. —秦皇岛：燕山大学出版社，2021.8
ISBN 978-7-5761-0014-3

Ⅰ.①跟… Ⅱ.①唱… Ⅲ.①阅读课－小学－教学参考资料②作文课－小学－教学参考资料 Ⅳ.①G624.203

中国版本图书馆CIP数据核字（2021）第134381号

跟着名著学读写

唱晓旭　主编

出 版 人：	陈　玉
责任编辑：	张岳洪
封面设计：	刘　丹
出版发行：	燕山大学出版社
地　　址：	河北省秦皇岛市河北大街西段 438 号
邮政编码：	066004
电　　话：	0335-8387555
印　　刷：	秦皇岛市华天印刷有限责任公司
经　　销：	全国新华书店

开　　本：	787mm×1092mm　1/16	印　张：	18.75	字　数：	370 千字
版　　次：	2021 年 8 月第 1 版	印　次：	2021 年 8 月第 1 次印刷		
书　　号：	ISBN 978-7-5761-0014-3				
定　　价：	98.00 元				

版权所有　侵权必究
如发生印刷、装订质量问题，读者可与出版社联系调换
联系电话：0335-8387718

编 委 会

主　编： 唱晓旭

副主编： 李　宁　王　颖

编　者：（按姓氏汉语拼音为序）

　　　　　费　燕　吕婉舟　邵子超　薛　艳

　　　　　杨小光　张翠月　张景然

书宝形象设计： 冯梓铭

序 言

  教育部颁布的《语文课程标准》规定:"要培养学生广泛的阅读兴趣,扩大阅读面,增加阅读量,提倡多读书,读整本的书。"部编版教材的编写更是体现了对课外阅读的重视,特别设立了"快乐读书吧",不仅把课外阅读纳入了语文教材和教学中,还把以前的课外书变成了教材规定的必读或推荐书目,积极倡导阅读中外名著。《跟着名著学读写》以部编版教材"快乐读书吧"推荐书目为切入点,以理解为核心,以思考为着力点,通过阅读名著学习阅读策略、写作方法,从而更深刻地领悟经典名著的深厚内涵,培养学生的思考力、阅读力、写作力,整体提高学生的阅读写作素养。

  阅读指导性的书籍,很怕把本来生动活泼的名著解读为生涩难懂的理论探讨,让人读而生畏。《跟着名著学读写》为了让"阅读"变成"悦读",根据不同文体分为十五章,每章又分为"图说名著""名师点拨""书宝论坛""整本书阅读""群文阅读""阅读检测""习作指南"等板块。

  图说名著:以思维导图的形式介绍阅读书目,名著内容一目了然。

  名师点拨:通过精品示例讲解不同文体的阅读方法和技能,一章一得。

  书宝论坛:"书宝"们的交流让阅读方法更清晰明确,对文体特点的把握更深入透彻。

  整本书阅读:"开卷有益""掩卷而思"让阅读有深度、有广度,快速提升阅读力。

  群文阅读:三本名著精选片段对比阅读,精准训练,有效提升思考力。

习作指南：以阅读书目为依托，精心设计读写结合点，进行及时有效的仿写和创造性练笔，帮助孩子解决"读得多，用得少""读写无法关联"的难题，从根本上提升写作力。

这套书的使用非常灵活：老师可以结合语文教学组织学生阅读，家长可以陪伴孩子阅读，个人可以阅读学习借鉴，几个书友可以一起阅读交流……

为了在更多人的生命中播下一粒具有永恒生命力的阅读种子，我们每一个编者都尽一个语文老师所能，挖掘、呈现出名著阅读和写作的丰富立体、深邃幽远和鲜活多姿，使读者得以深深地呼吸，满满地浸润，在吐故纳新中与阅读写作建立起更为纯粹、亲密的关系。

希望这本书为你打开一扇窗，透过这扇窗，你可以看远方、看世界；希望这本书是一趟发现之旅，带你发现文学的奥秘，发现阅读的方法，发现思考的力量，感受写作的快乐！

目　录

第一章	童话故事	/ 1
第二章	寓言故事	/ 27
第三章	神话故事	/ 47
第四章	民间故事	/ 71
第五章	科普读物	/ 93
第六章	日记体小说	/ 113
第七章	自传体小说	/ 128
第八章	章回体小说	/ 144
第九章	动物小说	/ 159
第十章	红色小说	/ 181
第十一章	探险小说	/ 195
第十二章	科幻小说	/ 216
第十三章	魔幻小说	/ 234
第十四章	漫画读物	/ 257
第十五章	历史读物	/ 267
附　录		/ 291

童话故事 第一章

刨花散开

原木的纹理间荡出一叶小舟

锡兵和芭蕾姑娘立在船头

小艾达与舞会后的鲜花在船舱沉睡

船尾的小人鱼向远方舒展歌喉

这小舟没有旌旗和彩绸

却承载着关乎梦与想象的所有

这条航线没有尽头

每一颗纯洁的童心都是它停泊的港口

【选自云南美术出版社　马嘉恺 译《安徒生童话》（有删改）】

跟着名著学读写

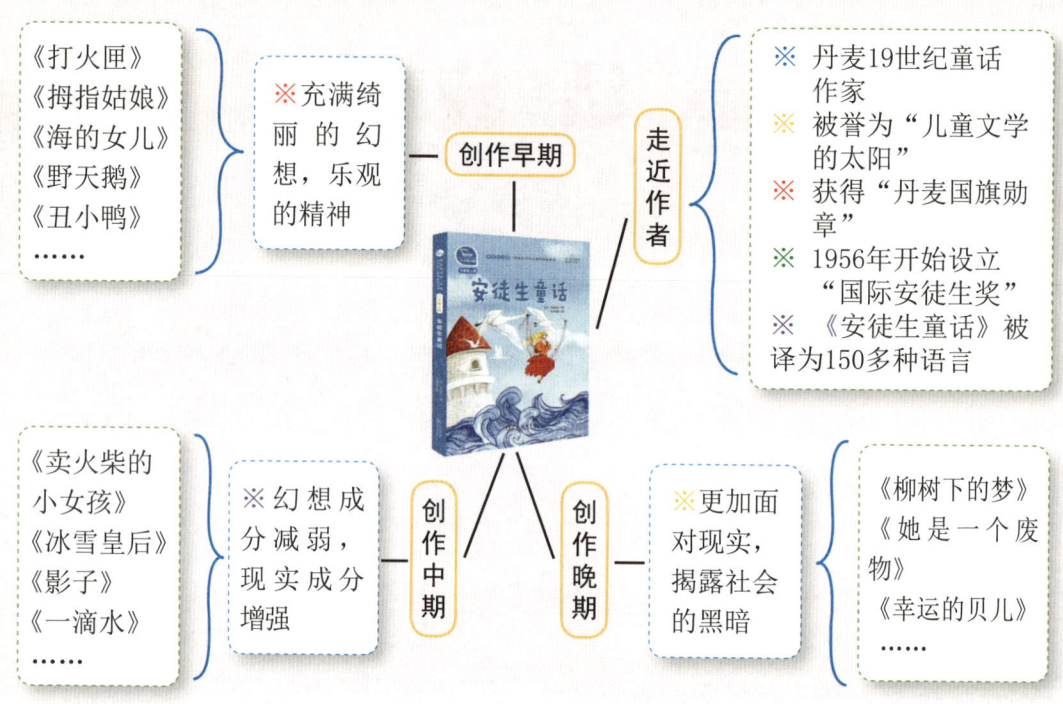

名师点拨

神奇的七色花能实现任何愿望，丑小鸭历尽艰险会变成美丽的白天鹅，灰姑娘乘着南瓜马车参加王子的舞会……有趣的童话故事引领着我们进入了一个神奇的世界。没有几个孩子不喜欢看童话，你知道童话怎样阅读吗？让我们学习一些阅读童话的方法，并试着创编童话。

什么是童话？

童话，是儿童文学的一种体裁，是通过丰富的想象、幻想和夸张来编写的适合于儿童欣赏的故事。童话不仅故事情节离奇曲折、引人入胜，就连鸟兽虫鱼、花草树木都被赋予了生命，拥有了人的思想感情。

📚 阅读童话的方法

一、猜内容

1. 读题目，猜故事内容

　　题目是文章的眼睛，透过这双"眼睛"我们往往能知道文章的重点内容。阅读童话时，我们不妨利用这双"眼睛"，先猜一猜故事的内容。你可以根据题目提几个问题，也可以设想童话中的主人公会有怎样一番经历。然后带着自己的思索，边看故事边寻找答案，看看故事的内容和自己的猜想是不是一样。这像不像是踏上一次探索童话内容的旅程呢？

2. 关注细节，预测后面内容

　　踏上探索童话内容的旅程，单单根据题目猜想内容还不够尽兴。童话中，某个情节，某个语句，往往会引发我们的思索，让我们情不自禁地猜想后面的内容。

　　比如《一块奶酪》中的这些内容：

> 　　蚂蚁队长集合好队伍，向大家宣布："今天搬运粮食，只许出力，不许偷嘴。谁偷了嘴，就要受到处罚。"
> 　　一只小蚂蚁在队列里嘀咕："要是偷嘴的是您呢？"蚂蚁队长说："照样要受处罚。"
> 【选自人民教育出版社部编版教材辛勤《一块奶酪》】

> 　　看到这儿，你是不是在想：搬运粮食中会发生什么事考验蚂蚁队长呢？蚂蚁队长真的不会偷嘴吗？
> 　　看，故事的插图向我们透露了一些信息。

此插图选自部编版教材

> 你注意到这块小小的奶酪渣子了吗？再看看蚂蚁们的动作、神态，是不是会想到故事后面的情节呢？

跟着名著学读写

> 这时，奶酪旁边只有蚂蚁队长，他偷个嘴，谁也看不见。他低下头，嗅嗅那点儿奶酪渣子，味道真香！可是，他**犹豫了一会儿**，终于**一跺脚**："注意啦，全体都有。稍息！立正！向后——转！齐步——走！"
>
> 【选自人民教育出版社部编版教材辛勤《一块奶酪》】

"犹豫了一会儿""一跺脚"，你肯定能想到蚂蚁队长此时的想法。故事的结果是不是也猜到了呢？

童话故事的插图、故事里的一些情节、语句能提供线索，可以帮助我们预测故事的内容。读童话时，可别忘了根据它们边读边思索，让我们的阅读更有趣！

二、巧想象

童话是个神奇的世界，童话的世界里蕴含着无限的想象空间。阅读时，发挥想象，能让我们领略童话的魅力。

1.关注情节，展开想象

读童话，首先吸引我们的要算故事情节了。一个个精彩的故事情节，不仅展现了故事内容、人物形象，而且给我们的思绪插上了想象的翅膀。

比如《那一定会很好》中的这些情节：

> "这真难受。"种子想，"我一定要站起来，大口大口地呼吸空气，**那一定会很好。**"
>
> "要是能做一棵会跑的树，**那一定会很好。**"树这么想着。
>
> "要是我能停下来，坐着休息一会儿，**那一定会很好。**"手推车一边这么想着，一边费力地跑来跑去。
>
> "我真是老了。"椅子想。它越来越觉得挺直腰背坐着很吃力，"要是我能躺下，**那一定会很好。**"
>
> 【选自人民教育出版社部编版教材流火《那一定会很好》】

种子许下愿望时，心里都会想"那一定会很好"。"那一定会很好"会是怎样的画面呢？会发生什么美好的事儿呢？

根据故事情节中的重点语句质疑，然后展开想象，会让我们的阅读更深入。

2.借助插图，丰富想象

童话的插图，展现了故事的情境，仔细观察它，展开想象，可以增进我们对童话内容的理解。

下面是《卖火柴的小女孩》的插图：

你注意到小女孩的穿着、神态、动作了吗？再观察一下她所处的环境。相信你会浮想联翩：严寒之中，大年之夜，发生了什么让她出来卖火柴？街道上已经没有人，她想到了什么不敢回家？……

此插图选自人民教育出版社部编版教材

看插图，我们不仅要从整体看它所描绘的情境，还要仔细观察人物的神态、举止。根据这些细节，我们想象人物（角色）的经历，揣测他们的心理、语言。

想象后，再读读故事中相关的内容，相信这样的情景、这样的人物（角色）会深深印在你脑海之中。

3.角色体验，感受想象

有人说，童话世界就是孩子们的世界，孩子们喜欢在童话里找到自己。怎样在童话里找到自己呢？就让我们把自己想象成童话中的角色，体验着他们的情感，想象着他们的心理，畅想着他们的未来，和他们一起欢笑，一起悲伤。

"那我马上就会死掉。"红头哭起来。它和草已经一起进了牛的肚子。

<u>青头又跳到牛身上，隔着肚皮和红头说话："红头！不要怕，你会出来的！我听说牛肚子里一共有四个胃，前三个胃是贮藏食物的，只有第四个胃才是管消化的！"</u>

【选自人民教育出版社部编版教材张之路《在牛肚子里旅行》】

通过青头的言行，你是不是想到了生活中好友的鼓励和帮助呢？再联系上下文中对红头的描写，想象着你就是青头，你一定能读懂它的心。

跟着名著学读写

> "可是,你说这些对我有什么用呢?"红头悲哀地说。
> <u>"当然有用。等一会儿牛休息的时候,它要把刚才吞下去的草重新送回嘴里,然后细嚼慢咽……你是勇敢的蟋蟀,你一定能出来的。"</u>
> 【选自人民教育出版社部编版教材张之路《在牛肚子里旅行》】

> 我们把自己想象成童话中的角色,结合对他的描写,联系生活实际,联系上下文,体验、想象,与他们产生心灵的共鸣。

三、品角色

1.关注故事情节,体会角色形象

童话中角色的刻画,往往伴随着故事情节进行。通过一个个精彩的情节描写,我们能走近故事中的角色,体会他们的形象。

比如《海的女儿》中的这个情节:

> 小人鱼拿着刀子的手在发抖。但是,她马上将那把锋利的刀抛进海里。刀落下的地方,浪花迸发出一道耀眼的红光,好像一滴滴的鲜血从水中喷溅出来。她再一次深情地朝王子望了一眼,然后纵身跳到海里。她感到自己的身体正在一点点地化为泡沫……
> 【选自人民教育出版社部编版教材叶健君 译《海的女儿》】

> 联系故事的前文,我们知道这是小人鱼活下去的唯一希望。可是,为了成全王子,她却牺牲了自己。多么善良而勇敢的小人鱼啊!

> 再联系故事中小人鱼离开族人和家庭,交出美妙的声音,忍着剧痛为王子跳舞等情节,她又是多么坚强而执着啊!

根据一个故事情节体会到的角色形象，往往是不全面的。因此，我们要联系上下文，乃至多个情节体会故事中的角色形象。

2.品味描写，感受角色形象

故事中的角色形象，离不开传神的描写。品味对他们的动作、语言、神态、心理等描写，我们往往能更深入地感受角色的特点。

比如，《在牛肚子里旅行》中的这句对青头的描写：

> 青头<u>大吃一惊</u>，它<u>一下子蹦到</u>牛身上。可是那头牛用尾巴轻轻一扫，青头就给摔到地上了。青头<u>不顾</u>身上的疼痛，<u>一骨碌爬起来大声喊</u>："躲过它的牙齿，牛在这时候从来不会仔细嚼的，它会把你和草一起吞到牛肚子里去……"
> 【选自部编版教材张之路《在牛肚子里旅行》】

这句话是对青头神态、语言、动作的描写。

"大吃一惊"是指对发生的事感到十分意外。从这个词可以看出青头此时的紧张。

"一下子蹦到""一骨碌爬起来"可以看出青头的动作敏捷。我们不难体会到它内心的焦急。从"不顾""大声喊"可以感受到青头为了帮助朋友，不顾自己的安危。它真不愧是红头的好朋友！

角色描写中的关键词，能让我们深入地体会角色的特点。我们可以借助这些关键词，品味描写，感受童话里角色的形象。

四、悟情理

童话不仅充满着神奇的想象、曲折离奇的故事情节，而且在潜移默化中抒发着作者的情怀，告诉我们一些做人的道理。

1.关注关键语句，领悟道理

童话中，一些关键语句，巧妙地把道理传递给了我们。

我们来看看叶圣陶先生的童话《最有意义的生活》中的这部分内容：

> 　　自己成了让所有的人走的路，真是再快乐没有了。小青石不属于姓张的，也不属于姓李的；它不是谁私有的东西，而是为大众服务的一个。它支持着大众的脚，他不再羡慕水晶和玛瑙了。它想："我过的是最有意义的生活。"
> 【选自中国画报出版社叶圣陶《时代经典：稻草人》之《最有意义的生活》】

> 　　在小青石的心中，成为让所有人走的路，能为大众服务，是最有意义的生活。对于人来说，最有意义的生活不也是为大众服务吗？叶圣陶先生将这样深刻的道理，融汇在对小青石的刻画中，巧妙地让我们受到了教育。

2.比较角色形象，体会情感

　　生活中，人有善恶美丑，童话中的角色也有美丑善恶。作者对美好事物的赞美和喜爱，对丑陋事物的批判和厌恶，往往通过角色的形象展现给我们。

　　比如《白雪公主》中的角色形象以及他们的结局。

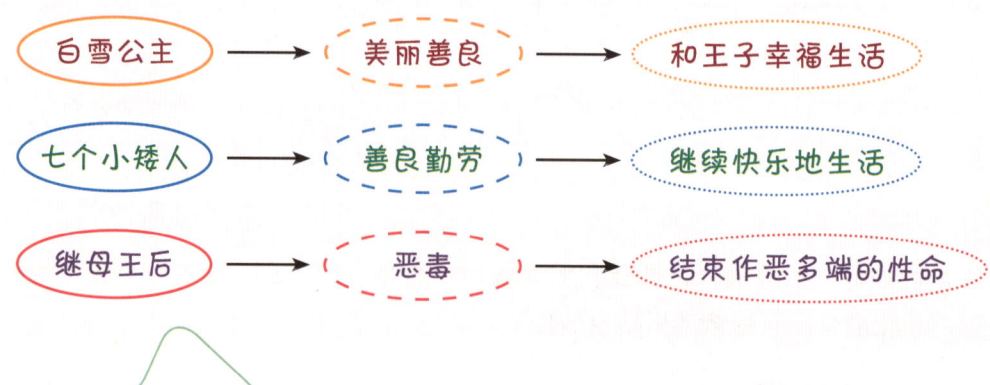

> 　　白雪公主、七个小矮人的形象和结局与继母王后形成了鲜明的对比。从中，我们不难体会到作者的情感——对善良勤劳的人的赞美，对作恶多端的人的厌恶。同时，作者也借这个故事告诉我们，做人要善良的道理。

3.结合创作背景和作者的身世经历，体会内涵

童话虽然是虚构的故事，可是却有作者生活的影子。很多童话的创作，都来源于作者真实的生活经历。

> ※ 比如我们熟悉的童话《丑小鸭》，就折射出安徒生生活的印迹。安徒生在1869年7月21日给丹麦文学评论家乔治·布朗兑斯的信中就曾说："在《丑小鸭》中有我的生活的写照。"
>
> ※ 再比如《卖火柴的小女孩》，据说，安徒生创作这篇童话的时候，灵感就来源于自己母亲童年的悲惨生活经历。
>
> ※ 还有叶圣陶先生的童话《稻草人》，就是基于20世纪20年代中国农村风雨飘摇、劳动人民生活困苦的社会现实而创作的。

了解作者的创作背景乃至生活经历，能让我们更深入地走进童话里的世界，体会它的内涵。阅读童话时，我们可以通过上网搜索，观看有关作者的影视作品，读作者的传记，了解他的人生经历，了解作品的创作背景。然后进行梳理。结合它们，更深入地体会作品的内涵。

学习了阅读童话的方法，让我们一起读一篇童话。看看这又是怎样的一个故事呢？

皇帝的新装（节选）①

许多年以前有一位皇帝，他非常喜欢穿好看的新衣服。他为了要穿得漂亮，把所有的钱都花到衣服上去了。他一点也不关心他的军队，也不喜欢去看戏，除非是为了炫耀一下新衣服，他也不喜欢乘着马车逛公园。他每天每个钟头要换一套新衣服。人们提到皇帝时总是说："皇上在会议室里。"但是人们一提到他时，总是说："皇上在更衣室里。"②

有一天来了两个骗子。他们说他们是织工。他们说，他们

① 这个故事的题目，是不是激起了你的一些猜想呢？先设想一下故事的内容，然后看看这个故事和你想的是否一样。

② 故事一开头就介绍了皇帝对新衣的迷恋，不仅为后面的情节发展埋下了伏笔，还将一个爱慕虚荣、奢侈的皇帝形象展现在读者面前。

跟着名著学读写

③ 真的会有这么神奇的布吗？皇帝会相信吗？你不妨猜一猜。

④ 皇帝的这一番心理活动，又让我们对他有了新认识——不仅奢侈、爱慕虚荣而且愚蠢。

⑤ 你关注到这几个词了吗？诚实、有头脑又称职的老部长会戳穿骗局吗？你是怎样想的呢？

⑥ 从老部长的神态、心理，我们不难体会到他内心的惊讶、恐惧。接下来的故事情节想必你猜到了吧。

能织出谁也想象不到的最美丽的布。这种布的色彩和图案不仅非常好看，而且用它缝出来的衣服还有一种奇异的作用，那就是凡是不称职的人或者愚蠢的人，都看不见这衣服。③

"那正是我最喜欢的衣服！"皇帝心里想，"我穿了这样的衣服，就可以看出我的王国里哪些人不称职；我就可以辨别出哪些人是聪明人，哪些人是傻子。是的，我要叫他们马上织出这样的布来！"④他付了许多现款给这两个骗子，叫他们马上开始工作。

他们摆出两架织机来，装作是在工作的样子，可是他们的织机上什么东西也没有。他们接二连三地请求皇帝发一些最好的生丝和金子给他们。他们把这些东西都装进自己的腰包，却假装在那两架空空的织机上忙碌地工作，一直忙到深夜。

"我很想知道他们织布究竟织得怎样了，"皇帝想。他觉得先派一个人去看看比较妥当。

"我要派诚实的老部长到织工那儿去看看，"皇帝想，"只有他能看出这布料是个什么样子，因为他这个人很有头脑，而且谁也不像他那样称职。"⑤

因此这位善良的老部长就到那两个骗子的工作地点去。他们正在空空的织机上忙忙碌碌地工作着。

"这是怎么一回事儿？"老部长想，把眼睛睁得有碗口那么大。⑥

"我什么东西也没有看见！"但是他不敢把这句话说出来。

那两个骗子请求他走近一点，同时问他，布的花纹是不是很美丽，色彩是不是很漂亮。他们指着那两架空空的织机。

这位可怜的老大臣的眼睛越睁越大，可是他还是看不见什么东西，因为的确没有什么东西可看。

"我的老天爷！"他想，"难道我是一个愚蠢的人吗？我从来没有怀疑过我自己。我决不能让人知道这件事。难道我不称职吗？——不成，我决不能让人知道我看不见布料。"

"哎，您一点意见也没有吗？"一个正在织布的织工说。

"啊，美极了！真是美妙极了！"老大臣说。他戴着眼镜仔细地看。"多么美的花纹！多么美的色彩！是的，我将要呈报皇上说我对于这布感到非常满意。"

"嗯，我们听到您的话真高兴。"两个织工一起说。他们把这些稀有的色彩和花纹描述了一番，还加上些名词儿。这位老大臣注意地听着，以便回到皇帝那里去时，可以照样背得出来。事实上他也就这样办了。⑦

这两个骗子又要了很多的钱，更多的丝和金子，他们说这是为了织布的需要。他们把这些东西全装进腰包里，连一根线也没有放到织机上去。不过他们还是继续在空空的机架上工作。

过了不久，皇帝派了另一位诚实⑧的官员去看看，布是不是很快就可以织好。他的运气并不比头一位大臣的好：他看了又看，但是那两架空空的织机上什么也没有，他什么东西也看不出来。

"您看这段布美不美？"两个骗子问。他们指着一些美丽的花纹，并且作了一些解释。事实上什么花纹也没有。

"我并不愚蠢！"这位官员想，"这大概是因为我不配担当现在这样好的官职吧？这也真够滑稽，但是我决不能让人看出来！"⑨因此他就把他完全没有看见的布称赞了一番，同时对他们说，他非常喜欢这些美丽的颜色和巧妙的花纹。"是的，那真是太美了！"他回去对皇帝说。⑩

城里所有的人都在谈论这美丽的布料。

【节选自天津人民出版社 叶君健译《安徒生童话》（内容有删改）】

⑦ 通过老部长的语言、动作，通过"美妙极了、仔细地看、注意地听着……"这些词语，一个虚伪、奸诈的老部长展现在我们面前。

⑧ 这里又一次出现了"诚实"。这位诚实的官员会重蹈覆辙吗？猜一猜。

⑨ 这位官员的一番心理活动与所作所为简直和老部长如出一辙。联系前文两次出现的"诚实"，真是莫大的讽刺！

⑩ 联系故事中提到的皇帝不务正事，妄图用"新衣"辨识官员这些情节，你一定能体会到虚伪、愚蠢的又何止是这两个官员呢？对他们的讽刺，不正是这篇童话所要表达的情感吗？

故事读到这里，你是不是在想，皇帝看到布料后会怎样呢？他会穿着"新衣"去炫耀吗？别着急，故事的几幅插图能给你一些提示。你可以仔细观察插图，猜想一下后面的故事。

《皇帝的新装》是安徒生的代表作之一。巧的是，我国作家叶圣陶先生也写了篇童话《皇帝的新衣》，就收录在童话集《稻草人》中。感兴趣的话，把两篇童话对比着读一读吧！

跟着名著学读写

书宝论坛

童话的世界可真神奇！动物、植物不仅和人一样会说话，而且也有喜怒哀乐。在童话里，总能发生一些意想不到的事情，故事情节一波三折，就连里面的角色也大都能力非凡！

的确是这样。童话充满着丰富的想象。阅读童话时，我们根据题目质疑，设想童话中主人公的经历；根据插图、故事情节、语句提供的线索，预测后面的内容。然后，带着自己的思索，边读边验证自己的猜想。这会让阅读很有趣。

故事情节中的重点语句，插图中的一些细节，还能帮助我们想象人物（角色）的经历，揣测他们的语言、心理。我们把自己想象成童话中的角色，结合对他的描写，联系生活实际，联系上下文，体验、想象，这能让我们和故事中的角色共欢笑，共悲伤。

第一章 童话故事

童话中的角色往往会给我们留下深刻的印象。我们可以结合故事情节，联系对角色的描写，体会他们的形象。

在童话家族里，有一些童话是以介绍科学知识为目的的。它就是科学童话。比如，我们熟悉的《小壁虎借尾巴》《雨点儿》就是科学童话。

科学童话读起来既有趣，又富于科学的启迪。阅读科学童话，我们不仅要关注故事情节，还要想一想童话告诉了我们哪些科学知识。

童话真是一座大宝库！读童话，我们可以认识很多奇特的朋友，经历许多神奇的事情，获得许多做人、做事的道理。阅读科学童话，我们还能学到科学知识，增长见识。

- 13 -

 整本书阅读

开卷有益

※《安徒生童话》享誉世界,在我国,有近200种的优秀选本。你注意过吗?不同版本的《安徒生童话》译者不同,内容编排也各具特色。比如:

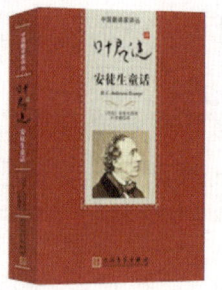

叶君健 译

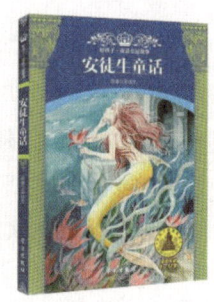

林桦 译

任溶溶 译

叶君健、林桦、任溶溶三位翻译家的《安徒生童话》译本,影响很大,很受读者欢迎。其中,叶君健翻译的《安徒生童话全集》被丹麦的汉学家誉为是"比安徒生原著更适于今天的阅读和欣赏"的译文。1989年,丹麦女王玛格丽特二世授予叶君健丹麦国旗勋章,感谢他把安徒生童话介绍给中国。

设有"阅读小引""快乐微课堂"栏目,呼应教材的教学目标,在文前进行阅读指导,文后同步设置了趣味练习题,让我们在游戏中巩固阅读内容。

商务印书馆出版

首次收录整理安徒生的成长故事、创作由来，以及全球范围内舞台剧、音乐会、电影、动画片等对《安徒生童话》的精彩诠释。

辽宁少年儿童
出版社出版

精心选择安徒生三大创作阶段代表篇目。所选篇目全文保留，展露安徒生原版故事的每一处细节。撰写147条注释，辅助了解时代风物。83幅插图尽显梦幻唯美的童话世界。

云南美术
出版社出版

我们可以根据自己的喜好和阅读需求选择适合自己的版本进行阅读。如果你感兴趣，还可以将多个版本的《安徒生童话》对比着读一读。

※ 增进对作者的了解，可以让我们更深入地体会作品的内涵。阅读时，你试着了解过作者吗？你会用什么方法增进对作者的了解呢？

书中往往会有作者简介，通过它，我们可以对作者有一个初步了解。

我们还可以观看有关作者的纪录片、影视剧，阅读作者的传记，上网搜索有关作者的详细介绍，增进对作者的了解。

有关安徒生的书有很多，比如他的自传：《我的一生》《我的童话人生》。还有一些他人写的安徒生传记，比如：《寻找神灯——安徒生传》（俄国穆拉维约娃著）、《童话大师安徒生》（郑孝时、薛培文著）、《世界童话之王》（韩进著）。

通过查找资源，潜心阅读，相信你已对作者安徒生有了一定的了解。让我们结合手中的资源，梳理一下他的人生经历吧。（如果下图不能完整地展现你梳理的内容，你还可以另附纸像这样写下去。）

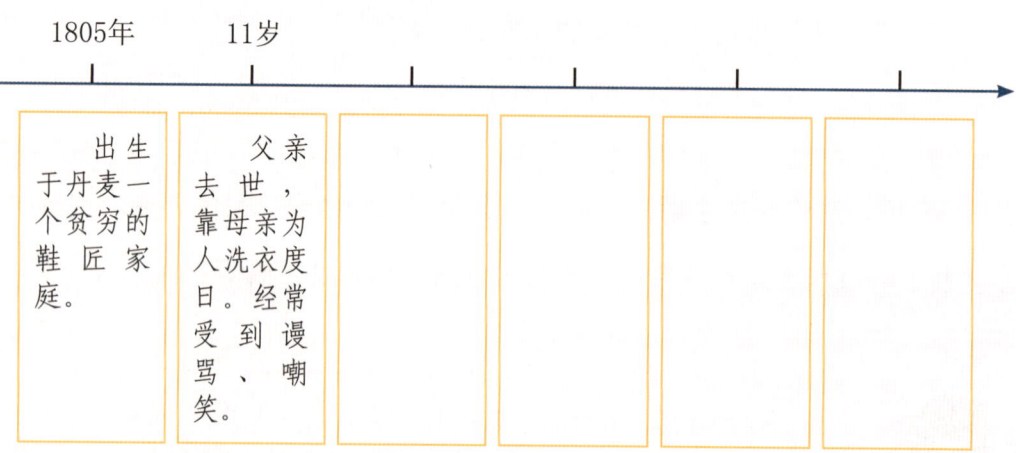

阅读《安徒生童话》时，我们可以联系安徒生的人生经历，想一想这些作品中有没有他生活的影子。

掩卷而思

※ 下面是台湾作家张晓风读完安徒生童话的所思所感。你读完这本书，又有什么感受呢？你也可以像这样，用凝练的语言写一写。

如果有人5岁了，还没有倾听过安徒生，那么他的童年少了一段温馨；
如果有人15岁了，还没有阅读过安徒生，那么他的少年少了一道银灿；
如果有人25岁了，还没有品读过安徒生，那么他的青年少了一片辉碧；
如果有人35岁了，还没有了解过安徒生，那么他的壮年少了一种丰饶；
如果有人45岁了，还没有思考过安徒生，那么他的中年少了一点沉郁；
如果有人55岁了，还没有复习过安徒生，那么他的晚年少了一份悠远。

※ 经典作品，常读常新。在不同的年龄阅读安徒生的作品，会有不同的收获和感受。安徒生童话不仅伴随着我们的成长，也曾经滋养过我们的长辈。他们读完安徒生童话又有怎样的所思所感呢？让我们和他们交流一下吧！

和长辈交流时说话要有礼貌。
可以针对整部安徒生童话交流自己的想法，也可以就其中的一篇或几篇童话谈感受。
可以请长辈谈一谈自己在不同的年龄阅读安徒生童话的所思所感。
和长辈交流后，看看自己对这部作品又有了什么新的认识。

跟着名著学读写

※ 安徒生曾经说过："我所描写的几乎全在影射自己的人生，而所有登场的人物，也都是我一生中遇到的。"比如，《丑小鸭》就是他真实生活的写照。让我们走近《丑小鸭》，探寻丑小鸭的遭遇与安徒生的人生经历的相同之处吧。

丑小鸭

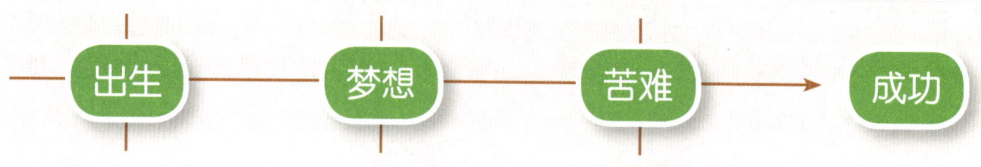

出生 —— 梦想 —— 苦难 ——> 成功

安徒生

将丑小鸭的遭遇和安徒生的经历进行对照，我发现：丑小鸭恶劣的生活环境，所受到的同伴的欺凌，他人的不理解与安徒生遭受的贫困、讥讽、欺凌有着许许多多的共同点。

逆境的磨炼，使丑小鸭变成了天鹅。逆境中的执着追求，让安徒生成为享誉世界的作家。逆境中，心怀梦想，勇敢地面对苦难和挫折，这不正是安徒生要告诉我们的吗？

其实，不仅仅是《丑小鸭》，安徒生的很多作品中都有他生活的影子。我们可以像这样将作品的内容与安徒生的身世际遇相对照，增进对作品的理解。

第一章 童话故事

还有哪些作品让你想到了安徒生的人生经历？联系他的身世际遇，你又对这些作品有了怎样的理解呢？让我们交流一下吧。

※ 下面是不同译者笔下《海的女儿》中的句子，读一读，说一说你更喜欢哪一个。

> 在很远很远的大海上，那里的水像最美丽的矢车菊那么蓝，像水晶那么清澈，非常非常深，说实在的，深得没有那么长的锚链可以让锚够到海底。就说教堂高高的尖塔吧，那也得把许多许多个尖塔一个接一个叠起来，这才能从下面的海底达到上头的海面。海王和他的臣民就住在那地方。

译者：任溶溶

> 在海的远处，水是那么蓝，像最美丽的矢车菊花瓣，同时又是那么清，像最明亮的玻璃。然而它是很深很深，深得任何铁锚都达不到底。要想从海底一直达到水面，必须有许多许多教堂尖塔一个接着一个地连起来才成。海底的人就住在这下面。

译者：叶君健

> 茫茫大海，水蓝得像矢车菊，又清得像最最纯的水晶。不过它又非常非常深，深得无法下锚，没有那么长的链索呀。大概许许多多教堂的尖塔一个摞一个，像叠罗汉似的才能从海底摞到海面。"人鱼"就住在这海底。

译者：徐朴

📚 你还可以读更多

你知道我们新中国第一本为儿童而写的童话集是什么吗？是《稻草人》。它是著名作家、教育家叶圣陶先生的经典作品，被誉为"中国儿童文学的开山之作"。它在海内外享有很高声誉，其中的不少作品曾被收入中小学课

本，影响了几代人。

你一定听过《灰姑娘》《白雪公主》《小红帽》《青蛙王子》这些故事吧。它们都出自德国的民间文学作品——《格林童话》。

这部由德国语言学家雅可布·格林和威廉·格林兄弟收集、整理、加工完成的故事集，获选为世界文化遗产，被联合国教科文组织称赞为"欧洲和东方童话传统划时代的汇编作品"。在我国，至少有100种以上的译本和译改本。在西方基督教国家中，它的销量仅次于《圣经》。

大拇指汤姆

从前有一个贫穷的樵夫，夫妻俩有一个小男孩，个头比大拇指大不了多少，所以他们叫他大拇指汤姆。

汤姆始终长不大。不过他的眼睛里却透着一股灵气和活力，显露出他是一个聪明的小家伙。他做事总是有条不紊，令父母相当满意。

有一天，樵夫准备到树林里去砍柴，他希望有人能帮他把马车赶去。汤姆告诉爸爸，他会及时把车赶到树林里。

出发的时间到了，妈妈把马套在了车上，将汤姆放进马的耳朵里。汤姆在里面坐好后，便开始指挥马匹上路。两个陌生人，看到这样的马车感到很奇怪。便跟着马车走进了树林。樵夫看见了马车，一手挽住马，一手将儿子从马耳朵里拿出来，把他放在麦秆上面，汤姆坐在上面高兴极了。

那两个陌生人看到这一切，惊奇得连话都不知道说了。最后，他们打算把汤姆买下来，带到各个城市里去展览，借机发大财。汤姆的爸爸怎么可能答应呢？但汤姆听到他们想做的交易后，爬上爸爸的大衣，到了他的肩上，悄悄地说："爸爸，把钱拿着，让他们带着我走，我很快又会回到你身边的。"

于是，樵夫最后同意以一大块金子把汤姆卖给这两个陌生人。汤姆和父亲告别后,他们带着他离开了。

走到黄昏的时候,汤姆说自己困了,于是,他们将汤姆放在路边田地里的一团土块上面。汤姆在犁沟间跑来跑去,溜进了一个废弃的老鼠洞。那两个人发现后,用手杖捅进老鼠洞,折腾了好一阵子,但一无所获,因为汤姆已经爬到里面去了。不久,天完全黑了,他们只得垂头丧气地走了。

汤姆确定他们已经离去后,从洞里爬了出来。他找到了一个大的空蜗牛壳,正要在里面入睡,忽然听到有两个人打这儿经过。其中一个人说:"我们怎么偷那个财主的金子和银子呢?"汤姆听后,马上大声叫道:"我来告诉你!"小偷听见后大吃一惊,马上停下来留神静听。汤姆又说道:"带我和你们一起去,我很快就会让你们知道如何偷到那人的钱财。"两个小偷找到了汤姆,汤姆告诉他们,他能从铁窗栏之间爬进去,把所要的东西扔出来。

当他们来到财主的房屋时,汤姆悄悄地爬过窗栏,溜进了房子里,然后尽力大声喊道:"这儿所有的东西你们都要吗?"两个小偷大吃一惊,急忙说道:"嘘!轻点,说得小声一点,你会把屋里的人叫醒的。"但汤姆却装作没有理解他们的话,继续大声叫道:"你们要多少?要我把所有的东西都扔出来吗?"这回,他的说话声被睡在隔壁房间里的厨娘听到了,她从床上坐起来,张着耳朵凝神细听。两个小偷听到他又大声说话,更加慌了,撒腿就往回跑。跑了一段,又觉得有点不甘心,他们又回来轻轻地对汤姆说:"现在不是和我们开玩笑的时候,快把钱财扔出来吧。"汤姆又敞开嗓门叫道:"好的,你们把手伸过来接吧。"厨娘这回听得相当清楚,马上冲过去将门打开,两个小偷就像夹着尾巴的狼一样急忙逃走了。

厨娘四下里瞧了瞧,什么也没发现。等她返回来时,汤姆已经溜进谷仓里去了。厨娘将屋子的每一个角落都仔细察看了一遍,还是没有发现异常情况,便又回到床上睡觉了。

汤姆在草料堆里找了一个舒适的地方躺下来,打算等天亮后,再起来上路,回到父母的身边去。

【选自吉林摄影出版社 孙琳《格林童话》(内容有删改)】

聪明的野牛

在很远很远的树林子里,住着一群野牛。

一天,他们收到了在城市里的牛的来信,邀请他们到城里生活。

野牛们听了信里的话,都觉得很快活。可是问题来了:马上全体同去呢,还是

不马上去，过几天再说？

一头聪明的野牛仰起头，摇摇尾巴说："他们欢迎咱们去，咱们也愿意去。咱们怕的，只在去的时候不方便，到了那边住不惯。据我的意见，咱们不妨推举一位先去看看情形，顺便谢谢他们的好意。要是那边确实好，然后全体去。"

野牛们表示赞成。推举那聪明的野牛代表全体野牛，到城市里去看望同族，参观他们的生活情形。

到了城里，城里的牛领着他看房子，请他吃槽里的草。并且说，这些全是人给预备的，不用他们自己费心。要是不高兴出去，成年住在这里也没什么忧愁。

野牛住了几天，他想弄明白人跟牛的交情到底怎么样。

他跟着城里的牛出去玩一会儿，这就让他看出来了。回到家里，他亲切地劝告他们说："你们弄错了，我看人跟你们并没什么交情。不然，为什么要拿鞭子打你们呢？"

"这有道理。因为我们走错了路，不朝这里走，他一时招呼不过来，所以用鞭子指点我们。这不能算用鞭子打。"_____

_____"你们真是让什么给弄迷糊了，还有可怕的事情等着你们呢。这个人是个屠夫！我刚才靠近他，闻到他满身的血腥气，正是咱们同族的血腥气。他为什么要盖房子给你们住，预备草料给你们吃，你们还想不明白吗？"

_____"不见得吧？"

"不见得？还说不见得！"_____"等他把你们捆起来，拿出刀来的时候，你们后悔就来不及了。"

"那怎么办呢？"_____野牛说："你们听我的话，大家离开这里就是了。"

"离开这里？哪里去住，哪里去吃呢？"

野牛说："世界上地方多得很。你们只要拔起腿来跑，什么地方不能去？你们一定要住房子吗？树林里的生活才痛快呢。你们一定要吃槽里的草吗？到处跑，到处吃地上的草，味道比这好得多。你们不要以为只有在这里才能生活，世界上都是咱们生活的地方。我们野牛就因为明白了这一层，所以从来没遇见什么危险。你们是永远住在危险里头，赶快看清楚一点儿吧！"

一头母牛说："你叫我们离开这里，这怎么成呢？我们跑，人就要追。我们不回来，他手里有鞭子。"

野牛笑了，说："你们没试过，怎么知道不成呢？你们往四面跑，他去追哪一个好？等他不追了，你们还是可以聚集在一块儿。"

"我们为了自己的生命，只好试一下了。但是，离开这里去过流浪生活，不知道到底怎么样，想想也有点儿害怕。"

第二天，城市里的牛在一个空场上散步，野牛也在里头。

人的屋子里有清脆的磨刀声音。

野牛警告他们说："听见了吗？时候到了，不能再等了！"

城市里的牛都禁不住打哆嗦，你看看我，我看看你，说不出话来。

野牛英勇地喊："要生活的，就该拿出勇气来！你们忘了吗？拔起腿来跑！往四面跑！"

他这声音好像给大家灌注了一股勇气，大家立刻胆壮了，拔起腿来就往四面跑。他们跑了一会儿，久住的房子和常到的空场都撇在后头了。

看牛的人想不到有这么一回事，马上放下手里的刀，跑出来追。但是追哪一条好呢？他正在发愣，场里空了，一头牛也没有了。

许多牛从好几条路聚集在一块儿，大家说："离开老地方，原来也没什么困难。"

野牛说："跟我回去，尝尝我们野地生活的味道吧。"

他们就到野牛的树林子里，安适地活下去。

【选自长江少年儿童出版社 叶圣陶《稻草人》（内容有删改）】

坚定的锡兵（节选）

前情提要：

坚定的锡兵被制作出来的时候，就少了一条腿。鼻烟盒里的小妖怪因为不满锡兵盯着美丽的纸做的舞蹈姑娘，而心生嫉妒，处处作怪。

第二天早晨，小孩们都起来了。他们把锡兵移到窗台上。不知是那妖精在搞鬼呢，还是一阵阴风在作怪，窗忽然开了。锡兵就从三楼一个倒栽葱跌到地上。这一跤真是跌得可怕万分！他的腿直竖起来，他倒立在他的钢盔中。他的刺刀插在街上的铺石缝里。

保姆和那个小孩立刻下楼来寻找他。虽然他们几乎踩着了他的身体，可是他们仍然没有发现他。假如锡兵喊一声"我在这儿！"的话，他们也就看得见他了。不过他觉得自己既然穿着军服，高声大叫，是不合礼节的。

跟着名著学读写

现在天空开始下雨了，雨点越下越密，最后简直是大雨倾盆了。雨停了以后，有两个野孩子在这儿走过。

"你瞧！"一个孩子说，"这儿躺着一个锡兵。我们让他去航行一番吧！"

他们用一张报纸折了一条船，把锡兵放在里面。锡兵就这么沿着水沟顺流而下。这两个孩子在岸上跟着他跑，拍着手。天啊！沟里掀起了一股多么大的浪涛啊！这是一股多么大的激流啊！下过一场大雨毕竟不同。纸船一上一下地簸动着，有时它旋转得那么急，弄得锡兵的头都昏起来。可是他站得很牢，面色一点也不变，肩上扛着毛瑟枪，眼睛向前看。

忽然这船流进一条很长很宽的下水道里去了。四周一片漆黑，仿佛他又回到他的匣子里去了。

"我倒要看看，究竟会流到什么地方去？"他想。"对了，对了，这是那个妖精在捣鬼。"

这时一只住在下水道里的大耗子来了。

"你有通行证吗？"耗子问。"把你的通行证拿出来！"

可是锡兵一句话也不回答，只是把自己手里的毛瑟枪握得更紧。

船继续往前急驶，耗子在后面跟着。乖乖！请看他那副张牙舞爪的样子，他对干草和木头碎片喊着：

"抓住他！抓住他！他没有留下过路钱！他没有交出通行证来看！"

可是激流非常湍急。在下水道尽头的地方，锡兵已经可以看得到前面的阳光了。不过他又听到一阵喧闹的声音——这声音可以把一个胆子大的人都吓倒。想想看吧：在下水道尽头的地方，水流冲进一条宽大的运河里去了。这对他说来是非常危险的，正好像我们被一股巨大的瀑布冲下去一样。

现在他已流进运河，没有办法止住了。船一直冲到外面去。可怜的锡兵只有尽可能地把他的身体直直地挺起来。谁也不能说，他曾经把眼皮眨过一下。这条船旋转了三四次，里面的水一直漫到了船边，船要下沉了。直立着的锡兵全身浸在水里，只有头伸在水外。船渐渐地在下沉，纸也慢慢地松开了。水现在已经淹到士兵的头上了……他不禁想起了那个美丽的、娇小的舞蹈家，他永远也不会再见到她了。这时他耳朵里响起了这样的话：

冲啊，冲啊，你这战士，
你的出路只有一死！

【节选自天津人民出版社　叶君健译《安徒生童话》（内容有删改）】

1. 大拇指汤姆、野牛、锡兵的经历真是离奇又曲折，让我们一起回顾他们的经历吧。

大拇指汤姆 → 坐在马耳朵里赶车 → 被陌生人买走 → 溜进_____逃走 → 钻进_____得知_____ → 在财主家_____迫使小偷逃走

聪明的野牛 → 收到城里牛的来信 → _____ → 发现_____，劝说城里的牛_____

坚定的锡兵 → 从三楼摔到地上 → _____ → _____ ← _____

我能借助主人公的经历说一说故事的主要内容。同学们，你们呢？

2. 大拇指汤姆、野牛、锡兵这三个主人公分别出自_____、_____、_____这三本书。你发现了吗？他们虽然经历不同，但他们在面对困境时都一样_____。

3. 汤姆、野牛、锡兵分别留给你怎样的印象呢？请你结合相关的故事情节或者具体的描写谈一谈。

跟着名著学读写

4.《聪明的野牛》的9~13自然段是野牛和城里的牛的对话。这些话分别是谁说的,它们又会怎样说这些话呢?请你展开想象,写在对话中的横线上。

5.《大拇指汤姆》《坚定的锡兵》这两个故事还没有结束。汤姆能顺利地回到父母身边吗?纸船下沉后,锡兵又有怎样神奇曲折的经历呢?请你展开想象,把故事接着编下去。你的猜想和原著一样吗?再找到这两个故事的原文看一看吧。

习作指南

小朋友们,其实创作一篇童话并不难哦!只要我们掌握了一定的方法,也能创作出一篇童话佳作!运用下面的提示方法,你也来试一试吧!

第一, 要选取生活中随处可见的小物品、小动物,作为我们故事的主人公。

第二, 再给故事设定一个必要的时间和地点。

第三, 发挥想象力,设计出一些引人入胜充满想象力的故事情节。

第四, 恰当的描写会让故事更有趣更吸引人。

此外,要创编一个有趣的童话故事,还有一些小方法,如:

➡ **词语串联法**:通过啄木鸟、冬天、森林超市和蔷薇花、蝴蝶、风,我们的脑海中就会浮现出一幅又一幅生动有趣的画面,只要我们善于发挥想象,就能创编出一个有趣的童话故事。

➡ **按图索骥法**:根据图示创编童话,比如,我们可以根据右面的这幅图画思考:小虫子、蚂蚁和蝴蝶用鸡蛋壳做了哪些事情?它们会有哪些有趣的经历呢?

➡ **移花接木法**:即把人类的某些特性转移到其他事物上。如小狗拥有了科学家的头脑,蝴蝶拥有了舞蹈家的特长,鱼儿拥有了陆地奔跑的本领……

当然了,你还可以发挥自己的想象力,创编出与众不同且引人入胜的小故事,现在请你拿起笔来,试着写一写吧!

第二章 寓言故事

在我国古代，人们发现通过故事讲道理，可以更好地劝谏别人，因此，留下了数不清的寓言。翻开《中国古代寓言》，我们会读到很多轻松有趣又发人深省的故事，不仅能带给我们阅读的快乐，而且能收获先辈智慧的点拨。

名师点拨

你认识下面这个字吗？

这个字是金文的"寓"。它的上半部分 ⌂ 表示房子，下半部分 表示手持面具娱乐。最早，这个字表示娱乐的居所。后来，它引申为"寄托"这个意思。《说文解字》中就这样解释这个字：寓，寄也。

你知道吗？有一种文学作品，就是将深刻的道理寄托在简短的故事中。它，就是寓言。读寓言，不仅能愉悦身心，还能启发智慧，让我们获得做人做事的启示。你知道怎样阅读寓言吗？让我们学习一些阅读寓言的方法。

阅读寓言的方法

1.读寓言，走进故事内容

看到寓言，你是不是最想知道它讲了一个什么故事呢？我们读寓言，首先要读懂故事的内容。你可以通过寓言的题目猜想故事的内容，然后再到故事中去验证自己的想法。你也可以边读故事，边了解故事的起因、经过、结果。你还可以边读边根据故事情节展开想象，丰富故事的内容。

2.品寓言，领会其中的道理

我国著名儿童文学家严文井说："寓言是一个魔袋，袋子很小，却能从里面取出很多东西来，甚至能取出比袋子大得多的东西。寓言是一个怪物，当它朝你走过来的时候，分明是一个故事，生动活泼；而当它转身要走开的时候，却突然变成了一个哲理，严肃认真。"是呀！寓言短小的故事，寄托着深刻的道理。我们读寓言，不仅要读懂故事的内容，更要领会其中的道理。

（1）根据题目，揣摩道理

寓言的题目，往往是寓言内容的高度概括，我们可以根据题目的意思，再联系寓言的内容，揣摩寓言中蕴含的道理。

比如《画蛇添足》这则寓言：

《画蛇添足》

题目的意思是：画完蛇，凭空又给蛇添上了几只脚。蛇是没有脚的，这么做不是多此一举吗？再联系寓言的内容，这则寓言告诉我们：做事情要尊重事实，否则，不但不能把事情办好，还会弄巧成拙。

（2）依托关键语句，领悟道理

寓言中蕴含的道理，往往会融汇在一些语句中。这些语句，就像是一把开启寓言之门的钥匙，通过它们，我们能领悟到其中蕴含的道理。

比如《秉烛而学》这则寓言中的这些语句：

师旷不紧不慢地回答说："我哪里敢戏弄大王您呢？我听说，少年时好学，就像早晨初升的太阳；壮年时好学，就像中午太阳的光芒；到了老年好学，就像点燃了蜡烛发出光亮。点着蜡烛照亮，谁还会在黑暗中摸黑前行呢？"
【选自浙江少年儿童出版社何冬萍、王增雯《中国古代寓言故事》】

师旷这番话的意思你读懂了吗？他是说，人在任何时候学习都会有所收获。根据这句话的意思，我们不难知道这则寓言是想告诉我们：人在任何年龄阶段想学习，都为时不晚，正是"活到老，学到老"啊！

（3）联系生活实际，深化道理

寓言是现实生活的一面镜子。对照这面"镜子"，我们可以联系自己生活中的人和事，来思考和判断是与非、善与恶、美与丑。这样可以帮助我们更深入地理解寓言，从小故事中获得启迪。

还记得《揠苗助长》这则寓言吧！我们的生活中是不是也有类似"揠苗助长"这样的事呢？

跟着名著学读写

比如：

家长望子成龙，不考虑孩子的年龄特点，让孩子参加各种特长班，加重了孩子的负担。

小鸡孵化出壳时，需要自己吃力地一点一点啄破蛋壳，才能爬出来。有人觉得小鸡可怜，便帮小鸡把蛋壳掰开……可人们很快发现，这些顺利出壳的小鸡过后多是病快快的。

> 这些人急于求成，违背了事物发展的规律，结果事与愿违。
>
> 联系生活中这些类似的事，你是不是更能体会到《揠苗助长》中的道理呢？

3.看原著，领悟寓言内涵

读寓言时，你是否想过，人们为什么会创作这么多的寓言呢？你又是否遇到过这样的情况：有的寓言，我们可以从中悟到多个道理，那么哪一个道理才是这个寓言最想告诉我们的呢？

要领悟这其中的内涵，仅仅关注一篇寓言的故事情节还不够，我们还要走进原著，了解这篇寓言出现的前因后果。就拿我们国家的寓言来说，有不少出自古代的典籍。在这些典籍中，记载了这些寓言的来龙去脉，我们读到的寓言，只是其中的一段故事而已。阅读这些寓言的原著，联系讲述这则寓言的前因后果，我们能明白当初祖辈们创作这则寓言的真正目的，也就能更深入地领悟寓言的内涵。

比如读《守株待兔》这则寓言，我们从中悟到了下面的道理：

※ 不要存在侥幸心理，不要想着不劳而获，如果不付出努力，寄希望于意外，结果只能是一事无成。

※ 不能一味死守狭隘经验，墨守成规，不知变通。

哪个道理才是创作这则寓言的初衷呢？我们不妨读读记载这则寓言的原著。

……今有构木钻燧于夏后氏之世者，必为鲧、禹笑矣；有决渎于殷、周之世者，必为汤、武笑矣。然则今有美尧、舜、鲧、禹、汤、武之道于当今之世者，必为新圣笑矣。是以圣人不期修古，不法常可，论世之事，因为之备。

宋人有耕者，田中有株，兔走触株，折颈而死，因释其耒而守株，冀复得兔。兔不可复得，而身为宋国笑。今欲以先王之政，治当世之民，皆守株之类也。

【选自中华书局高华平、王齐洲、张三夕 译注《韩非子·五蠹》】

> 在讲《守株待兔》之前，韩非子强调：后人不可生搬硬套前人的政治措施。

> 在讲完这个故事之后，韩非子又指出：现在假使还要用古代帝王的政治措施来治理当代的民众，那就无疑属于守株待兔之类的人了。

联系记载这则寓言的原著中的上下文，我们不难读懂，韩非子是借这则寓言劝诫统治者：不要墨守成规，要根据当前的社会状况，采取相应的政治措施。对于我们后人来说，做事不墨守成规不也同样适用吗？

学习了阅读寓言的方法，让我们一起读一则寓言，看看这则寓言讲了什么事？又带给我们怎样的启示呢？

割席断交

管宁是东汉时期的著名学者，他从小就非常好学，饱读诗书。

有一个叫华歆的人，仰慕管宁的名声，不远千里来拜访管宁。二人一见如故，相携读书，同桌吃饭、同榻休息。

有一次，他们一起在菜地里锄草。

> 这则寓言的题目你知道是什么意思吗？看到这个题目，你是不是想到了很多的问题：什么是断交？为什么要断交？你可以先猜想，然后去读故事，看看自己的想法和故事的内容是否一样。注意：边读边思考寓言讲了件什么事？

跟着名著学读写

管宁抬起锄头,只听"当"的一声,锄头碰到了一个硬硬的东西。管宁仔细一看,泥土里有一个黄澄澄的东西,原来是块黄金。管宁把它当做石块瓦砾一样扔到了一边,若无其事地继续锄草。

华歆看见了,赶紧丢下锄头跑了过来,拾起金块捧在手里。

管宁对他说:"钱财应该靠自己的辛勤劳动去获得,君子不可以贪图不劳而获的财物。"

华歆心里很舍不得这块黄金,但也只得不情愿地扔掉它继续干活。

> 这几处语句,写了管宁和华歆对待金子的不同态度。管宁"若无其事",华歆"赶紧""拾起"。管宁认为"钱财靠辛勤劳动去获得",华歆"不情愿地扔掉"。管宁视金子如石块瓦砾,华歆则贪图钱财。看来,这两个人的志向、情趣大不一样。

有一天,他们两人正坐在一张席子上认真读书。忽然,街上车轮滚滚,鼓乐齐奏,原来是一位达官显贵乘着华丽的马车从门前经过,马车后面跟了许多侍从,仪仗威严,非常气派。

管宁对这些很不以为然,仍像刚才一样专心致志地读书,仿佛什么都没有发生一样。

华歆却被这张扬的声势和豪华的排场吸引住了。他干脆连书也不读了,急急忙忙地跑到街上去,随着看热闹的人群跟在车队后。回来后,还眉飞色舞地对管宁描绘车队的豪华,言语间充满了羡慕。

> 面对权势,管宁"很不以为然",华歆则"被吸引"并且"充满了羡慕"。这样爱慕虚荣的人怎能成为朋友呢?

管宁抑制不住心中的失望,当着华歆的面,把两人一起坐着读书的席子从中间割为两半,说:"我们两人的志向和情趣太不一样了。从今以后,我们就像这被割开的席子一样,再也不是朋友了。"

> 读到这里,题目的意思你一定知道了,寓言的内容你也一定读懂了。

> 再仔细品味一下管宁说的这句话,联系上文管宁和华歆对待金子、权势的态度,相信你读懂了这句话的意思——那些爱慕虚荣、贪图钱财的人不配做真正的朋友。真正的朋友要志趣相投。这不就是这则寓言告诉我们的道理吗?

【选自浙江少年儿童出版社 何冬萍、王增雯《中国古代寓言故事》】

书宝论坛

寓言虽然短小,却道理深刻。我们读寓言,要先读懂故事内容,再体会寓言中的道理。

我们可以根据题目的意思,再联系寓言的内容,揣摩寓言中蕴含的道理。寓言中的关键语句,也可以帮助我们领悟寓言中的道理。我们联系上下文,读懂了这些语句的意思,寓言的道理往往也就清楚了。

寓言是现实生活的一面镜子,联系生活中的人和事,可以让我们更深入地理解寓言中的道理。要想真正读懂寓言的内涵,还可以阅读和寓言相关的原著。

读寓言的时候，我发现寓言和童话有很多相似的地方。比如：它们的主人公既有人又有动植物。这些动植物和人一样有丰富的情感，有喜怒哀乐。寓言中有很多故事是虚构的，不是真人真事，这一点和童话也相似。还有，寓言中蕴含着道理，有不少童话也能带给我们启示。

寓言和童话有这么多相似的地方，怎么辨别呢？不少同学会把它们相混淆。

第二章 寓言故事

首先，从篇幅看，寓言简短，通常只有几十字、几百字。童话较长，有的长篇童话可以达到数万字。其次，从情节看，寓言的情节比较简单，童话的情节神奇曲折，能细致地刻画人物形象，幻想也比寓言更为丰富，更奇特。最后，从表现重点看，寓言重在借助故事告诉人们道理。有的寓言在开头或结尾就说出了告诉的道理。而童话重在展现故事情节，刻画形象，有些童话虽然也能带给我们启示，但教育意味并不那么强。一些科学童话，则重在知识的传播。

寓言、童话都是文学宝库的璀璨明珠。读寓言，看童话，让我们在阅读中开启智慧，陶冶身心吧！

跟着名著学读写

整本书阅读

开卷有益

※ 你发现了吗？这本书的封面除了书名、出版社、编者这些文字信息以外，还有一幅图画。你能猜出这幅图画的是哪则寓言吗？如果一时猜不出，那就在读书的过程中寻找答案吧！

除了封面，这本书的很多寓言都配有插画，边读故事，边看图画，透过图画观察人物的神态、动作，揣摩他们的心理，想象他们的语言，让头脑中的故事丰富起来，让我们的阅读因想象而更有趣！

※ 当你打开这本《中国古代寓言》的时候，是不是急于知道有哪些故事呢？让我们在目录中寻找答案。

翻阅目录，你有什么发现吗？

有不少寓言的题目是成语。我能选几个写下来。

第二章 寓言故事

这本书一共_____页，却包含了_____个寓言故事。可见，寓言的篇幅_____。

小故事，大道理！我们读这些寓言的时候可要记得体会其中蕴含的道理呀！

有不少寓言一看题目，就能想到它讲的是什么。

寓言的题目一般都是对寓言内容的概括。读懂题目的意思，也就知道故事讲什么了。

我还发现＿＿＿＿＿＿＿＿＿＿＿＿＿＿＿＿＿＿＿＿＿＿

这么多的故事，最吸引你的是哪个呢？

书中的寓言都是一个个独立的小故事。你可以按顺序读，也可以选择最想读的故事先睹为快。

这么多的寓言中，肯定有你所熟悉的。在读它们的时候，你可以关注一下这本书中的故事和你以前读过、听过的版本在表达方式上有什么不一样。

掩卷而思

※ 《中国古代寓言》中的很多寓言都出自古代典籍。在这些典籍中，记载它们用的是文言文。请你读读下页的几句文言，猜猜它们是哪个寓言故事，然后把语句和相关的图片用线连起来。

跟着名著学读写

虎不知兽畏己而走也,以为畏狐也。

是叶公非好龙也,好夫似龙而非龙者也。

寿陵余子之学行于邯郸,未得国能,又失其故行矣,直匍匐而归耳。

禽兽负恩如是,而犹不忍杀,子固仁者,然愚亦甚矣!

想知道这本书中的寓言的"本来面貌"吗?那就找到用文言写成的这些寓言读一读吧。

河北少年儿童出版社出版的这本《中国古代寓言故事》采用了原文(文言文)与译文对照阅读的形式,引领我们走进一个个寓言故事。如果你对文言写成的寓言感兴趣,可以找来这本书读一读。

※ 读寓言，可以开启我们的智慧；用寓言，可以规劝别人，让他人也获得启发。如果你遇到了下面的情况，会借用哪个寓言规劝他们呢？请你从下面的情境中，选择一个说一说。

> 小明读书时只注意那些紧张动人的情节。至于那些鲜明的人物形象，那些复杂的内容，全搞不清楚。别人问他，他就张冠李戴地乱说一气。因为这个，他可没少闹笑话。

> 妈妈希望你将来能做一名计算机工程师，于是，在假期为你报了个电脑编程兴趣班，想让你提前接触一下"专业"知识。

※ 寓言短小而精练，祖先的智慧在这一个个寓言故事中得以呈现。这本《中国古代寓言》中，你觉得最富有智慧的是谁呢？让我们交流一下吧！

> 我觉得《鼠屎断案》中的孙亮很有智慧。他根据蜂蜜里老鼠屎外面湿润而里面干燥的状况，就能推断出谁是真正的罪犯。这么善于分析的人能不充满智慧吗？

> 《邹忌比美》中的邹忌也是个很有智慧的人。面对妻、妾、客人的夸赞，他没有沾沾自喜，而是思索这些人夸赞他的用意。他不仅有自知之明，而且善于思考，这样的人不容易被人蒙蔽。

跟着名著学读写

我也认为邹忌很有智慧。我找到了记载这个故事的原文——《邹忌讽齐王纳谏》。原来,邹忌是以自身的经历,委婉地劝谏齐威王广开言路,改革弊政,整顿吏治。在邹忌巧妙的劝谏下,齐威王采纳了邹忌的建议,齐国的国势也日益强盛起来。

我们寻找寓言中的智慧,不仅可以关注故事情节,关注人物的言行举止,还可以阅读原著,了解出现这则寓言的目的。

同学们,在你们心目中,寓言里最具智慧的又是谁呢?像这样,和大家交流一下吧!

※ 我们国家的寓言源远流长,有人考证,在3000多年前,寓言就初具雏形了。这比伊索寓言产生的时代早了500多年。

★ 你知道哪个时期是我国寓言创作的"黄金时代"吗?为什么这个时期会涌现出这么多的寓言呢?

★ 你知道"寓言"这个词最早出自哪部著作吗?

★ 你又是否知道,哪部典籍中记载的寓言最多呢?

寓言中可以探究的问题很多很多……

课下,让我们搜集资料,解决心中的这些疑问吧!

你还可以读更多

除了《中国古代寓言》，你还可以读读其他国家的寓言。世界上，比较有影响力的寓言当数《伊索寓言》《克雷洛夫寓言》了。

《伊索寓言》相传是公元前6世纪被释放的古希腊奴隶伊索所著的寓言集。这部寓言集里的300多则寓言，内容大多与动物有关。走进这部寓言集，就像进入了奇妙的动物王国。它对后代欧洲寓言的创作产生了重大的影响，是西方寓言文学的典范之作，也是世界上流传最广的寓言之一。

《克雷洛夫寓言》是俄国杰出的寓言作家克雷洛夫的作品集。克雷洛夫的寓言作品影响深远，在作家生前就被译成十余种文字，有的还被收入了教材。我们熟悉的《狐狸和乌鸦》《狼和小羊》的故事就出自克雷洛夫的妙笔。《克雷洛夫寓言》与《伊索寓言》《拉封丹寓言》《莱辛寓言》并称为世界寓言四大经典。

请你认真默读下面几个寓言故事,每个寓言在3分钟内完成阅读,来挑战一下吧!

狮子和狐狸

从小没见过狮子的狐狸,
头一次碰见狮子吓得要死。
过了一段时间,
又与狮子相见,
狐狸不再心惊胆战。
第三次见面,
狐狸甚至开始与狮子攀谈。

对有些人我们觉得害怕,
是由于对他们缺乏观察。

【选自人民文学出版社 [俄罗斯]克雷洛夫 著,谷羽译《克雷洛夫寓言》】

狐狸和葡萄

饥肠辘辘的狐狸看到一串串诱人的葡萄沿着高高的枝藤挂下来,它用力往空中一跃,伸爪子去摘葡萄。但这完全是徒劳的,因为葡萄刚好在狐狸够不到的地方,所以它只好放弃了。

离开时,它悻悻地说:"我想,那些葡萄虽然已经熟了,但现在看起来还很酸呢。"

【选自商务印书馆 [古希腊]伊索著,杨海英 译《伊索寓言》】

狐假虎威

在茂密的森林里,有一只老虎正在寻找食物。一只狐狸从老虎身边窜过。老虎扑过去,把狐狸逮住了。

狐狸眼珠子骨碌碌一转,扯着嗓子问老虎:"你敢吃我?"

"为什么不敢?"老虎一愣。

"老天爷派我来做你们百兽的首领,你吃了我,就是违抗了老天爷的命令。我看你有多大的胆子!"

老虎被蒙住了,松开了爪子。

狐狸摇了摇尾巴,说:"我带你到百兽面前走一趟,让你看看我的威风。"

老虎跟着狐狸朝森林深处走去。狐狸神气活现,摇头摆尾;老虎半信半疑,东张西望。

森林里的野猪啦,小鹿啦,兔子啦,看见狐狸大摇大摆地走过来,跟往常很不一样,都很纳闷。再往狐狸身后一看,呀,一只大老虎!大大小小的野兽吓得撒腿就跑。

老虎信以为真。其实他受骗了。原来,狐狸是借着老虎的威风把百兽吓跑的。

【选自人民教育出版社义务教育教科书二年级上册《狐假虎威》】

我们的《狐假虎威》还有文言文版本呢,咱们来一睹为快吧!

虎求百兽而食之,得狐。狐曰:"子无敢食我也!天帝使我长百兽,今子食我,是逆天帝命也。子以我为不信,吾为子先行,子随我后,观百兽之见我而敢不走乎?"虎以为然,故遂与之行。兽见之皆走。虎不知兽畏己而走也,以为畏狐也。

跟着名著学读写

1. 三篇寓言都是关于_____的，第一篇寓言突出了它（　　　　）的特点，第二篇寓言突出了它（　　　　）的特点，第三篇寓言突出了它（　　　　）的特点。（请你将下面的词语填在相应的括号里）

狡猾、仗势欺人　　　胆小　　　自欺欺人

2. 这三个寓言分别为我们揭示了什么道理呢？请你分别在文中找到相应的句子，并在下面用直线画出来。

3. 你印象中的狐狸是什么样的？现在呢？
_____
_____
_____
_____
_____

4. 三篇寓言里，你最喜欢的是哪一个？请简单说出你的理由。
_____
_____
_____
_____

5. 你还知道哪些和狐狸相关的寓言呢？请你将它简单地讲给大家听吧！
_____
_____
_____
_____
_____

习作指南

寓言就是一种把深刻哲理或教训寄托在简短、形象故事里的文学样式。作者通过借助故事或自然事物，用拟人手法来说明某个道理或教训。进行寓言新编，要谨记下面的小提示哦！

首先，要有一个简单明白的道理。

寓言故事的寓意是寓言创作的灵魂，就好似人类必须要有思维一样重要。如我国古代寓言《揠苗助长》就很有代表性，它告诉我们无论做任何事情都不能急于求成，要遵循事物的发展规律，顺其自然、循序渐进，如果一味强调速成或效率，反而会坏事。它的寓意并未直接体现在文字中，但是读者在阅读后会在潜移默化中受到影响获得启发。

其次，要有一个通俗简单的故事。

精彩的故事是寓言成功的开始，没有一个有趣的故事，道理就没有一个安身的地方。寓言的篇幅短小，其目的是寓事说理。通过讲述故事来达到说理的最终目的，故事情节设置的好坏关系到寓言的未来。古希腊《伊索寓言》中的名篇《狼来了》在世界范围内享有很高的知名度，它的成功之处在于故事的可读性很强，无论什么读者都能在简练明晰的故事中悟出道理。

最后，发挥丰富的想象。

可以运用比喻、拟人、夸张等手法，使自然界的一切事物都活动起来，让它们来到你的故事中，演讲出一个富含某种哲理的故事。但是所有的事物都要符合大自然的规律，不能有悖常理。故事既要短小又要趣味盎然、新鲜活泼，才能吸引人，让读者在笑声中有所获益。

新编寓言，我有魔法哟！

图片中的故事你知道吗？发挥想象，我们可以进行寓言新编哟！

跟着名著学读写

- 乌鸦没有张嘴唱歌 —— 寻肉途中乌鸦遇意外丧失听力；饥饿的狐狸具有了爬树的本领；老虎出现了……
- 乌鸦嘴里没肉 —— 偶遇狐狸爸爸；肉被狐狸爸爸骗走；狐狸儿子再次路过乌鸦脚下……
- 吃完肉的狐狸再次返回 —— 乌鸦夫妇一起出现；鸡妈妈正在前方觅食；狐狸的腿受伤了……

聪明的你可以根据以上提示对寓言进行新编，也可以发挥丰富想象力，进行更有趣的创作哦！

神话故事 第三章

中国神话永远有着鼓舞人志气的力量,它不会使人颓废、消沉、动摇,即使在逆境中,也让人看到光明。

——袁珂

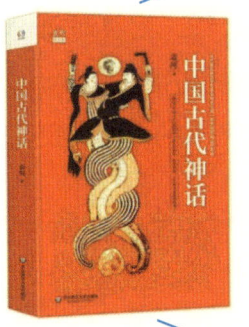

- 第一部全面叙述中国古代神话体系的专著
- 著名神话学家袁珂经典之作
- 被译成俄、日、英等近20种语言
- 部分章节被中国、美国、新加坡、日本、韩国等国选入学校课本

蜚声海内外

出身古籍
《山海经》
《庄子》
《楚辞》
《淮南子》
《列子》
……

年代久远
开天辟地
炎黄传说
尧舜故事
羿禹神话
夏商诸神
周秦余音

名师点拨

　　神话，是文化百花园中一朵夺目的花。在神话的世界里，有创造人类的始祖，有征服自然的勇士，有顽强不屈、英勇献身的英雄……

　　走进神话的世界，我们能领略到神奇的想象，能感受到先辈们美好的精神力量，能了解到悠久、璀璨的历史文化……

　　让我们学习一些阅读神话的方法，徜徉在独具魅力的神话世界之中吧！

阅读神话的方法

◎ 了解神奇的故事

一、了解神话的内容

1.借助故事的起因、经过、结果，了解神话的内容

　　初读神话，我们最想知道的莫过于故事的内容。一篇神话故事，往往包括故事的起因、经过和结果。我们初读神话，可以采用略读的方式，找出故事的起因、经过、结果，然后，将它们串联起来，从而知晓这篇神话的内容。

2.给故事情节加小标题，把握神话的内容

　　阅读神话时，我们可以边读边找出重要的故事情节，用小标题概括出每个情节的内容。然后，综合重要情节的内容，我们就能对神话故事的内容有所把握。

　　比如在阅读《羿射九日》（商务印书馆《中国古代神话——羿射九日》）这个神话故事时，我们用小标题概括出了下面几个重要情节的内容：

- 十个太阳轮流值班
- 十日并出
- 人们苦不堪言

这几个情节，讲的是故事的起因，我们把它们的内容综合起来，加以概括：
　　十个太阳同时出现，让人们苦不堪言。

- 天帝派羿除害
- 羿遭太阳戏弄
- 羿顾忌天帝，不敢放箭
- 太阳肆无忌惮
- 羿怒射太阳
- 人们求情，留下一个太阳

这几个情节联系比较紧密，我们把它们进行归纳，并用简练的语言概括这部分的内容：

羿面对太阳的戏弄和肆无忌惮的挑衅，怒射太阳。

接下来，我们把这几部分的内容串联起来，就知道这个神话讲的是：十个太阳同时出现，令人们苦不堪言，羿怒射太阳为民除害的故事。

3.梳理人物踪迹，了解系列神话内容

对于单篇的神话故事，我们用了解故事的起因、经过、结果以及给情节加小标题的方法，把握主要内容比较简便。对于一个系列的神话，我们可以用梳理人物踪迹的方法，了解整个系列神话的内容。

※ 首先，我们逐一阅读这一系列中的单篇神话，了解每个单篇神话的内容。

※ 接着，用简洁的语言概括出每个单篇神话中人物的经历。

※ 然后，按照故事的先后顺序梳理人物的踪迹，画出人物踪迹图，理清这个系列故事的来龙去脉。

比如，羿和嫦娥的系列故事的梳理：

我们在了解这一系列中每个单篇神话内容的基础上，概括出了后羿和嫦娥的经历，然后，画出他们的踪迹图。

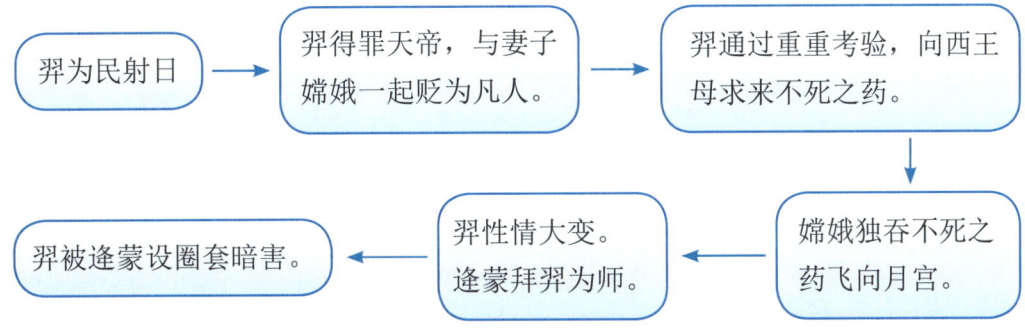

跟着名著学读写

> 通过踪迹图，我们对羿和嫦娥在这个系列故事中的经历有了全面的了解。羿为民射日得罪天帝，和嫦娥被贬凡间是这个系列故事的起因。羿历尽艰辛求来的不死之药被嫦娥独吞使得嫦娥奔月。而嫦娥的离开，又让羿性情大变，才有了逢蒙拜羿为师，最后设圈套暗害羿的结局。
>
> 前面故事的结局恰恰是后面一系列故事的起因，整个系列的故事环环相扣。经过这样的梳理，整个系列故事的来龙去脉就清楚了。

二、感知故事的神奇

1.整体感知内容的神奇

神奇，是神话故事的一大特色。不用细读文本，只需一看题目，我们可能就被故事的神奇内容吸引了。

比如：

《女娲补天》 —— 说到"补"你可能想到补衣服、补作业，这都是我们常人所能做到的。可你想到过"补天"吗？怕是想都不敢想吧。可是，神话中的女娲做到了，怎么样，够神奇吧！

神话故事的题目，一般都突出了其神奇的特点，通过题目中充满"神奇"的关键词，我们往往能领略到那些神奇的事，认识一些神奇的人。

2.体会故事情节的神奇

题目透着神奇，故事的情节就更奇了。阅读神话，我们了解了故事内容，不妨想一想：故事中的哪个情节留给自己深刻的印象？它奇在什么地方？然后，我们可以结合这个情节中的有关语句展开想象，让一个个故事情节成为一幅幅生动的画面，在想象中感受故事的神奇。

比如《女娲补天》中的这个情节：

第三章 神话故事

> 女娲难过极了。她立刻去找雨神，求他下一场雨，把天火熄灭。又造了船，好救出在洪水中挣扎的人们。

> 读完这个情节，捕捉到"立刻""求""挣扎"这几个词，你的脑海中是不是涌现出了一堆问题，比如：
> 女娲会怎样求雨神？雨神能顺利答应吗？这中间会有怎样的波折？面对洪水中挣扎的人们女娲又有怎样的心理活动？她又用了什么神奇的办法造了船，顺利救出了人们？

> 我们根据故事情节中的重点词句质疑，然后结合涌现的这些问题，展开想象。这个情节短短的几句话，就变成了多个生动的画面。情节的内容因想象而变得丰厚了，我们的阅读也因想象而深入了。

◎ 体会神奇的人物

神话神奇在故事的内容，神奇在故事的情节，也神奇在一个个鲜活的人物。这些人物，往往有把不可能的事情变为现实的神通。这些人物神奇的本领背后，又体现着怎样的人物形象呢？阅读时，我们要结合事件，联系有关描写，去体会人物形象，感受他们神奇背后的人格魅力。

一、结合事件体会人物形象

俗话说："人离不开事，事离不开人。"鲜明的人物形象，总是借助事件才得以展现。所以，我们可以结合这个人所做的事情，整体感知人物形象。

我们可以在了解故事内容的基础上，想一想：这个人为什么要做这件事？做这件事的过程中，他经历了什么？借助这样的问题，让我们对这个人所做的事情进行深入的思考，从而能够对这个人物有个整体的认识。

二、品味描写体会人物形象

神话中人物形象的塑造，离不开传神的描写。品味对这些人物的动作、语言、神态、心理等描写，我们往往能更深入地走近他们，体会他们的形象。

比如《神农尝百草》中对神农的这段描写：

跟着名著学读写

神农摇摇头，郑重地对大家说："不行，我们不能回去！生病的乡亲们还在苦苦地挣扎着，等着我们回去解救他们。你们看，这里的动物一个个多么健壮啊，而且这里漫山遍野都长着奇花异草，我想这里一定有治病的良药！从今天起，我要尝遍这山上的每一种草药，一定要找出治病的方法来。"
【选自商务印书馆侯知雨《中国古代神话》】

> 这段话是对神农的语言描写，"郑重、不行、不能回去、一定"这几个词让我们感受到神农寻找草药的决心坚不可摧。
>
> 明知道前面的道路危险重重，为了解救生病的乡亲，他还是勇往直前。神农的坚定与执着，无私与无畏，真是令人感动。

> 神农从健壮的动物、奇花异草而推想出这里有治病的良药。他还是一个富有智慧的人。

> 人物描写中的关键词句，能让我们深入地体会人物的特点。我们可以借助这些关键词句，再联系上下文，品味有关描写，体会神话里的人物形象。

◎ **领略不朽的精神**

上古社会，由于生产力水平低，人们不能科学地解释社会起源、自然现象以及社会生活的矛盾和变化，于是借助幻想把自然现象和社会生活拟人化。这样，就有了神话。

在那个生活环境恶劣的年代，面对自然灾害，祖先们常常束手无策。于是，他们便将探索自然、改造自然的憧憬寄托在了神话中的人物身上。神话，留有人类童年时代飞腾的幻想；神话，也孕育着一个民族独有的精神品格。

一、领略祖先探索自然、改造自然的无畏精神

阅读神话，我们会留意到人物的所作所为。我们可以根据这些人物的所作所

为，联系故事中相关的情节，深入思考：这些人这样做，有着怎样的愿望？他们的所作所为体现着怎样的精神品格？从而通过神话人物，体会到我们祖先寄托在他们身上的愿望和精神品格。

比如《大禹治水》这个神话故事：

> 大禹带领百姓挖河渠导洪水，为了治水三过家门而不入，历经多年艰辛，终于平息了祸害人们的大洪水。

> 联系这个故事中天地一片汪洋的惨景，以及大禹的父亲因偷息壤治水而被害这些情节，我们不难读懂大禹的心愿：继承父亲的遗愿，平息洪水，解救饱受水患的人们。

> 再联系大禹巧妙的治水办法：挖河渠导洪水，这不就是在巧妙地改造自然、征服自然吗？面对肆虐的洪水，他历尽艰辛，这不就是迎难而上的体现吗？

> 洪水是大自然带给人们的灾难之一。大禹治水正是表达了人们渴望征服自然的美好愿望。他的所作所为也正是我们先辈迎难而上、挑战自然的缩影。

二、领略民族的精神品格

1.结合人物形象，体会民族的精神品格

神话寄托着先辈们美好的憧憬，神话中的人物承载着先辈们所崇尚的精神品格。这些美好的精神品格一代代传承，就形成了我们这个民族独有的精神财富。阅读神话时，我们可以结合神话中的人物形象，去体会我们民族的精神品格。

比如夸父，他奋力追赶太阳，最终献出了宝贵的生命。他倒下后，化作了茂密的桃林为来往过客遮阴，结出的仙桃为勤劳的人们解渴。多么坚强执着又甘于奉献的夸父啊！这其实就是我们民族艰苦奋斗、泽福后代的精神的源头。而且，一直到现在，这不都是我们这个民族所推崇的精神品格吗？

2.联系生活实际，感悟民族精神的传承

神话中蕴含的精神品格一直到现在都在潜移默化中影响着我们的生活。阅读神

跟着名著学读写

话时，联系自己的生活实际，会让我们对这些根植于我们民族心灵深处的精神品格有更深的感悟。

比如《精卫填海》让我们感受到了精卫不畏艰难、自强不息、锲而不舍的精神品格。联系我们的生活，是不是有很多个像故事中这样的"大海"？你也一定见到过不少面对"大海"不畏艰难的"精卫"。联系这么多如精卫填海般的事例，这么多如同精卫般的人，你是不是能更深刻地感受到这种民族精神的传承呢？

3.中外神话对比阅读，领略民族独有的精神品格

除了我们中国的神话，世界上很多国家也有神话。有意思的是，不少国外的神话和我们中国的神话在主题上相近。我们可以找到这些主题相近的神话，进行故事情节的对比阅读，体会我们这个民族独有的精神品格。

比如：火的诞生。

中国神话：
　　燧人氏钻木取火，坚韧不拔摩擦出来的！
希腊神话：
　　普罗米修斯盗取火种。
一些西方国家神话：
　　火是上帝赐予的。

对比火的诞生，我们发现，只有我们国家的"火"是在对自然的探索中得来的。我们的先辈用这样的故事告诉我们：要勇于探索自然，与自然作斗争！

学习了阅读神话的方法，让我们一起读一篇神话，看看这篇神话又有哪些神奇之处，它又蕴含着我们祖先怎样的愿望和精神品格。

这是个单篇神话，我们可以用了解起因、经过、结果的方法或者给主要情节加小标题的方法了解它的内容。

山能移走吗？可是，愚公要做的就是这样常人看来不可能办到的事。一看题目，我们就感受到了故事的神奇。

愚公移山

第三章 神话故事

在黄帝战胜蚩尤后，蚩尤族被消灭干净，上古时代的巨人族中，只有夸父族还幸存了一段时间，后来还建立过一个博父国。愚公移山的故事就发生在这里。

相传在当时的北山，有一个名叫"愚公"的老头，年纪将近九十岁了。他家面对着太行、王屋两座大山，进出很不方便。于是，愚公就召集家人开会商议道："门前这两座山真可恶，挡住了我们进出的道路，我们把它们搬到别处去，好不好？"儿孙们都说："好，好，好！"可是，愚公的妻子听说一家人要搬山，很是怀疑，便向愚公说道："算了吧，老头子，你这把年纪，恐怕连一个小土堆都挖不平了，还想去搬走两座大山呢！就算你能行吧，那挖出来的泥土石块又朝哪里放呢？"儿孙们都说："担到渤海边上一倒，不就完事了？"大家既然都赞成，搬山的事就决定了，一家人说干就干。

于是，全家老少挖土的挖土，装泥的装泥，然后把泥土和石块装起来，运到渤海边倒掉。邻居京城氏的寡妇有一个小孩，刚到换牙的年龄，看见大家干得这么起劲，也蹦蹦跳跳前来帮忙。这些搬运泥土到渤海上去倒掉的人，一走就是大半年，一年的时间才够往返一次。

河曲据说有一个很聪明的老头，看见他们这么辛苦，笑着去劝阻愚公说："老哥，歇歇吧，像你这样风烛残年的老人，能把这两座大山怎么样啊？"愚公回答他说："请你不要再多说了，我看你的见识，连那个寡妇和小孩都不如。你不知道，就算我死了，还有儿子，儿子死了有孙子，孙子又会生儿子，我们世世代代干下去，还怕这山挖不平？"这个聪明的

> 年近九十的愚公决定搬山，这在让我们感到故事的神奇的同时，又不禁对愚公产生了敬意。

> 文章的前两个自然段介绍了故事的起因：王屋、太行两座大山造成愚公家出行不便，于是，愚公决定带领家人搬山。

> 第三、四自然段讲述了愚公全家克服重重困难搬山，面对他人的劝说，愚公表明要坚持到底的决心。这是故事的经过。

> 这句着墨不多，却让我们不难想象搬山的艰辛。困难重重，却勇敢面对，足见愚公一家搬山的坚诚。

> 这里描写了愚公的语言。"世世代代干下去，还怕挖不平？"让我们看到了一个锲而不舍的愚公。联系前面对愚公的介绍——年近九十，以及搬运泥土倒掉的人往返一次要一年的时间这些情节，又让我们认识了一个坚韧果敢的愚公。

- 55 -

跟着名著学读写

老头被他说得哑口无言，竟找不到话来反驳。

不料，这话被一个手里挖蛇的山神听见了，怕他们家人真的一代代人干下去，这两座大山就吃不消了，赶紧跑去报告天帝。天帝感念愚公的坚诚，就派夸娥氏的两个儿子把两座大山背在身上，一座搬到了朔东，一座搬去了雍南，愚公家门前自此就没有了大山阻隔。两座山原本是挨在一起的，从此就天各一方了。

> 天帝被愚公的坚诚所感动，派天神搬走大山，故事的结果既神奇又圆满。读到这里，把起因、经过、结果联系起来，故事的内容想必你也知道了。愚公为了进出方便，不畏艰辛毅然搬山，他真是个勇于挑战、不畏艰难的人！

【选自长江文艺出版社 袁珂《中国古代神话选编》】

> 愚公的精神一直到现在都对我们有着深远的影响。毛泽东主席就曾用愚公移山的故事鼓舞和教育人民发扬艰苦奋斗的精神。现在，我们往往把那些做事有顽强毅力、不怕困难的人称作"愚公"。

书宝论坛

大家知道，我们国家有四大名著：《三国演义》《西游记》《水浒传》《红楼梦》；有四大民间故事：《梁山伯与祝英台》《孟姜女哭长城》《白蛇传》和《牛郎织女》。那你知道我们国家还有四大神话故事吗？

第三章 神话故事

这个可难不倒我。《共工怒触不周山》《女娲补天》《后羿射日》《嫦娥奔月》是我国的四大神话故事。

看来你积累的知识还真不少。神话以其神奇的情节、神奇的人物，深深吸引了我们。可是，有一些人认为，随着科技的不断发展，很多在古时候无法解释的现象，都能在科技的"慧眼"下找到答案。神话中的很多故事都经不起科学的推敲。既然这样，我们现代人为什么还要读神话呢？

神话反映了先辈们对自然、对世界的认识，在神话里我们能了解到原始的社会风貌。这些，其实就是人类文明的起源。我们学习文化，从源头学起才扎实。

跟着名著学读写

我发现，神话中还蕴含着我们这个民族的精神品格。比如后羿射日、鲧禹治水这些神话故事，反映了先辈们征服自然的气概。夸父逐日、精卫填海，则表现了他们持之以恒、不畏艰难的精神品格。这气概，这品格，不就深深地根植在我们这个民族的血脉之中吗？

是呀！神话展现了一个民族特有的精神。难怪有人说，无论是哪个民族，无论是哪种文化，其民族精神往往源自各自的神话。我们读神话，不仅仅是了解人类文明的起源，更重要的是，学习并传承民族的精神！

我还发现，神话中的人物就有上古圣贤和英雄人物，一些神话故事在历史中也能找到它们的影子。比如，大禹在历史上就确有其人，他是我国史书上记载的第一个朝代夏朝的创始人，《史记·夏本纪》中就有关于他治水的记载。我们读神话，还能在潜移默化中增进对一些历史知识的了解。

第三章 神话故事

正是这样一个个神奇的故事，才让我们在了解先祖的故事的同时，也传承着中华民族悠久的文化。

除了我们国家的神话，我们还可以读一读其他国家的神话，比如希腊神话。这样可以增进我们对世界上其他国家文化的了解，丰厚我们的文化积淀。

遇到主题相近的内容，我们还可以把国内外的神话对比着读一读。这样，我们对神话中蕴含的丰富内涵理解就会更深了。

阅读神话，不仅能丰富我们的想象，还能增进我们对民族文化的认识，对历史知识的了解，让我们从小受到民族精神的熏陶。让我们踏上神话之旅，一起去领略神话天地中独具魅力的"风景"吧！

整本书阅读

开卷有益

※ 阅读时，你关注过图书的序言吗？

序言，又叫前言、引言，是放在著作正文之前介绍评述著作的文章。作者自己写的序言称为"自序"，别人写的序言称作"他序"。从序言中，我们可以了解作者的写作缘由、图书的内容和写作特色等。

我们即将阅读的《中国古代神话》就有值得我们一读的序言。有的版本收录的是袁珂先生的自序，也有的版本是他人为本书作的序。

阅读本书的序言，我们不仅可以了解袁珂先生编写这本书的意义，了解编书过程中的种种经历、本书的特色，还可以感知我们中国神话的魅力。让我们翻开序言，认真读一读吧！

※ 阅读之前，让我们翻开目录看一看。看了目录，你是不是产生了很多疑问呢？

共工是谁？

"颛顼"这两个字我根本不认识。

什么是干戚？

……

神话故事中的生僻字词比较多，有些字的读音还和我们现在的不一样，我们需要关注书中的注释，利用工具书或其他资料解决我们的困惑。

第三章 神话故事

神话故事中的一些人物我们不熟悉，人物之间的关系也错综复杂，我们在读这些故事的时候，可以关注一下故事中对他们身份的介绍，画一画人物关系图，来帮助我们了解书中的内容。

我们中国古代神话大多出自古代典籍，比如《精卫填海》就出自《山海经》中的《发鸠山》。我们在读这些故事的时候，还可以找到那些用文言文写的原文读一读，增进对这个故事的了解。

掩卷而思

※ 神话其实离我们并不遥远，不少词语中有神话的"影子"，很多神话成了文人创作的源泉，就连我们国家的航天科研成果也和神话结缘。

词语中的神话

看到下面的词语，你想到了哪些神话人物或故事？请你写下来。

开天辟地　　　　　　　　　补天浴日

_____

各显神通　　　　　　　　　炎黄子孙

_____

诗词中的神话

迢迢牵牛星，_____。
——《古诗十九首·迢迢牵牛星》

_____，碧海青天夜夜心。
——李商隐《嫦娥》

我愿平东海，_____。
——顾炎武《精卫·万事有不平》

跟着名著学读写

像这样和神话有关的诗句还有很多，你能再写出一两句吗？

诗人借用这些神话故事抒发了怎样的情怀呢？让我们查阅资料了解一下吧。

以古代神话命名的航天科研成果

我国自产卫星导航系统命名"北斗"。

太阳监测卫星计划命名"夸父计划"。

中国绕月探测工程被命名为"嫦娥工程"。

2019年12月23日，中国天文学家发现的首颗太阳星系外行星及其母恒星获得了富有神话色彩的名字："望舒"和"羲和"，分别寓意月亮神和太阳神。这次的命名也将成为国际通用的正式名称。

……

这些饱含着航天人心血的科研成果，取了一个个源自中国神话的名字，刻下了独属于我们这个民族的浪漫。

从远古到现在，我们民族探索自然的脚步从未停歇。随着民族的振兴，我们在用实力，将这些美丽的神话变为现实。

你还知道哪些航天科技及成果是用我国古代的神话命名的呢？和伙伴们交流一下吧！

※ 读完了《中国古代神话》，想必你已经沉醉于这些神奇的故事中了吧！此时，你的脑海里留有深刻印象的是哪个人、哪个故事呢？让我们回顾一下书中的内容，为这些人、这些事做个资料卡吧！

将每个人物或者每个故事做一张资料卡。资料卡的样式可以根据你的喜好来设计，相信你会做得既美观又实用。

小提示

资料卡的内容可以包括：人物的名字、神话故事的题目、故事的主要内容、人物形象，以及这个故事中体现的我们民族的精神品格等。

※ 你的资料卡做好了吗？你可以邀请小伙伴把大家的资料卡放在一起，形成我们的中国古代神话故事资料袋。

将大家的资料卡整理后，记得再放入资料袋哟！

整理的方式是多种多样的，比如：

- 同一人物或同一故事归纳在一起
- 按照故事的发生年代整理
- 按照故事的主题归纳整理

归纳整理后，为了便于查阅，我们可以给整理好的资料卡标上序号，再写一份目录放在资料卡的最前方。

做完这些，我们可以和小伙伴开个中国古代神话故事分享会。每个同学每次抽取一张资料卡，借助资料卡的提示，把故事讲给大家听。

※ 对于神话中的人物，不同的读者看法也不尽相同。比如夸父，有的人认为，他有宏大的志向，他坚韧不拔的意志值得赞颂；也有人认为，他妄图追赶太阳，自不量力，为此丧了命，实在不值得。对此，你怎么看呢？

你还可以读更多

你知道保存中国神话最多、最原始的古籍是什么吗？没错，是《山海经》。精卫填海、夸父逐日、大禹治水，这些耳熟能详的神话又是出自哪里呢？还是《山海经》。这是一部涵盖了上古神话、天文、历史、地理、宗教、医药、民

跟着名著学读写

俗……的上古人们生活的百科全书。它和《易经》《黄帝内经》一起被称作我国上古时期的"三大奇书"。

> 吾国古籍,瑰伟瑰奇之最者,莫《山海经》若。
> ——袁珂

提起神话,希腊神话也是鼎鼎有名。我们熟悉的普罗米修斯、赫拉克勒斯、雅典娜都出自希腊神话。希腊神话如同一把钥匙,为我们打开了了解西方文化、探寻人类文明瑰宝的大门。在众多的希腊神话译著作品中,我国著名文学家、翻译家郑振铎先生整理编著的这本《希腊神话与英雄传说》,堪称希腊神话译介领域里程碑之作。

> 古希腊的神话和艺术是人类童年时代美丽的诗,具有永恒性的魅力。
> ——马克思

群文阅读：略读，了解起因、经过、结果，把握故事内容。

运用略读法，在6分钟内读完以下三篇神话故事。

女娲造人

天地开辟以后，天上有了太阳、月亮和星星，地上有了山川、草木，甚至有了鸟兽虫鱼了，可是单单没有人类。

这世间，不免显得有些荒凉寂寞。不知道什么时候，出现了一个神通广大的女神，叫做女娲。

据说，她一天当中能够变化七十多次。有一天，大神女娲行走在草木丛生的原野上，看看周围的景象，感到非常孤独。

她觉得在这天地之间，应该添一点什么东西进去，让它生气蓬勃起来才好。添一点什么东西进去呢？

走呀走的，女娲走得有些疲倦了，偶然在一个池子旁边蹲下来。清澈的池水照见了她的面容和身体。

女娲笑，池水里的影子也向着她笑；她假装生气，池水里的影子也对她生气。女娲忽然灵机一动：世间各种各样的生物都有了，单单没有像自己一样的生物，那为什么不创造一种像自己的生物加入到世间来呢？

想到这里，女娲顺手从池塘边抓起一把黄泥土，掺了些水，按照自己的模样捏出一个小泥娃娃来。说也奇怪，这小泥娃娃一放到地面上就活了起来，并且可以四处走动。女娲对于她这优美的作品，感到很满意，于是便称之为"人"。

为了使"人"不孤独，女娲又继续动起动手做起来，她用黄泥做了许多能说会走的可爱的小人儿。这些小人儿在她的周围跳跃欢呼，使她精神上有说不出的高兴和安慰。从此，她再也不感到孤独、寂寞了。

她工作着，工作着，一直工作到晚霞布满天空，星星和月亮射出幽光。夜深了，女娲把头枕在山崖上，略睡一睡，第二天，天刚微明，她又赶紧起来继续工作。

女娲一心想用这些灵透的小生物来布满大地。但是，大地毕竟太大了，她做了许久，还没有达到她的愿望，而她却已经疲倦不堪了。

最后，女娲想出了一个绝妙的创造人类的方法。她从崖壁上拉下一条枯藤，伸入一个泥潭里，搅浑了浑黄的泥浆，向地面上这么一挥洒，泥点溅落的地方，就出

跟着名著学读写

现了许多小小的叫着跳着的人儿，和先前用黄泥捏成的小人儿一模一样。

用这种方法来进行工作，果然简单省事。藤条一挥，就有好些活人出现，大地上不久就布满了人类的踪迹。

大地上虽然有了人类，女娲的工作却还没有终止。

她又考虑着：人类是要死亡的，死亡了一批再创造一批？未免太麻烦了。怎样使他们继续生存下去呢？这却是一个难题。

后来她终于想出了一个办法：就是把那些小人儿分为男女，让男人和女人配合起来，叫他们自己去创造后代，担负起养育婴儿的责任，这样，人类就世世代代绵延下来，并且一天比一天增多了。

【选自山东美术出版社　张琪 编著《神话故事》】

普罗米修斯

普罗米修斯是地神盖亚与天神乌拉诺斯所生的巨人提坦神伊阿珀托斯的儿子。看着宇宙间的万物精灵，普罗米修斯也非常希望能有和天神一样的人在大地上行走。他从肥沃的土地上挖了一些泥土，用河水调和泥土，然后把泥土捏成天神的模样。为了能使捏出来的人获得生命，他还从动物身上借取了一些善和恶的特征，并把这些特征装入泥人的胸膛，世界上的第一个有生命的人就这样出现了。

在天宫的众神之中，智慧女神雅典娜非常欣赏普罗米修斯的智慧，要不是普罗米修斯被放逐人间的话，说不定雅典娜与普罗米修斯会结为夫妻呢。当普罗米修斯的泥人捏好之后，雅典娜向这个仅有生命的泥人嘴里吹了一口气，泥人便有了灵魂。

普罗米修斯造出了最初的人，人又不断繁衍，最后遍布于大地。人虽然出现了，但他们根本不知道如何运用自己的四肢、运用头脑思维，只是在大地上漫无目的地生活着。看到自己造出的人类这样浑浑噩噩，普罗米修斯决定去帮助他们。他教人们观察星辰的升降，教给他们计算的方法，教他们把牲口套在轭上，让这些牲口代替人劳动。在教授人类的同时，普罗米修斯也在逐渐进步。以前，当一个人生病时，作为半神的他也是束手无策，只能眼睁睁地看着生病的人死去，后来，他找到了治疗这些病的药，使人们能战胜疾病而康复。他发明了适于海上航行的船和帆，使人们不至于望着没有边际的大海而兴叹。此外，普罗米修斯还给人们解释先兆和梦境，引导人们对地下的矿藏进行勘测，并对这些矿藏加以利用等。总之，普罗米修斯尽自己一切的努力把人类的生活变得更美好。

【选自中国华侨出版社　刘世洁等 编著《古希腊神话故事》】

玉米人

胡纳波·库是玛雅人心目中的创世神，他在一片空洞之中创造了世界。这一重大事件发生于一片寂静之中，它是语言的产物：当神低声说出"世界"一词时，世界便诞生了。为了让世界摆脱死寂，神创造了动物，让它们生活在森林中。但这些生物只能发出一些不清晰的吼叫声，无法向神表达敬意，这深深地惹恼了神，一气之下，他命令动物永远不许离开森林，并屈服于即将诞生的人类。

接着，创世神尝试用湿泥塑造生物，但这种生物生来就是一种错误：他们非常娇嫩，一不小心就会摔成碎块，此外，他们无法用流畅的语言说话，也无法在特定的日子里供奉神灵，神与人之间始终没有建立起和谐的关系，所以神把泥人统统打碎了。

之后，创世神又试用木头创造人类，但这种生物的缺点也很快体现了出来：首先，他们对自己的创造者毫无崇敬之情；其次，他们的身体毫无协调，关节常常变形变弯。为了摆脱自己的败兴之作，创世神招来一场巨大的洪水，吞没了木人。玛雅人认为，洪水后木人留下的唯一痕迹就是森林里的猴子，因为猴子看上去类似于尚未发育成熟的人类。

经过两次失败的造人经验后，神又一次做了认真的准备工作，进行第三次实验，因为只有人类出现了，神灵才能得到应有的供奉，太阳、月亮和星星才能出现。这次尝试成功了。创世神用黄色的和白色的玉米面团造就了符合心意的新的玛雅人。这就是玛雅人自称玉米民族的缘由。

【选自北京方舟阅读科技有限公司授权掌阅科技电子版制作与发行　席路德 著《搜神谱·下卷》】

阅读检测

1. 已经认真阅读的你，肯定知道三篇神话选自哪里，试一试连线吧！

《神话故事》　　　　《女娲造人》

《希腊神话故事》　　《普罗米修斯》

《搜神谱·下卷》　　《玉米人》

2. 再次阅读三篇神话，完成下面的表格，并将主要内容说给同学听。

	起　因	经　过	结　果
《女娲造人》			
《普罗米修斯》			
《玉米人》			

3. 理清了神话故事的起因、经过和结果，以及主要内容，那复述这个故事就不是难事了。现在请你任选一个故事复述，并给自己的复述情况一个评价吧，然后再讲给同学听，优秀的你也会得到他们的好评呢！

☆：能简要复述故事。　☆☆：能流利复述故事，且有精彩情节内容。

☆☆☆：能创造性地复述故事，有自己独特的想法。

自我评价	同学评价
☆☆☆	☆☆☆

第三章 神话故事

 三个神话故事你觉得哪篇最神奇？说说你的理由。

 神话故事里的人物形象和物品有时候还成了一种精神图腾和精神寄托呢，这些你知道吗？

 是的呢！通过查资料我知道女娲就是早期氏族社会里女性崇高地位的象征。她们承担着创造人类、哺育人类的重任，是她们使自己的族群得以繁衍和延续。

感兴趣的你也可以在课下搜集资料，了解关于神话中"火"的产生，或者"泥土"的象征含义，抑或是"玉米"形象在玛雅文明中的重要作用，相信了解的结果一定让你大开眼界，并且收获良多。

习作指南

神话是远古人民表现对自然及文化现象的理解与想象的故事。神话并非现实生活的科学反映，而是由于远古时代，人类开始思考与探索自然并结合自己的想象力所产生的。所以神话也有其独特之处：

1. **故事情节的离奇不可思议**

任何神话都是借助想象以征服自然力，支配自然力，把自然力加以形象化。如

《玉米人》中玛雅人的祖先，是通过奇迹而从白玉米和黄玉米中造出来的。

2. 主人公形象和能力让人觉得匪夷所思

神话中神的形象，大多具有超人的力量，是原始人类的认识和愿望的理想化。如《后羿射日》中的后羿，他不仅有着惊人的臂力、精准的技艺，同时还拥有一张可以射掉太阳的大弓箭。

3. 源于生活的所见所闻

神话都是根据原始劳动者的自身形象、生产状况和对自然力的理解想象出来的。狩猎经济比较发达的部落，所创造的神话人物大多与狩猎有关。农耕发达的部落所创造的神话人物多与农业有关。人以刀斧、弓箭为武器，神话中的人物也就变成以这种工具武装起来的英雄。如《大禹治水》，是因为生活中的人们由于长期受到水患的侵扰，给生产生活造成了很大的伤害和不便，所以才催生出具有治水智慧的禹。

根据神话的这些特点，请你发挥想象力，在下列题目中选择一个，改编一个神话故事，注意把握故事的起因、经过和结果。

《诺亚方舟》《劈山救母》《煮海治龙王》。

民间故事 第四章

  《非洲民间故事》是介绍非洲黑人民间故事的经典之一，是珍贵的文学和民俗遗产。这些故事主题多样，大致分为四个类别——宇宙及其起源、动物及其世界、人的世界以及人与他人的命运，表现了非洲黑人民族的生活经验、社会风俗、文化传统和哲学思想。

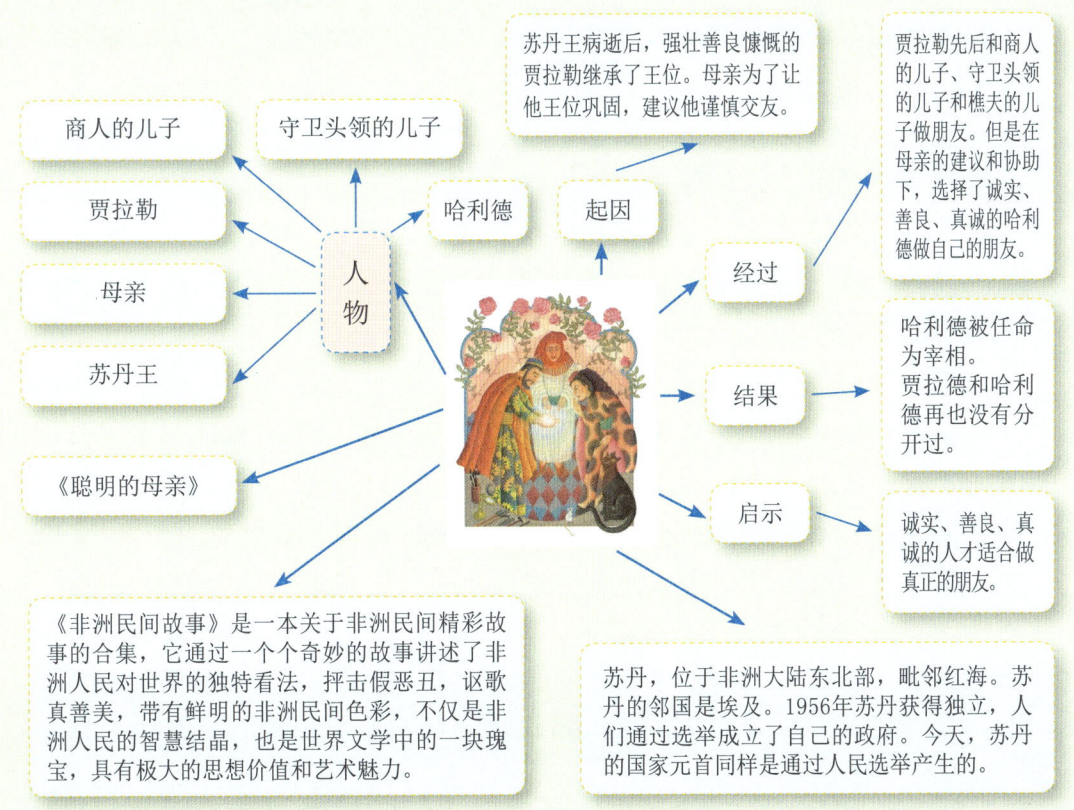

跟着名著学读写

> **名师点拨**

什么是摘句归纳法？

摘句归纳法是概括文章内容的常用方法。我们可以通过找文章的中心句、过渡句、总起句、呼应句等概括文章的主要内容。

怎么找中心句？

一般情况，中心句会根据作用的不同，分布在段内的以下位置：

①起概括和总述作用的中心句一般在段的开头。
②起承上启下作用的中心句一般在段的中间。
③起归纳和总结作用的中心句一般在段的末尾。
④起强调和增强印象作用的中心句一般在段的开头或结尾。

中心句一般出现在段的开头或结尾，有时候也会在段的中间。一般情况下中心句不会很长。

如：部编小学语文六年级上册第五单元的《夏天里的成长》这篇课文全文围绕首段"夏天是万物迅速生长的季节"展开。"万物迅速生长"就是串起珍珠的那条线。这条线串起的，就是后面的内容：各种各样事物在夏天成长的状态和表现。"牵一发而动全身"，把握住中心句就把握住了文章的主要内容。

今天我们要读的《非洲民间故事》这本名著中，《马克荷西和魔法牛角》一文，在结尾句"他们觉得马克荷西真的长大了"点明了故事的结尾和主题。

怎么找过渡句？

过渡句就是连接上下文，由一个问题转移到另一个问题的句子。位置上，这样的句子往往出现在段落开头，有时也独立成一段。内容上，这样的句子和上下两段都有联系，所以判断时可以根据位置，也可以根据内容。常见的过渡句通常伴有关联词（不仅……还……、不但……而且……、虽然……但是……、然而、却，等等）。所以，如果段的开头出现上述的关联词，这个句子一般是过渡句。

如部编三年级语文（下册）第11课《赵州桥》中的"这座桥不但

坚固，而且美观"。部编版五年级上册第16课《太阳》中的"太阳虽然离我们很远很远，但是它和我们的关系非常密切"。

怎么找呼应句？

所谓"首尾呼应"表明了相互呼应的两个句子的相对位置。如果已知句在文章的前面，响应句一般在文章的后面；如果已知句在文章的后面，响应句一般在文章的前面。相互呼应的两个句子应该有相同或意思相近的中心词，两句话的意思差不多。所以，如果两个句子表达的意思差不多，而且一个在文章的前面，一个在文章的后面，它们互为呼应句。

如何运用摘句归纳法概括文章的主要内容？

从文章结构上看，在阅读和分析文章时，摘句归纳法对概括文章主要内容有很大帮助。文章的中心句、过渡句、呼应句、总起句这些关键句都与文章的内容和主旨息息相关。在概括文章内容时，我们首先仔细阅读全文，勾画出这些关键句。同时，同学们要仔细分析它们是否完整地概括了文章的主要内容。一般情况下，我们还需要对这些关键句进行适当的加工、修改，才能准确、完整地概括出文章的主要内容。

书宝论坛

我很喜欢这个故事，我读到"很久以前，苏丹王和他的妻子有一个儿子，他的名字叫贾拉勒。贾拉勒聪明、勇敢，而且十分强壮，还和他的父亲一样慷慨。苏丹王和他的妻子都以他为荣"这里的时候，马上感受到了主人公的性格特点。

跟着名著学读写

阅读时遇到这样的提示性语句，要摘抄下来。如果开头有一句话能直接概括文章的主要意思，就直接摘录使用。这是摘录原句法。

我感觉贾拉勒的母亲是位冷静智慧的人，一定深得家人和人民的爱戴。

从贾拉勒继位开始，他的母亲就提醒他交朋友的时候要小心谨慎，并给予了贾拉勒极大的帮助。她是故事的关键人物。接下来，文章又讲述了三个小故事，但是这三个故事好像没有明显的关键句子。

你的观察很敏锐,这几个故事并没有明显的关键句子,它们介绍了贾拉勒交的三个朋友。在一篇文章中,如果没有合适的句子,我们就要把句子进行合并,并改写。这叫作原句改写法和合并法。

是呀,这样我们就可以把中间部分改成:年轻的国王先后交了三位朋友,分别是:商人的儿子、守卫头领的儿子和樵夫的儿子。多亏了母亲的帮助才验得"真金"。

你很会学习,最后,我们把文章中摘录或改写的表达文章主要内容的句子整合在一起,用自己的话归纳出文章中主要内容就可以啦。"摘句归纳"的阅读方法,你学会了吗?

我通过摘取文章开头交代故事时间和背景的句子、中间推动故事情节的句子和结尾揭示故事结局和主题的句子，就能够清晰准确地概括文章的主要内容了。

 整本书阅读

聪明的母亲

很久以前，苏丹王和他的妻子有一个儿子，他的名字叫贾拉勒。贾拉勒聪明、勇敢，而且十分强壮，还和他的父亲一样慷慨。苏丹王和他的妻子都以他为荣。一天，苏丹王生病了，贾拉勒想尽一切办法为父亲寻找医治的方法。

> 《非洲民间故事》里面收录的故事都属于叙事类的文本。要把握这类文章的主要内容，我们首先要弄清故事的主人公及主要的故事情节。在第一段中，文章首句交代了故事发生的时间和主人公的性格特征。我们把它摘录出来。

他从医师那里学来了很多方法，并且收集了很多药，希望能治好父亲。可是即使请来了所有的医师，他们依旧无能为力。苏丹王的病情一天比一天恶化，一天早上，他最终还是离开了人世。举国上下都为失去了一位伟大的国王而陷入了无限的悲痛之中。

贾拉勒继承了苏丹王的王位。贾拉勒的母亲十分疼爱自己唯一的儿子，她知道尽

第四章 民间故事

<u>管他现在很好，可还是十分担心他的安全，总是陪在他的身边。</u>事实上，贾拉勒的母亲是位非常聪明的女子，这里的国民都非常尊敬她。一

> 这两句揭示了情节的发展过程。我们把它摘录出来。我们可以在不改变原意的情况下把这段概括为：后来，贾拉勒继承了王位，他的母亲提醒他交朋友的时候要小心谨慎。（可以增加一些连接词，让句子更通顺。）

天，她对贾拉勒说："儿子，你一定要小心一点，提防那些所谓的朋友！他们大多数人都是为了你的财富才和你做朋友的，你交朋友的时候一定要小心谨慎。"

年轻的苏丹王觉得十分吃惊。"可是我该怎么做呢，母亲？"贾拉勒问道。他的母亲让他选择其中一个做朋友，然后看看会发生什么。于是，他选了一个商人的儿子。他们在一起和睦相处，似乎这份友谊会长久地保持下去。

<u>一天，贾拉勒的母亲要他邀请自己的朋友来吃早餐。</u>朋友来了之后，他们便喝了点东西，然后聊了起来。他们时不时地盯着门口看，想着佣人怎么这么慢。两个年轻人都饿极了，可是贾拉勒的母亲特意将早餐推迟到了中午。到了午餐时间，她安排佣人送来了食物——仅仅就是三个鸡蛋，再也没有别的东西了。两个年轻人都很困惑。

贾拉勒和朋友先各吃了一个鸡蛋。然后朋友拿起了第三个鸡蛋递给贾拉勒。贾拉勒把鸡蛋吃完，朋友也回家了。贾拉勒回到母亲身边，母亲问他刚才发生了什么。当他把情况告诉母亲，母亲建议他不要再和这个年轻人做朋友了。她说："他不是一个真诚的人，他想骗你相信，他关心你胜过关心他自己。他可能会夺走你的财富的。"于是，贾拉勒离开了那个朋友，重新选择了一个。

<u>贾拉勒的新朋友是守卫头领的儿子。</u>他们很快就成了非常亲密的朋友。这一次，母亲依旧要儿子请他的朋友来吃早餐。就如之前那样，她再一次把早餐推迟到了中午。两个年轻人都饿极了，可他们还是很耐心地等着。中午，佣人送来了三个鸡蛋。朋友和贾拉勒一人吃了一个，然后朋友把第三个吃完便离开了。贾拉勒回到母亲身边，母亲问他刚才发生了什么，他如实地告诉了母亲。

母亲建议贾拉勒不要再和这个人做朋友了，他显然十分自私，而且他一旦遇到机会，就会夺走贾拉勒的财富。她要贾拉勒选择第三个朋友。这次可不容易了，母亲到底想要他找什么样的朋友呢。他找来找去，还是没有找到合适的人。

<u>一天，当他在丛林里闲逛的时候，他碰到了一个贫穷的樵夫和他的儿子哈利德。</u>哈利德和贾拉勒的年纪差不多。贾拉勒向他们问好，他们邀请贾拉勒坐在一起吃东西。他们给了贾拉勒一些简单的食物，用一个旧罐子给贾拉勒盛水喝。樵夫的儿子哈利德给贾拉勒讲了很多故事，还表演了一些小魔术。哈利德带着贾拉勒在森林中走了一圈，并教给他护林人的知识。贾拉勒觉得和他们在一起开心极了。

— 77 —

跟着名著学读写

贾拉勒感到了从未有过的开心和愉悦。回家后，他没有和母亲提起任何关于樵夫和他儿子的事情。但是，他每天都想着他们。他开始频繁地去看他的朋友们。每一次，他都能学到生活中的一些新知识，了解生活中的困难并且学习如何解决它们。他依旧没有告诉他们自己是谁。这样的友谊似乎简单多了，他们就像两个普通的年轻人在相互了解。直到有一天，樵夫的儿子知道了贾拉勒就是苏丹王，他说不适合做贾拉勒的朋友。但贾拉勒坚持说："没有什么理由能阻止我们成为朋友。我从来没有遇到过像你一样，和我如此志同道合的朋友。"

<u>于是，贾拉勒和哈利德继续做着朋友。</u>贾拉勒经常脏兮兮地跑回去见母亲，有时候脸上还有伤痕。伤口甚至还会出现在他的脸上、手臂上或者膝盖上。他的母亲看到了这一切，

> 这个故事情节曲折。我们抓住中间过程中出现的三个人物，分别是商人的儿子、守卫头领的儿子和樵夫的儿子。在概括主要内容的时候，我们只需要找出主要人物，就可以梳理故事情节了。如：贾拉勒先后和商人的儿子、守卫头领的儿子和樵夫的儿子做朋友。但是在母亲的建议和协助下，选择了诚实、善良、真诚的哈利德做自己的朋友。

但是什么都没有问。她也注意到了贾拉勒每次从森林里回来都很开心。持续了一段时间后，一天，母亲问道："告诉我吧，你的新朋友叫什么名字？"

"他叫哈利德，我非常喜欢他。"贾拉勒说道。他和母亲说了很多开心的事情，还有这位年轻的朋友是一个多么聪明的人。

"那我们请哈利德来吃早餐吧。"母亲说。这次贾拉勒更加好奇了，他在想自己是不是又要失去这个朋友了？

这天，天气十分晴朗。鸟儿们都在欢快地唱着歌儿。贾拉勒和他的朋友安静地坐在一起。同样的事情发生了，母亲又一次推迟了早餐的时间。佣人很晚才把三个鸡蛋送过来而他们两个人都非常饿了。他们先一人吃了一个鸡蛋，第三个鸡蛋被剩了下来，没人吃。哈利德拿起第三个鸡蛋，用刀切成两半，将一半给了贾拉勒，另外一半自己吃了。然后，樵夫的儿子便回家了。母亲问贾拉勒刚才发生了什么，贾拉勒如实回答了母亲。

<u>母亲满意地笑了，说："这才是真正的朋友。要真诚对待他，虽然他很贫穷。"</u>贾拉勒听取了母亲的建议，他和母亲都相信哈利德是一个诚实、善良、聪明的人。很快，贾拉勒就任命他为宰相。

第四章　民间故事

从那以后，他们一直都是好朋友，再也没有分开过。

通过摘取文中的关键句——开头交代故事时间和背景的句子、中间推动故事情节的句子、结尾揭示故事结局和主题的句子，就让我们能够清晰准确地概括文章的主要内容了。

【选自河南少年儿童出版社　［南非］希娜·马洛芙《非洲民间故事》】

故事主要内容

很久以前，苏丹王和他的妻子有一个儿子，他的名字叫贾拉勒。贾拉勒聪明、勇敢，而且十分强壮，还和他的父亲一样慷慨。苏丹王和他的妻子都以他为荣。后来，贾拉勒继承了王位，他的母亲提醒他交朋友的时候要小心谨慎。贾拉勒先后和商人的儿子、守卫头领的儿子和樵夫的儿子做朋友。但是在母亲的建议下，选择了诚实、善良、真诚的哈利德做自己的朋友。很快，贾拉勒就任命他为宰相。从那以后，他们一直都是好朋友，再也没有分开过。

海　风

从早到晚，海风都会穿越岛屿和海洋，来到森林和草原，将胆小的鹿儿们带到有水的地方。白天，他还会滋润植被，迎来四季更迭。

同学们，你能发现文章的首句交代了什么吗？请把它划出来备用。

有一天夜晚，他感觉十分疲惫，当红红的太阳再次升起的时候，他在云层下翱翔了一会儿，选择了一片沙丘和沼泽，停下来休息。

森林知道海风的秘密，她知道每天晚上，海风都会变成鸟儿或者是其他动物的样子休息，这样他就可以不被打扰了。

"哈哈，海风在睡觉。"她低声说道。

那只飞着的绿色鹦鹉——就是海风！月光照耀下的那条银色蜥蜴——就是海

跟着名著学读写

风！那一片粉色的火烈鸟，也是海风。有时候，他会停在一个小村子里休息；有时候，他会变成英俊的武士，躺在草地上休息。

一次，玛卡少女阿米娜塔在提水的时候，看到海风在树底下睡觉。她停了下来一直看着他，把他当成了从外地来的徒步者。可眼前这个男人，不就是她梦想中的英雄吗？这不就是从她情窦初开起就幻想的梦中情人吗？

他的头上沾满了灰尘，还伴着汗水，身上到处都是伤痕。阿米娜塔轻轻地帮他把伤口清洗干净，又给他擦了擦脸和眼睛。

在这个星光闪耀的夜晚，阿米娜塔遇到了眼前的陌生人，她的内心充满了爱慕，以至于老渔夫艾比格从戈罗湖回来了，她也不知道。老渔夫弓着背摇摇晃晃地走着，肩上背着沉重的渔网。

老渔夫通常都会听见海风的声音，然后和他说话。"弗里希，弗里希。"他总是会这样叫。

当黎明的第一道曙光到来的时候，树上的一只巨嘴鸟打破了沉静，它的眼睛微微发红。还有珍珠鸡在盘旋着寻找种子。接着，所有的动物都醒了。随着一声沉重的叹息，整个乡野都苏醒了。海风睁开眼睛，看到面前这个面容姣好的女子。

"你叫什么名字？"他问道。

"阿米娜塔。"女子回答。

"谁是第一个对你说你很漂亮的男孩？"

她的脸一下就红了。

"你没有回答我，阿米娜塔。"

"我喜欢你叫我的名字。"她叹气道。

"你的名字就像这清水一般清新。"海风说。

她低了低头，然后舀水给他喝。

"我一直在期待，"她低声说，"一个像你一样的男人。"

他沉默了，然后温柔地说道："阿米娜塔，在我流浪的时候，我也曾经梦想，能够和一个像你一样的女孩相遇。可是我是一个行者，我无法停下来，我总是到处流浪。但是我非常想和你在一起，我厌倦了到处奔波的日子。"

在屋子前，艾比格的妻子正捣着米，艾比格则在解开他的网，准备再次去湖边网鱼。当他经过阿米娜塔和海风的时候，他自言自语道："海风老了，也聋了。他都听不到我叫他了。"

当艾比格到湖边的时候，他们听到艾比格在那喊着"弗里希，弟里希"，然后

> 中间过程出现了哪些人物？在概括主要内容的时候，这些可是梳理故事情节的重要因素呢。

便准备出行了。海风飞了起来,如蝴蝶一般飞到了空中。他在阿米娜塔的眼前晃了晃,仿佛是在做出什么承诺。

"弗里希是我的名字。"他轻声说道。

然后,他笑了笑,说:"我必须和渔夫去戈罗湖。他叫了我的名字,我必须帮他到上游去。他以为我老了,我聋了,不,阿米娜塔,海风从来都不会老也不会聋。他拥有着世界上最快的脚步和最灵敏的耳朵。"她不敢问他什么时候回来,但是海风从她的眼神里看出了她的困惑。"我会回来的,阿米娜塔。我今天晚上会回到这棵树的。"

一整天,她都在期待着晚上的重逢。当夜晚来临的时候,她就一直在树下等着。

当夜色降临的时候,他来找她了。

阿米娜塔带他回了家,父亲已经捕鱼回来了。他们一起坐下来吃饭,然后海风也和他们一样吃手抓饭、喝着啤酒,并和他们讲述着自己的探险故事。慢慢地,老人们都来听他讲故事。村里也渐渐传开了,说海风选了阿米娜塔做妻子。

在接下来的两年里,海风和阿米娜搭有了两个孩子,第一个孩子是个男孩,他的名字叫马马杜·马塔,意思是小海风;他们的第二个孩子是个女孩,她的名字叫比内图,意思是花之风。

从来没有出现过如此活泼的孩子。当浣衣女们把衣服晾起来的时候,他们就会从这里经过,把衣服吹得飞舞起来。

他们穿越森林,吹过丛林,调皮地和鹧鸪、小鹿们玩耍着。

有时,马马杜·马塔会陪着老艾比格一起去渔场,老浣女们则会喊:"弗里希,弗里希。"

马马杜·马塔听到呼唤之后,就会从海面追来,跳到独木舟的尾部,帮渔民们把帆布撑起来。比内图就跟鸟儿和蟋蟀学会了唱歌,她会在花丛中唱上好几个小时,然后把阳光和微风带给花儿。她的呼吸都充满了百合的味道。阿米娜塔的花园里开满了漂亮的鲜花,她的女儿会到处采来漂亮的花儿,并为它们哼唱动人的旋律。海风给这些歌儿取名"风之花"。

海风并不是经常回村子里,但每当他回来的时候,他就会待上一段时间。这个时候是阿米娜塔最幸福的时刻了。海风会整晚整晚给她讲路上发生的故事。

而这个时候,整个世界都会陷入一种特别的宁静当中,海面变得十分平静,船只也都变得非常安静。大地、水和草地几乎无法忍受没有海风的时候,可是玛卡人一点儿也不怕,因为当海风停下来给孩子们讲故事的时候,微风便会在玛卡轻轻吹起好几年。通常,海风都会在季节更迭的时候回来。然而,当阿米娜塔生下第三个孩子的时候,海风却没有回来,而阿米娜塔已经患上了不治之症。她的第三个孩子是全世界最英俊的孩子,长着黑色的眼睛,脸上总是挂着温暖的笑容,就像是夏日

里的清风。阿米娜塔把孩子抱在胸前，和他说着话，仿佛他能听懂一样。她在期待奇迹能够发生，希望自己的丈夫能够回来。

老艾比格后来说，黎明时分，他看到一只巨大的白色海鸥在海面低飞着，发出了悲痛欲绝的哭声，然后直接向村子飞了过来。当老艾比格回到村子，推开阿米娜塔的房门时，他敢肯定，自己看到了那只海鸥单腿站着，注视着阿米娜塔和她的第三个孩子。

当他看到阿米娜塔和那只海鸥的时候，他听到阿米娜塔说："你终于回来了，让我骄傲的流浪者。既然你在这里我也就没有遗憾了。再见，我亲爱的弗里希。我爱你。"

白色海鸥在村子上空盘旋了几圈，然后转身飞向了大海。

海风的第三个孩子长大之后，变得十分健壮。他的童年和普通的男孩们一样，不过他不怎么和其他孩子玩。他更喜欢一个人到处走着，和那些从鸟巢里掉下来的幼鸟做好朋友。他很温柔、懂礼貌，也很友好。村子里的人都叫他阿拉姆，意思是仁慈的呼吸。

小海风、花之风和仁慈的呼吸都离开了他们居住的村子。

父亲将海洋、海浪、河流和湿地都交给了小海风管理。

女儿花之风呢，就出没在田野间、树林里。春天呢，她总会带给人们温暖。秋天呢，她就带给人们成熟的果实。夏天呢，当阳光照耀的时候，她就化身成了金色的彩霞照耀整片花园。

阿拉姆，这个最小的孩子，成了最美的天使。他总是会去安慰那些伤心的人，为他们歌唱，并且带给贫穷和患有疾病的人们欢乐和喜悦。

> 结尾，哪些句子揭示故事结局和主题呢？这些句子会让我们能够更清晰准确地概括文章的主要内容。

【选自河南少年儿童出版社 ［南非］希娜·马洛芙《非洲民间故事》（有删改）】

请你运用摘句法概括这个故事的主要内容。

_____
_____

结合全文，你最喜欢哪个人物？说说你的理由。

_____

_____

马克荷西和魔法牛角

很久很久以前，当这个世界还很年轻、魔法时常发生的时候，生活着一个叫作马克荷西的小男孩。他长得英俊，而且勤劳。最让他父母感到骄

> 同学们，你能发现文章的首句交代了什么吗？请把它划出来备用。

傲的是，他总是能够悉心照看好家里那一大群牲畜。和马克荷西一样，他的很多朋友也都是牧童，他们大多数的时间都在户外，带领他们的牲畜去最好的地方放牧。

当然，当雨季来临、水草丰美的时候，孩子们就会有很多的时间聊天、玩游戏、谈梦想，享受美丽的乡村风光。可是一旦到了旱季，他们就必须去很远的地方寻找新的牧场。大多数的牧童都会讨厌旱季，马克荷西却不一样，他会把这当作一次冒险旅行，去探索新的地方、认识不同的人、听他们的故事，了解和学习他们的传统。

不过，这样的机会来得比马克荷西预料的要早得多。村子里遭遇了一场久旱，久旱还带来了一种奇怪的疾病。

越来越多的人病了，村子里的人也越来越恐慌。刚开始的时候，他们只是觉得眩晕，接着他们的肌肉开始萎缩，然后眼皮沉重得几乎睁不开了。牲畜也全都病倒了，再也站不起来。一些小牛开始离开它们的母亲，母牛悲伤的叫声让人心痛不已。人们请来了他们最尊重的药剂师和术士来帮助他们，可是没有人有治疗的办法。

一天，马克荷西的父母都病倒了。他难过极了，恐慌而迷茫，他该照顾谁呢？是他的父母还是牲口们呢？"噢，我是多么希望我亲爱的舅舅在这里啊！他肯定知道该怎么办。"那天晚上，马克荷西深深地叹了口气。

他的父母听到了他的话，"儿子，现在我们要做个很严肃的决定。你过来，坐

在我们旁边。"他的母亲说道。

"妈妈,你是不是听到我说的话了?对不起……我不是故意打扰你们休息的。"

"傻孩子,你没有打扰我们。我们没有睡着,只是我们的眼睛……"躺在席子上休息的父亲说道。

"听着,马克荷西,"他的母亲继续说,"今天早上我和你父亲商量了一下,我们都觉得你应该明天一清早就起来,去我弟弟家里。那里很安全,我们不愿你也生病了。"

"可是妈妈,谁来照顾你们呢?我会尽快去,一旦找到舅舅,我就会马上赶回来。"虽然马克荷西非常担心父母没人照顾,但舅舅是个非常有名的术士,他相信,舅舅一定会有办法的,即使之前很多术士都失败了。

"骑上那头白色公牛吧,"父亲紧握着马克荷西的手说道,"虽然路途遥远,但是骑上公牛的话,只要一天一夜就可以到了。那头白色公牛很特殊,你在路上无论遇到什么困难,它都会帮你的。等你到了之后,把所有的事情都告诉舅舅,他会想出办法的。"

"我知道了,爸爸,可是你们怎么办?牲口们怎么办?"

> 中间过程出现了哪些人物?在概括主要内容的时候,这些可是梳理故事情节的重要因素呢。

"虽然我现在眼睛睁不开,但是直觉告诉我,再过几个星期就会下雨了,我们的牲口会活下来的。而且我现在还不想死呢。你呢?孩子他妈?"他转过身笑着问他的妻子。

"哈哈,如果我死了,你怎么办呢?"她笑了笑,轻声说道,让气氛活跃了起来。马克荷西知道,爸爸妈妈是在给他加油打气呢。

"好吧,那我去。"他轻声说道。

第二天日出的时候,马克荷西和他的白色公牛已经离家很远了。

……

第二天一大早,马克荷西又对着牛角唱起了歌,魔法牛角便为他们准备了一顿丰盛的早餐,足够老妇人吃上好多天了。当马克荷西离开的时候,老妇人给了他一条厚厚的毯子留在路上用。他谢过老妇人,便再一次出发了。

……

第二天一大早,他们就向马克荷西家出发了。为了接下来的行程,舅舅特意挑了自己家最强壮的两头公牛,并让马克荷西用魔法牛角给这两头牛施了魔法,使它们跑得更快。一整天,他们都骑着牛在赶路,只有牛儿们累了的时候才停下来休息一会儿。等到天快要黑的时候,他们便到达了马克荷西的村庄了。

马克荷西的父母看上去非常虚弱,脸上流露出来的微笑也显得十分费力。不过谢天谢地,他们的病情似乎没有加重。马克荷西的舅舅把需要唤雨的草药都集中到了一起,然后他爬到山顶,站在了月光下开始唤雨。他在那里忙了很久,马克荷西也站在他旁边帮忙,并且学习怎么唤雨。

当他们结束所有的仪式之后,厚厚的云层便聚集到了一起。第二天早上,当人们醒来的时候,便听到了动人的雨点声。马克荷西拿出自己的魔法牛角,坐下来,拍着手掌,唱起了自己的魔法歌。这一次,他要牛角帮助他完成一个很重要的任务,那就是把村子里的村民和牲口们的怪病治好。他的舅舅也跪下来,和他一起唱了起来:

"噢,我的牛角,我战争中获得的礼物,我的牛角。噢,我的牛角,请治好他们吧,我的牛角!"

他们一直唱、一直唱,直到马克荷西的父母从床上坐了起来,睁开了眼睛。歌声越来越大,马克荷西的父母也加入了唱歌的队伍。越来越多的人被治好了,在接下来的几天里,这家人轮流对着牛角唱歌,直到所有人和牲口都被治好了。

直到这个时候,马克荷西才终于有时间休息了。他坐下来和父母、朋友们聊起自己这一路的经历。"你长大了!"他们用大人惯常的口吻说道。不过,这一次,他们是真的觉得他长大了。

> 结尾,哪些句子揭示故事结局和主题呢?这些句子会让我们能够更清晰准确地概括文章的主要内容。

【选自河南少年儿童出版社 [南非]希娜·马洛芙《非洲民间故事》(有删改)】

当干旱和疾病突然降临,勇敢的小男孩马克荷西独自远行向舅舅求助。通读全文,马克荷西用白色牛角先后帮助了哪些人?为他们做了什么事?

跟着名著学读写

1. 你能用摘句法概括全文的主要内容吗？
_____

2. "你长大了！"他们用大人惯常的口吻说道。不过，这一次，他们是真的觉得他长大了。"他们"指的是：_____。"他"指的是：_____。联系全文，"他们是真的觉得他长大了"是因为：_____
_____
_____

伟大的猎人

科瓦曼亚曼村最优秀的猎人要数麦赫科尼了。村子里的每一个人都很尊敬他，他的妻子和孩子都以他为荣。来自四面八方的人也会来向他取经，听他讲狩猎过程中发生的故事。他穿着最好的兽皮做的衣服，他家房门上也挂着很多野兽的头，就像是他的战利品一般。

……

麦赫科尼一直走到了北边开阔的平原地区，他知道动物们肯定会在这里觅食。走了一两个小时，麦科尼看到了一头黑斑羚。这头黑斑羚看上去光彩夺目、异常美丽，麦赫科尼马上就被它深深吸引了。

"我在这里打了这么多年的猎，从来没有见过如此漂亮的生物。这头黑斑羚好特别啊！"他自言自语道。与此同时，黑斑羚正在悠然自得地吃着草，它完全没有意识到麦赫科尼的存在，也不知危险正悄悄降临。

麦赫科尼十分娴熟地举起弓箭，一箭就射中了黑斑羚的胸部。这头漂亮的家伙受了伤，但是并没有倒下。它转过身一阵狂奔，留下一片血迹。麦赫科尼追着它一直跑，直到他们来到了一棵猴面包树前。黑斑羚围着树跑了一圈便突然消失了。

麦赫科尼追着血迹来到了树下，他绕着树走了一圈，困惑了起来：为什么黑斑羚就这么突然消失了？

"真奇怪！"他自言自语道，"是我疯了吗？"

他打了这么多年的猎，从来没听说过或者碰到过这样的情况。他是在梦游吗？想了很久，麦赫科尼还是不得其解。他决定坐下来，靠着猴面包树休息一下。

这时，一个老人突然出现在了他的面前。麦赫科尼完全没有看到他从哪里来，也没有听到任何声音。这个老人是从哪里来的呢？他又是谁？

"你看上去好像很困惑，"老人说道，"你是在找之前你射中的那头黑斑羚吗？"

"是的，你怎么知道呢？你是谁？你想干什么？"麦赫科尼不安地问道。

老人笑了笑，说道："我觉得你应该和我过来下。我要给你看样东西。"他带着麦赫科尼绕着猴面包树走了一圈，然后从一个洞口爬了进去。麦赫科尼刚才还绕着这棵树走了一圈呢，可是他怎么没发现有什么洞呢？这怎么可能？老人甚至都没有回头看他一眼，只是继续往前走着。麦赫科尼知道，他只能跟着老人走了。

老人带着麦赫科尼经过了猴面包树里一个崎岖的地方。麦赫科尼大步向前走着，好像他对这个地方很熟一样。猴面包树里有很多阶梯，顺着树根一直延展下去。当他们往下走的时候，麦赫科尼注意到这些阶梯变成了泥做的。这里的空气十分新鲜，到处都闪着柔和的神奇灯光。各种各样的鸟儿，还有花儿在阳光下欢快地歌唱着。房子的装饰也非常漂亮，有深红色、金色、奶白色，还有银色。这所有的一切看上去都非常和谐欢乐。麦赫科尼想，这里肯定是个幸福的地方。当他来到这个神奇的地方，他的眼睛瞪得大大的。老人却一直向前走着，没有说一句话。

"这个地方太美了，人也好漂亮呀！"麦赫科尼低声嘀咕着。可是他们看上去都很悲伤，即使是坐在自家门口的孩子也都板着脸，女人们则在痛哭着。

"我们在哪里？为什么大家看上去都这么伤心？"麦赫科尼终于开口问了老人。老人带着他来到了一个大房子面前，这里有很多人聚在一起。他们在低声说着话，看上去十分忧伤。

"我们的王子受伤了，他的胸部中了一箭。他差点儿没能活着回来。"老人回答。

其他人向麦赫科尼点头示意，给他腾出了空间坐下。

"可是这个地方看上去如此宁静，怎么会有人伤害别人呢？"麦赫科尼说道。

"也许你还不了解我们。"其中一个人说道，"村子里的每个人，只要爬到那棵神奇的圣树那里，就可以变成动物，去体验一种动物的生活。因为我们的王子喜欢黑斑羚，所以村子里很多人都会陪着他一起变成黑斑羚。可是这样很危险，狮子和猎人都会把他们当成猎物。"

"今天早上，我们的王子变成一头黑斑羚跑了出去。他开心地在大草原上觅食，结果来自科瓦曼亚曼村的一个可怕的猎人看到了他。"另一个人含着眼泪说。

当这些人在告诉麦赫科尼他们的不同寻常时，王子正躺在毯子上，痛苦地呻吟着。然后他慢慢睁开疲惫的双眼，向麦赫科尼的方向看过来。麦赫科尼觉得王子的眼神快要把自己杀死了。他真希望自己可以突然消失，他从来没有想过，会给这群热爱和平的人们带来如此大的伤害。而这个时候，他只能带着巨大的痛苦，听这群人说着那个恐怖猎人的所作所为,听他们说这个人杀了多少他们的同胞。

"我就是那个恐怖的猎人。"他忏悔道,"我真的很抱歉,真的!但是从今天开始,你们的同胞再也不用怕我了。"他站起来准备走。这次,老人没有跟过来。麦赫科尼的眼里充满了泪水,他一路奔到了猴面包树前。他拼命往上爬,终于爬到了树的出口,可以呼吸到外面的新鲜空气了。他感受到温暖的阳光,照射在自己的每一寸肌肤上。可这美好的时光,并没有让他从刚才的痛苦中走出来。他跌倒在地,哭了起来,为村子里的人们,也为他们爱着的王子。他该如何改变,不再做那个他们惧怕和讨厌的猎人呢?

突然,他听到砰的一声,他射中的那头黑斑羚出现在他的身旁,它死了。他马上意识到王子死了。他甚至能感觉到猴面包树下那些女人和孩子悲痛欲绝的哭声。

麦赫科尼想把黑斑羚安葬起来。他找来一根长棍,然后开始挖洞。他拼命挖,一刻也不停歇,他告诉自己,这是为王子和他的人民做的。他想为自己这么多年所做的错事赎罪。他将黑斑羚的皮小心翼翼地剥下来,小心翼翼地折好,放在旁边。然后他把黑斑羚像朋友一样葬好。他用一块石头在挖洞的地方做了记号,方便自己下次再来。

当麦赫科尼回到科瓦曼亚曼村的时候,他已经彻底变了一个人。他的妻子远远看到他走来,在门口迎接他。她看得出来,丈夫似乎很不开心。"麦赫科尼,肉呢?你怎么只带着一头动物的皮回来了?"她问道。

麦赫科尼没有回答。他看上去累极了。妻子给他倒了点喝的,让他坐下休息一会儿,把准备好的南瓜也端了过来。麦赫科尼安静地吃了起来。然后他把黑斑羚的皮放在外面的一块大岩石上面。他以前每次狩猎回来,就会把那些动物的皮剥下来,放在这块岩石上。随后,带着十分沉重的心情,他把发生的所有事情都告诉了妻子。

妻子认真地听他说完了故事。她很认真地去想刚才丈夫说过的事,可是很难想象出来,猴面包树里怎么可能有这么一个地方呢?这对于她和听说此事的其他人来说,都是一件十分奇怪的事。

"我已经决定了,以后再也不打猎了。我的狩猎生涯彻底结束了。"麦赫科尼说道。大家都不敢相信这是真的。这怎么可能发生在大家最尊敬的猎人身上呢?但是麦赫科尼信守了承诺。他继续告诉人们他经历的故事,并提醒人们要照顾好黑斑羚,因为它们可能是从圣树底下爬出来的人。从那以后,黑斑羚被斯威士兰人视为非常神圣的动物。

【选自河南少年儿童出版社 [南非] 希娜·马洛芙《非洲民间故事》(有删改)】

※ 你读这个故事用了几分钟？请你运用摘句归纳法简要概括这个故事的主要内容。

※ 读句子，体会麦赫科尼的心理活动，再有感情地读一读。
麦赫科尼觉得王子的眼神快要把自己杀死了。

他将黑斑羚的皮小心翼翼地剥下来，小心翼翼地折好，放在旁边。

※ 读句子想象画面，说说场面描写在文章中的作用，然后写一写你心目中的树洞世界。
这里的空气十分新鲜，到处都闪着柔和的神奇灯光。各种各样的鸟儿，还有花儿在阳光下欢快地歌唱着。房子的装饰也非常漂亮，有深红色、金色、奶白色，还有银色。这所有的一切看上去都非常和谐欢乐。

※ 结合全文思考，为什么题目叫"伟大的猎人"，说说你的理由。

※ 选做题。
请你从下面的形式中选取一种讲一讲这个故事。
◎ 用倒叙的方式讲。
◎ 以麦赫科尼的身份用第一人称讲。

跟着名著学读写

习作指南

同学们，想不想知道《非洲民间故事》还有哪些新奇有趣的故事呢？在那里你会看到更多更有趣的故事！

《诺万达——海浪的女儿》关爱亲人，呵护幸福家园。

《马西罗和马西罗亚纳》面对财富，面对他人的收获，应该如何化解内心的嫉妒呢？

《安纳西和不可能的任务》谦虚谨慎，机智化解危机。

《一切都在变化，一切都会过去》以平和的心，面对事物的变化。

如果你读了他们还觉得不过瘾，或许你还会喜欢看这些有趣的书：

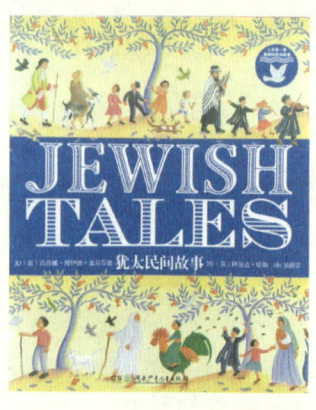

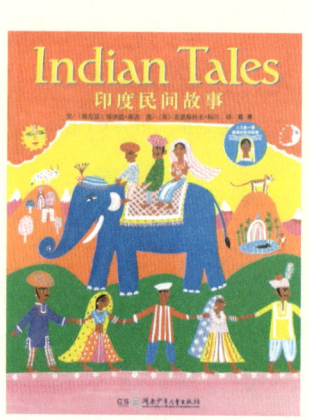

《鳄鱼与扁角鹿》

阅读《印度民间故事》中的《鳄鱼与扁角鹿》的故事,请帮扁角鹿写一篇日记吧!

6月30日　　星期二　　　大雨
今天,真是惊险极了!

_____
_____

《克雷洛夫寓言》里有一篇家喻户晓的故事《狮子和鹿角》,虽然两本书的体裁不同,但是都蕴含着深刻的道理,读完这个故事,你受到了什么启示呢?

_____
_____
_____
_____

《谁的女儿最好》

请你通过找文章的总起句、呼应句等其中一种方法,用"摘句归纳法"概括文章的主要内容。

跟着名著学读写

这篇文章和我们学过的苏联作家符·奥谢耶娃的《三个儿子》在故事内容、故事情节、语言风格上有哪些相同之处和不同之处?

故事内容	故事情节	语言风格

孩子多则故事多,请发挥你的聪明才智,也编一个类似的故事吧。

老大 → 老二 → 老三

第五章 科普读物

科普读物

有没有硬的液体？洗手池的下水管怎么多了一个弯儿？这些问题看似简单，要回答还真不容易。你想知道答案吗？那就读一读《十万个为什么》吧。

苏联作家米·伊林创作的《十万个为什么》，如同一位导游，带领我们进行了一次屋内的旅行，为我们逐一道破了那些隐藏在日常生活中的小秘密。

我们中国也有自己的《十万个为什么》。它涵盖了数学、物理、化学、生物等领域的科学知识。阅读它，就如同走进了科学知识的"百宝箱"。

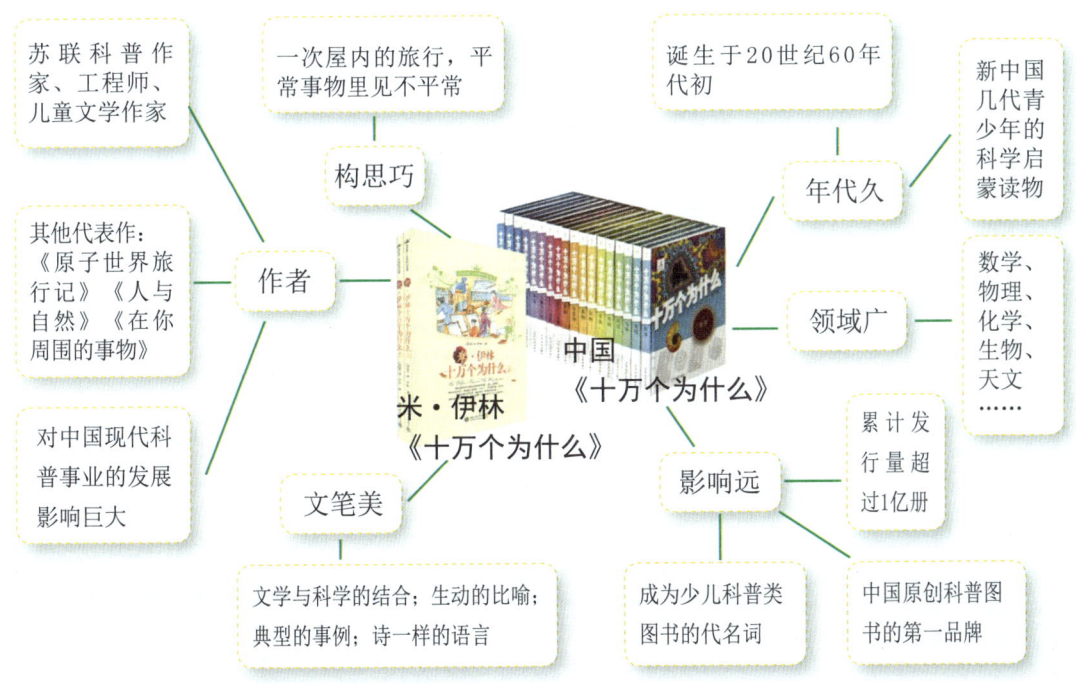

名师点拨

　　你知道什么是科普读物吗？科，就是科学；普，就是普及。顾名思义，科普读物就是介绍、普及科学知识、科学技术，揭示科学道理的书籍。阅读科普读物，可以锻炼我们的科学思维，获得多种学科、多个领域的知识。你知道怎样读科普读物吗？让我们学习一些阅读科普读物的方法。

阅读科普读物的方法

一、了解说明对象及内容

1.借助题目，明确说明对象，整体把握内容

　　科普读物中的文章，大多是介绍科学知识的说明文。作品的题目往往就点明了说明对象或者说明的主要内容。我们可以借助题目，对科普文章的说明对象和所介绍的科学知识有个整体的了解。

　　比如下面这篇科普文章的题目：

　　很显然，这篇科普作品的说明对象是鲸。鲸有什么特点呢？会喷水。

　　再联系"为什么"这个词，我们知道这篇文章介绍的内容是鲸会喷水的原因。

为什么鲸会喷水

2.结合关键语句，明晰科学知识，把握内容要点

　　读科普作品，你会发现，总有一些语句揭示了科学道理，点明了说明对象的特点。结合这些关键语句，我们可以对作品中介绍的科学知识，有更清晰的认识，也能更准确地把握作品的内容要点。

比如下面这篇《固体的水》：

<u>固体的水，就是冰，有时也会爆炸。</u>蒸汽炸毁房屋，冰却毁掉整座山。

秋天，岩石的裂隙里渗进了水。冬天，水结成了冰。<u>可是冰占的地方比水大，固然大得不算多——总共才大了十分之一。冰向各个方向挤压，</u>结果连最坚固的石头也裂开了。

自来水管破裂也正是这个原因。要想不让水管破裂，冬天应该采取防冻措施——用毡一类的东西把水管包起来。

【选自浙江文艺出版社米·伊林《十万个为什么》】

> 开头的这句话告诉我们作品的内容——冰有时会爆炸。冰为什么会爆炸呢？一些语句帮我们解开了疑问。

> 结合画线的这些语句，我们了解了冰会爆炸的原因，对作品介绍的科学知识有了更清晰的认识，从而也弄懂了为什么冬天室外的水管会用毡一类的东西包起来。

3.运用多种方法，理解科学术语

阅读科普读物的时候，我们可能会碰到一些不理解的科学术语，比如：纳米、量子。这时候，我们可以运用在课上学过的方法理解它。

※ **联系上下文**：有的科普作品的内容中就有对这些术语的解读，我们可以联系上下文去理解它。

※ **结合注释**：有的科普作品会在注释中讲解这些术语，我们一定记得遇到有注释的地方仔细看一看。

※ **联系生活实际**：有的科学术语和我们的生活很贴近，我们不妨联系生活实际去理解。就拿"涂层"这个术语来说吧。我们虽然不知道它的准确意思，但是，我们生活中用到的电饭煲、不粘锅都有涂层，联系生活中的这些物品，是不是就能理解它了呢？

※ **向专业人士请教**：对于一些不容易弄懂的科学术语，我们还可以向专业人士请教，通过网络搜索寻找答案。

二、结合说明方法体会说明对象特点

科普读物集知识性、趣味性为一身。为了准确地介绍科学知识，揭示科学道理，这类作品往往会运用多种说明方法。我们阅读的时候，结合这些运用说明方法

跟着名著学读写

的语句，可以更深入地体会说明对象的特点，从而加深对所介绍的科学知识揭示的科学道理的理解。

比如《为什么星星的亮度不同》这篇文章中的这个片段：

> 不过，一颗星星即使发光能力再强，如果它离我们很远，那么它的亮度还不及发光能力比它差几万倍的星星。比如，有一颗叫"心宿二"的恒星，它的体积是太阳的2.2亿倍，发光能力约是太阳的5万倍，但是它离地球有410光年，因为距离实在太远，所以它在我们看来只不过是一颗闪烁着红光的亮星。可是，假如把"心宿二"搬到太阳的位置上，那么，地球上的万物早就被它烤化了。
> 【选自江西美术出版社侯海博《十万个为什么》】

"2.2亿倍""5万倍"这两个数字准确地说明了"心宿二"这颗恒星体积大、发光能力强。"410光年"又突出它距离地球的遥远，这也是它看起来不够亮的原因。作者通过列数字的说明方法突出了"心宿二"的特点。同时，这句话还运用了举例子的说明方法。通过"心宿二"这个例子，更加准确生动地说明了星星的亮度和距离地球的远近有很大的关系。

接下来的这句话运用了假设的说明方法，生动形象地突出了"心宿二"的发光能力之强，也让我们更深刻地领悟到距离地球的远近是造成星星亮度不同的原因这一科学知识。

三、联系生活，付诸实践

俗话说，"实践出真知"。我们读科普读物，不仅仅是为了获得更多的科学知识，丰厚头脑中的积累，更是为了运用这些知识，解决疑难困惑，改善我们的生活。

1.存疑之处，实践检验

阅读科普读物的时候，你是不是有过这样的疑惑：书上介绍的这项实验结果真是这样吗？如果其中一项内容稍加改变，结果会怎样呢？那就不妨亲手检验一番吧！让我们在动手操作中解决疑惑，验证知识的真伪，加深对知识的理解。

2.学习之中，查阅积累

学习了《火烧云》，你是不是想知道火烧云是怎么形成的？读了《两小儿辩日》，你又是否想弄懂早上太阳看起来离人近，而中午离人远的原因？这些学习中的困惑除了通过网络搜索去解决，我们还可以在科普读物中找到答案。

为了便于查阅、积累，我们可以对读过的科普读物中的知识进行梳理，用表格或者思维导图归纳总结。这样，当我们有了困惑，检索相关问题的知识时就方便多了！

3.运用科学，解决难题

生活中突发事件总是不期而至。生活中的一些难题，也需要我们运用科学知识去解决。比如：发现有人触电该怎么去解救？骑自行车上坡怎样才能省力气？通过阅读科普读物相信你一定积累了不少的科学知识，解决这些难题一定会得心应手。

4.依托知识，发明创造

发明创造不一定是科技工作者的"专利"。依托学到的科学知识、科学技能，你也可以有所发明，有所创造。在实践中运用科学知识，让科学知识转化为更多更好的物品，改善我们的生活。

学习了阅读科普读物的方法，让我们一起读一篇科普作品，看看从中又能收获哪些科学知识呢？

从题目我们知道这篇科普作品的说明对象是海豚。海豚有什么特点呢？是聪明的动物。

文章的内容就是介绍海豚聪明的原因。接下来，我们带着这个问题在文中寻找答案。

为什么说海豚是聪明的动物

在水族馆中，海豚在训练员的指挥下翩翩起舞，它的那些高难度动作，即使是人类的近亲——大猩猩也无法完成。

文章开头，就举了海豚完成高难度动作的事例，不仅证实了海豚的聪明，还引发了我们的阅读兴趣。

跟着名著学读写

　　那么，海豚为什么会那么聪明呢？为了揭开这一谜底，科学家们解剖了它们的大脑，结果令人大吃一惊。海豚的脑占其体重的1.17%，甚至超过了黑猩猩（黑猩猩的脑仅占体重的0.7%）。

　　海豚之所以聪明，从解剖学的角度来看，不仅是因为它们有较重的大脑，还因为它们的大脑半球上的褶皱比人类还多、还复杂，像核桃仁一样，所以海豚的智力才如此发达。

【选自吉林美术出版社　霍钟雷《十万个为什么》】

> 　　接下来，提出疑问，巧妙地引出对海豚聪明的原因的介绍，让我们很快把握住了文章的重点。

> 　　这句话告诉我们海豚聪明的原因——大脑比较重。"占其体重的1.17%"运用列数字的说明方法，将海豚的大脑比较重的特点表述得很准确。进而，和黑猩猩的大脑作比较，则更形象地说明了这一特点。

> 　　这句话对海豚聪明的原因做了进一步说明。"比人类还多、还复杂"，"像核桃仁一样"，这种作比较、打比方的说明方法的运用，将海豚大脑的特点介绍得更加生动形象。

　　这篇科普作品运用列数字、打比方，以及作比较的方法向我们揭示了海豚聪明的原因。

　　读完之后，你是不是有一系列的疑问呢？比如：人脑占体重的百分之多少？海豚和人相比到底谁更聪明？世界上最聪明的动物是海豚吗？让我们找来其他的科普作品再读一读，或者运用网络搜索查一查。相信，你会了解到不少关于海豚的新的研究成果，对它会有更深入的认识。

第五章 科普读物

书宝论坛

科普读物读起来既有趣，又能学到很多的科学知识，真不愧是文学与科学的完美结合。

的确是这样。科普读物以讲述科学知识、揭示科学道理为目的。为了让读者更容易理解这些内容，它的语言不仅通俗易懂，而且能引发读者的阅读兴趣。

我发现不少的科普作品运用列数字、举例子、作比较等说明方法准确地介绍说明对象的特点，讲述科学知识。此外，它还往往运用拟人、比喻、设问、排比等手法，让科学知识的表述更加生动形象。就拿高士其爷爷的《灰尘的旅行》来说吧，就运用了比喻、拟人、排比等手法，讲解了灰尘对人类的危害性，介绍了应对的办法。深奥神秘的科学知识，经高爷爷这么一说，一下子就变得形象生动了，我们更愿意在科学的世界里探索了。

跟着名著学读写

一些科普作品的构思也特别巧妙。比如苏联作家米·伊林的《十万个为什么》，就采用了"屋内旅行记"的方式，对日常生活中的各种事物，提出许多看似简单却不容易解答的问题。我们跟随作者一边"旅行"，一边探究这个世界的奥秘，解答各种谜题，感觉有趣极了！

在阅读的过程中，我还发现，一些科普作品是通过有趣的童话故事告诉我们一些科学知识的。比如我们熟悉的《小壁虎借尾巴》就是这样。

像这样通过童话故事介绍科学知识的作品就是科学童话。阅读的时候，我们可以通过把握主要故事情节，领会其中的科学知识。

第五章 科普读物

科技在飞速发展,科普读物也在不断推陈出新。阅读完毕,我们可以思索一下书中的讲述是不是有道理,可以了解和这个知识相关的新的研究成果,还可以找来介绍同一科学知识的读物对比着读一读。让我们在多种科普读物的阅读中丰厚积累,增长智慧吧!

整本书阅读

开卷有益

※ 《十万个为什么》,这书的名字可真有趣!你能猜到取这个书名的原因吗?先把你的猜想写一写,然后搜集资料,了解一下这个书名的由来。

我的猜想

查阅资料,我知道了

跟着名著学读写

※ "十万个为什么"是哪些"为什么"呢?目录能告诉我们答案。也许,你阅读的是苏联米·伊林的《十万个为什么》;也许,你正翻阅我们中国的《十万个为什么》。

请你浏览目录,看看这本书的目录和我们平时阅读的小说、童话等文学类书籍的目录编排有什么不一样吗?

> 你发现了吗?

> 无论是米·伊林的《十万个为什么》,还是我们中国的同名作品,都是根据所介绍的科学知识的类别进行编排的。

> 这样的编排,让我们对书中的科学知识一目了然。它不仅方便我们查找相应的知识,更方便我们对知识进行梳理。

掩卷而思

※ 经过一段时间的科学之旅,你一定收获了不少的科学知识吧!留给你印象最深的是哪些知识呢?让我们梳理一下吧!你可以画思维导图,也可以用表格的形式归纳,还可以开动脑筋,创作出既美观又便于查阅的归纳方式。

※ 你愿意把自己的收获和伙伴们分享吗?也许,你想分享的是收获的科学知识;也许,是作品独特的表达方式;也许,你愿意向大家推荐相关的科普读物;也许,你还想向大家诉说你的疑惑;也许……

分享的方式是多种多样的……

第五章 科普读物

面对面交流	收获的科学知识	作品独特的表达方式	作品中，佳句赏读	自创科学小论文
制作分享卡	阅读后的感受	推荐相关科普读物	阅读中的疑惑	……
微信群探讨	阅读中的疑惑	相关的科学研究成果	运用知识解决实际问题	……
录制小视频	问题探究疑难解答	科学小实验	科学小制作、小发明	……

※ 积累了这么多的科学知识，你能用它解决我们生活中的问题吗？

妹妹看神话故事入了迷，心中充满了疑问：天河真的是王母娘娘用簪子划出来的吗？天河里的水为什么不会流下来？月亮能跟着人走，是不是嫦娥在指引啊？

你会怎样解答妹妹的疑惑呢？

"看我这火锅，纯铜打造。您瞧这颜色，黄澄澄的，跟金子似的，不是纯铜，根本造不出来。"市场上，一个售卖火锅的小贩向一位老奶奶介绍着。

小贩的火锅真的是纯铜打造的吗？
你能向老奶奶解释清楚吗？

老奶奶可能知识水平有限，我们向她讲解时，语言要通俗易懂，让她一听就明白。

我们讲解时，也要考虑小贩的感受。既要把科学道理说清楚，又要注意说话的语气、表达的方式。

跟着名著学读写

> 这两天气候干燥，妈妈正在为梳头起静电而烦恼。一梳头，头发就贴在梳子上，梳子一拿开，头发还会竖起来。这可怎么办呢？

你能帮妈妈想出解决的办法吗？
其中的科学道理你是不是也能说清楚呢？

帮妈妈想出解决的办法并不难，难的是把其中的科学道理解释清楚。

我们可以先介绍起静电的原因，然后说解决的办法，接着再分析这个办法中蕴含的科学道理。

我在向妈妈讲解的时候，还和妈妈一起做了相关的小实验，既有趣，又增进了对知识的理解。接下来，我想结合实验的情况，再联系了解的关于静电的知识，写一篇小研究报告，和更多的伙伴分享。

※ 在米·伊林的笔下，厨房就像是一个化学实验室。那些普通的饭菜，竟然蕴藏着复杂的化学实验！这太不可思议了！更令人惊奇的是，这些司空见惯的现象中竟然蕴含着那么多的科学知识。

我家的厨房也在不断"上演"这样的"化学实验"，比如……

让我们观察一下，把在厨房里发现的"化学实验"找出来，然后了解一下其中蕴含的科学知识吧。

第五章 科普读物

> 我们可以把自己的所见所思所获写成小研究报告，还可以制成美篇，拍摄成小视频，与更多的人分享。

你还可以读更多

除了《十万个为什么》，高士其的《灰尘的旅行》、李四光的《看看我们的地球》、贾兰坡的《人类起源的演化过程》也是优秀的科普作品。让我们在这些科普作品里，探寻科学世界的奥秘吧！

 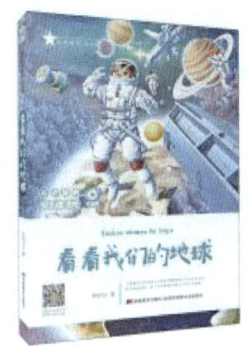 

科普大师高士其，为你揭开科学的神秘面纱。

地质学家李四光，和你走进神奇的地质世界。

考古学家贾兰坡，带你一起追溯人类的起源。

会生病的纽扣

锡能防止铁生锈，但是，有的时候它自己也会生病，虽然这样的情况非常少见。然而，锡生的这种病，却是一种不折不扣的会传染的瘟疫。如果某一个地方出现了这种病，很快就会蔓延开来，从而传染给邻近的每一件锡制品。

最近一次发生这种瘟疫是在80年前的列宁格勒（现为圣彼得堡）。有一所仓库，里面存放的军装纽扣上突然出现了一些可疑的斑点，没过多久，所有的纽扣上都布满了这种斑点。人们都觉得很诧异，没有人知道究竟是怎么回事。人们想要阻止这场纽扣的瘟疫，可是却束手无策，眼看着纽扣一个接一个的变得又疏又松，直到最后成为灰色的粉末。

对于这种怪症的病因，科学家们花了很长时间也没有找出来。直到最后才弄明白是这么回事：纽扣生病是因为受到了"感染"。

原来，白锡和灰锡是锡的两种不同形态。这让我们想到了碳，碳也不止一种形态，而是有好几种形态：石墨和金刚石等。

白锡能转化成灰锡，灰锡也能转化成白锡。如果想要白锡变成灰锡，就需在白锡里面加入一点灰锡作为传染源。然而，仅仅靠传染是不够的，还必须让他着凉："温度"不能高于20摄氏度。

那么，仓库里面的纽扣是什么情况呢？由于某种原因，仓库里出现了灰锡，而且那里的温度又非常适宜——仓库里是不会生火的。只要有一点儿灰锡落到纽扣上，纽扣立刻就会呈现很多斑点，并且会越来越多。斑点，从一颗纽扣传染到另一颗纽扣，最终这种"灰锡瘟疫"便席卷了整个仓库。

【选自四川人民出版社　米·伊林 著，乔瑞玲 译《十万个为什么》】

奶为什么会变酸？

奶只要放上一两天的时间就会变酸。不过，也可以不需要两天这么久，只要往奶里放入一些醋，它就可以在两秒内变酸，变成凝乳，同时，加醋还可以使凝乳立刻分离出来。

凝乳就是酪素，是一种乳蛋白质。它溶在奶里的时候，就像糖溶在水里一样。只要在奶里加入一些酸性物质，酪素就会带着脂肪分离出来。

可是，谁也没有在平常的牛奶中加过酸性物质，它为什么还是会变酸呢？

罪魁祸首便是一些像酵母菌那样的细菌，它们在空气中极为常见，这种细菌一旦进入牛奶中，就会立刻开始工作，把乳糖变成乳酸，由于乳酸的存在，牛奶很快就凝结了。

如果想要让牛奶不变酸，就得把它煮沸，牛奶一经煮沸，细菌就会被全部杀掉。

有些时候牛奶在煮沸的时候就会凝结起来，这是因为牛奶里面的细菌已经存在，并且生成了乳酸的缘故。

【选自四川人民出版社 米·伊林 著，乔瑞玲译《十万个为什么》】

消除腐物

> **前情回顾**
> 菌是我的姓，我是菌中的一族。
> 我是菌族里最小最小、最轻最轻的一种。小得使你们肉眼看得见灰尘的纷飞，看不见我们也夹在里面漂游。轻得好几十万个我们挂在苍蝇脚下，它也不觉着重。真的，我比苍蝇的眼睛还小1000倍，比顶小一粒灰尘还轻100倍哩。

我的细胞里面有一件微妙的法宝。这法宝，科学先生叫它作酵素，中文的译名有时又叫作酶，大约这东西总有点酒和醋的气息吧。

跟着名著学读写

　　这法宝，研究生理化学的人，早就知道它的存在了。可惜他们只看出它活动的影响，看不清它内容的结构，我的纯粹酵素人们始终不能把它分离出来。

　　因此，多疑的科学先生又说它有两种了：一种是有生机的酵素，一种是无生机的酵素。

　　我在生理化学的实验室里听到了这些理论，心里怪难受的。

　　酵素就是酵素，有什么有机的和无机的可分呢。我的酵素也可以从我的细胞内部榨取出来，那榨取出来的东西，和其他动植物体内的酵素原是一类的东西。

　　酵素总是细胞的产物吧。虽是细胞的产物，它却都能离开细胞而自由活动。它的行为有点像化学界的媒婆，它的光顾能促成各种化学分子加速结合和分离，而它自己的内容并不起什么变化。

　　在化学反应的过程中，这酵素永远是站在第三者的地位，保持着自己的本来面目。然而它却不守中立，没有它的参加，化学物质各分子间的关系不会那样紧张，不会引起突变，它算是有激发化学的变化之功了。

　　没有酵素在活动，全生物界的进展就要停滞了。尤其是苦了我！它是我随身的法宝。失去它，我的一切工作都不能进行了。

　　虽然，我也只觉着它有这神妙的作用。我有了它，就像人类有了双手和大脑，任何艰苦的生活，都可以积极地去克服。有了它，蛋白质碰到我就要松，糖类碰到我就要分散，脂肪碰到我就要溶解，都成为很简单的化学物质了。有了它，我又能将这些简单的化学物质综合起来，成为我自己的胞浆，完成我的新陈代谢工作，完成我清除腐物的使命。

　　本来，消除腐物是一个浩大无比的工程。腐物是五光十色无所不包的，因而酵素的性质也就复杂而繁多了。每一种蛋白质，每一种糖类，每一种脂肪，甚至于每一种有机物，都需要特殊的酵素来分解。属于水解作用的，有水解的酵素；属于氧化作用的，有氧化的酵素；属于复位作用的，有复位的酵素。举也举不尽了。这些错综复杂的酵素，自然不是我那一颗孤单的细胞所能兼收并蓄的。这清除腐物的责任，更非我全体菌众团结一致地担负起来不可！

　　酵素的能力虽大，它的活动却也受了环境的限制。环境中有种种势力都足以阻挠它的工作，甚至于破坏它的完整。

　　环境的温度就是一种主要的势力。在低温度里，它的工作甚为迟缓，温度一高过70℃，它就很快地感受到威胁而停顿了。由35℃到50℃之间，是它最活跃的时候。我有一种分解蛋白质的酵素，能短期地经过沸点热力的攻击而不毁灭，那是酵素中最顽强的一员了。

此外，我的酵素，也怕阳光的照耀，尤其怕阳光中的紫外线，也怕电流的振荡，也怕强酸的浸润，也怕汞、镍、钴、锌、银、金之类的重金属的盐的侵害，也怕……

我不厌其详地叙述酵素的情形，因为它是生物界一大特色，是消化与抵抗作用的武器，是细胞生命的靠山，尤其是我清除腐物的巧妙的工具。

【选自四川人民出版社　高士其 著《灰尘的旅行》（有删减）】

阅读检测

1.我们经常说题目是一篇文章的眼睛，在阅读结束后，结合这几双"眼睛"，就能概括出短文的主要内容。

会生病的纽扣：在适宜的（　　　）下，落在纽扣上的（　　　）使纽扣上的白锡受到感染，最终形成了席卷整个仓库的（　　　）。

奶为什么会变酸：由于（　　　）的参与，牛奶中的（　　　）就会变成（　　　），所以牛奶会变酸。

消除腐物：由于细菌中的（　　　），即酶的分解作用，使自然界的腐物得以消除，但环境中的（　　　）（　　　），尤其是（　　　），以及强酸和（　　　）都会使其分解工作受到影响。

2.自然界中的很多事物都不是孤立存在的，也不是互无影响的，只要条件合适，就会发生奇妙的变化。例如：白锡遇到（　　　）会被"传染"；牛奶中一旦加入（　　　）就会变成（　　　）；此外，细菌中（　　　）的光顾也能促成各种化学分子加速结合和分离……

3.温度也是事物发生变化的重要条件，如果想要白锡变成灰锡，除"传染源"外，"温度"还不能高于（　　　）℃；酵素在温度高过（　　　）℃时，

跟着名著学读写

它就会停止活动了，而在（　　　　）℃到（　　　　）℃之间，它就会异常活跃。

4. 科普文中的用词和说明方法，使原本枯燥的科学知识变得生动有趣，比如：

通过列举列宁格勒仓库纽扣被"污染"的代表性事件，生动又形象地说明了灰锡对白锡的腐蚀作用。	最近一次发生这种瘟疫是在80年前的列宁格勒。有一所仓库，里面存放的军装纽扣上突然出现了一些可疑的斑点，没过多久，所有的纽扣上都布满了这种斑点。
将抽象的科学现象用人们熟悉的生活经验进行比方讲解，使读者理解起来更容易，使解说更生动。	凝乳就是酪素，是一种乳蛋白质。它溶在奶里的时候，就像糖溶在水里一样。只要在奶里加入一些酸性物质，酪素就会带着脂肪分离出来。

像这样的写法文中还有很多，你能再找到一处，进行品析吗？

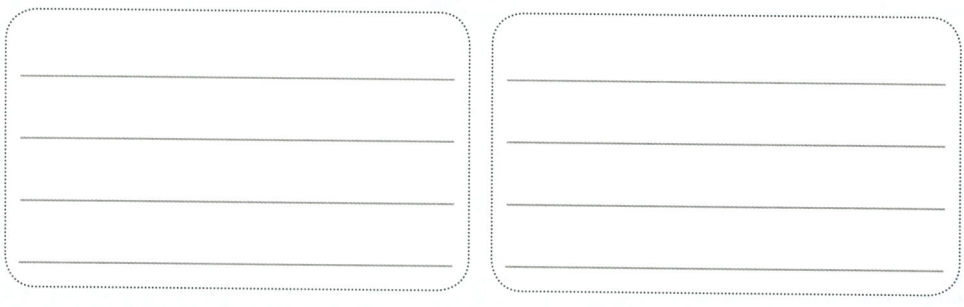

5. 世界之大，无奇不有，阅读后你是不是也有很多生活疑惑呢？最让你疑惑不解的自然现象或生活现象是什么呢？请你和大家分享一下。

6. 通过搜集资料，或者讨论问询，这些疑惑你解决了吗？现在把其中的奥秘告诉大家吧！

习作指南

科普文章就是把已有的科学知识、科学方法，以及融于其中的科学思想和精神，通过文字的方式表达出来，成为读者所能理解的文章。根据下面搜集到的新冠肺炎相关资料，请你尝试创作一篇相关的科普作品，在创作时要注意：

内容科学严谨

科学性是科普文章有别于其他各类体裁文章的重要特点之一，是科普文章的生命。所以我们创作出的作品内容也一定要有科学依据，不能有违科学事实。

语言简洁易懂

科普文要语言简练、通俗易懂。能用简单的句子讲清楚的就不用复杂的句子，能用字数少的词语说清楚的就不用字数多的词语。文章层次要清楚，逻辑性强，避免重复。力求把群众听不懂的"行话"变为群众易懂的"大众话"，可以使用恰当的语言形象化。

主题突出醒目

我们创作的科普文章，要有一个明确的主题，文章应紧紧围绕这个主题展开。在展开之前，要列出展开提纲。发表有一定深度的见解或议论，使读者在接受科学知识的同时产生心理触动和行为底线。如果文章能使用生动活泼的比喻和幽默诙谐的语言会让读者的接受度更高。

病毒简介：新型冠状病毒感染的肺炎是由新型冠状病毒（nCoV）感染导致的肺部炎症，世界卫生组织（WHO）将本次的新型冠状病毒命名为2019-nCoV。

医学介绍：
- 临床表现 → 以发热、乏力、干咳为主要表现，严重者可出现呼吸困难。
- 危害 → 重症患者可出现多种并发症，危重患者有一定病死率。
- 并发症 → 急性呼吸窘迫综合征、脓毒症休克、代谢性酸中毒、出凝血功能障碍。

跟着名著学读写

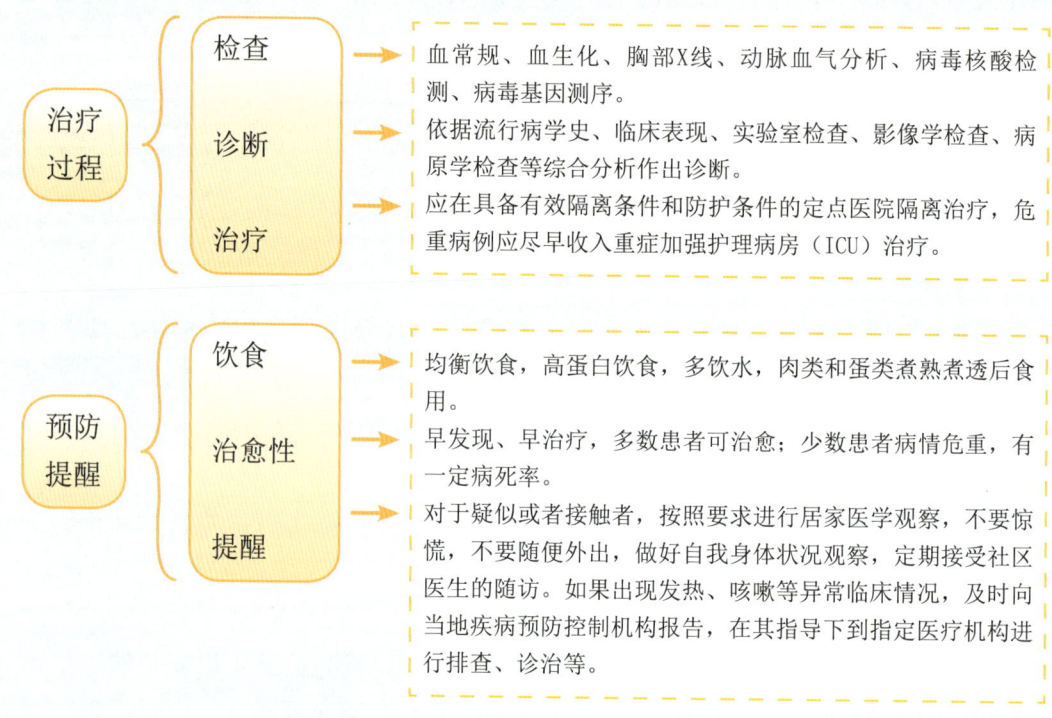

现在该是你大显身手的时候啦！

请你根据上面提供的材料，也可以自己搜集新的资料，写一篇关于新冠病毒的科普文章。当然了，你也可以写一篇关于其他内容的科普文章。

第六章 日记体小说

从古至今，人们对"爱"的赞美数不胜数。爱如空气伴随我们的生命，爱是人类共同的语言，爱是亘古不灭的旋律。《爱的教育》这本书，以一个四年级男孩安利柯的眼光来透视日常生活中的爱。让我们跨越时间的长河，走进安利柯的世界，去感受围绕在他身边的爱与温情！

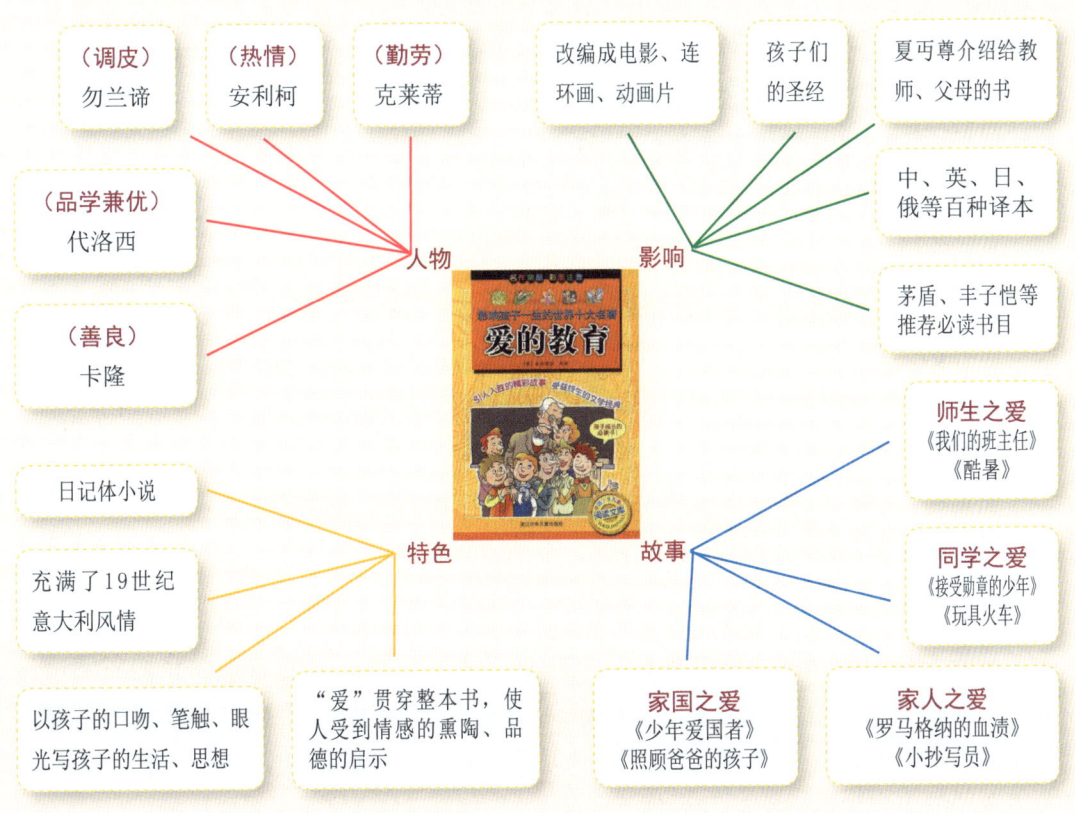

跟着名著学读写

名师点拨

日记体小说是小说体裁的一种独特形式,是以日记形式作为基本结构的小说类型。这类小说在叙述方式上多采用第一人称,以日记主人公所见、所闻、所感的方式叙述事件、展开情节、刻画人物。如意大利作家亚米契斯的《爱的教育》、鲁迅的《狂人日记》等。

日记体小说通常具备以下特点:第一人称叙事;主人公的见闻、感受和思考具有时效性;每则故事有鲜明的主题等。

阅读日记体小说的方法

一、用发展的眼光去读

日记体小说由单篇日记组合而成,它们按照事件发生的先后顺序排列。日记记录的是主人公每日的不同见闻,由事件带来的思考也随之变化。比如主人公对某人的评价,在经历了不同事件时,对人的看法也会从单一的角度转为立体的多元化。所以我们在走进日记体小说时,要用发展的眼光去阅读,全面地了解书中的人物形象,感受主人公思想的成长变化。

二、用联系的方法去读

1.联系人物

日记体小说记录主人公的日常生活,其中少不了与人交往。每篇日记中出现的性格各异的人物形象让作品更加丰满。我们在阅读时可以先从单篇日记中找出作者对人物的描写,做好批注,通过这一系列的描写去揣摩人物内心、分析人物性格,更好地认识人物形象。

然后像拼拼图一样,将该人物在每篇日记中的碎片式描写整合在一起,可以通过制作人物形象卡、人物大事件等方式,全面、综合地去分析书中出现的人物形象。

2.联系情节

日记中看似独立的事件,放在一起来看又有着千丝万缕的联系。我们在阅读日记体小说时要将情节联系起来,这样就会发现,不仅在单篇日记中有事情的开端、发展、高潮、结局,前篇日记的结局也可能是后篇日记的开端,甚至还有一些不被人注意的细节,也为后文的开展埋下伏笔。

3.联系主题

小说的主题是整部作品的灵魂，映射出作者的写作目的。主题层次的深浅，也关系着作品的价值高低。日记体小说的每则日记都有一个明确的主题，可能是对某人某事的赞美或批判，可能是揭示人生道理，可能是对某种现象的反思，可能是表达某种情感。有的日记在题目中就直观地表现了主题；题目中没有的，我们可以通过了解作者及其创作背景、情节发展、人物形象、环境描写等方法感受主题。每篇日记中的主题是独立的，但是联系在一起又更加全面完整地表现了整本书的主题，就像一粒粒细沙，组成了沙漠；一滴滴水，融为了海洋。

侠义之举

直到今天，我们才知道加伦是多么高尚的一个人。我今天到教室时比往常晚了些，因为二年级大班的女老师把我拦了下来，问我什么时候能在家。班主任这时候还没有来，三四个小男孩正在折磨可怜的克罗斯，就是那个长了一头红发、有一只残废的胳膊和一个卖菜的母亲的男孩儿。有人用尺子戳他，还用栗子壳掷他的脸，他们学他的样子，把他们的胳膊也从脖子的侧面耷拉下来，就好像他是一个妖怪似的。克罗斯呢，一个人孤零零地坐在长椅的一头，脸色惨白，他无法忍受遭受到的一切，并用哀求的眼神看着周围的人，希望他们不要再欺负自己了。但是，他们不但没有停下来，反倒变本加厉，可怜的男孩儿气得浑身颤抖，满脸通红。那个叫做弗兰提的男孩儿则从长椅上跳了起来，带着一副让人厌恶的表情，假装自己两条胳膊上架着篮子，像只猩猩似的模仿着克罗斯的母亲在学校门口等他儿子的样子，而那母亲现在却病倒了。很多同学都被这个可恶的玩笑逗得捧腹大笑，爆发出阵阵响亮的笑声。此时，克罗斯再也无法忍受这些恶意的玩笑了，他发疯

> 在故事的开端，透过作者的视线，我们看到了三四个小孩欺负同学的场景。通过对他们的动作描写，来表现他们的顽劣、自私、不友爱。

> 这部分是对克罗斯被同学欺辱时的神态描写。让我们看到一个弱小无助、可怜无辜的小男孩。同学得寸进尺的行为使克罗斯愤怒，为下文事情埋下伏笔，让我们不禁猜测，克罗斯会怎样应对呢？

> 这里是对大部分同学的描写，面对弱者被欺凌，同学们没有施以援手反而是哄笑一团。环境描写渲染了教室里的冷漠气氛，推动了后文克罗斯恼羞成怒的情节的发展。

跟着名著学读写

似的随手抓起了一只墨水瓶，用尽全力向弗兰提的脑袋掷过去，但是弗兰提顺利躲开了那个墨水瓶，结果它砸在刚刚走进门来的班主任的胸口。

所有人都飞一般地窜回到自己的座位，吓得一句话都不敢说了。班主任脸色阴沉地走到讲台上，沉着嗓音问道："这是谁干的？"没有人敢说话了。班主任又大喝了一声，声音比刚才还要吓人，"到底是谁干的？"

<u>加伦心里开始同情克罗斯了，他突然站起身来，坚决地对老师说道："是我！"</u>

> 此处为事情的高潮。加伦挺身而出，挡在弱者克罗斯面前，想替克罗斯接受老师的责罚。"突然站起身来"，"坚决地对老师说"，与欺凌克罗斯的同学、纵容克罗斯受辱的同学形成鲜明对比，让我们看到了一个正义善良、勇敢无畏的男孩形象。

老师看看他，又看看那些都傻了眼的同学们，声音平静地说道："我知道不是你。"

又过了一会儿，老师说："犯错误的同学是不会受到惩罚的，我希望他能站起来！"

克罗斯站了起来，带着哭腔说："他们刚才打我、骂我，我就没控制住自己，向他们扔了那个墨水瓶了。"

"坐下吧，"班主任说，"那请那些欺负他的同学站起来吧。"四个人全部站了起来，低低地垂着头。

<u>"你们，"班主任喊道，"你们欺负一个并没有招惹你们的同学，嘲笑一个不幸的孩子，殴打一位没有自卫能力的弱小者。这是最可耻的行为，最卑劣的行径，这是你们道德上的污点，说明你们是一群卑劣的人。"</u>

> 通过对先生语言、动作、神态细致的描写，我们看到了一位是非分明、严厉慈爱的老师形象。

<u>说完，他走下讲台，来到同学们的座位上，把手放在加伦的下巴上，轻轻地抬了起来，直直地盯着他的双眼说："你是一个高尚的人。"</u>

加伦借此机会，对老师耳语了几句。之后，老师转向那四个捣蛋的同学，严肃地说："这次我原谅你们。"

> 通过上文对加伦这个人物的了解，我们能够感受到他是一个成熟、正义、高尚的男孩。结合老师饶恕四个欺负同学的男孩这一结局，我们可以猜猜加伦到底和先生说了什么。并且，通过顽劣同学欺负克罗斯、克罗斯恼羞成怒、加伦挺身而出、先生惩恶扬善一系列情节的发展，我们感受到了贯穿于整本书中友爱、尊重和宽容的主题。

【选自民主与建设出版社 亚米契斯《爱的教育》】

第六章 日记体小说

书宝论坛

在阅读日记体小说时，我常常感觉自己就是文中的主人公，那些故事就像我亲身经历的一样，那些书中的人物，好像就生活在我的周围。并且我也能理解主人公私密的想法和情感。

日记记录着主人公每天经历的事情和随之产生的想法，无论是有趣的、琐碎的、难过的、快乐的，都成了珍贵的回忆，读着别人的故事，也让我反省、思考自己的生活。

这些故事来源于作者的生活体验，经过作者的整理、提炼和加工，比现实生活中的真事更集中，更具有体系性。真实与虚构的交织，更有利于我们去透视我们身边的事理和生活的规律，更有利于我们去重新审视人生、理解人生。

我想多找些日记体小说来读读，并且，以后我也要用日记记录下每天的所思所想，多年后拿出来看看，读读当年的自己，一定很有意义！

 整本书阅读

开卷有益

1. 聊一聊封面

（1）仔细观察这本书的封面，说说你的发现吧！

（2）封面图画的是什么情景，你能说一说吗？

2. 找一找内容

仔细翻一翻这本书，找到主要内容并读一读。

3. 查一查资料

（1）你了解作者吗？

（2）这本书为什么有不同的版本呢？

4. 讲一讲目录

（1）浏览目录，你发现了什么？

（2）选出自己喜欢的章节，说一说写了什么故事？

奈利的好伙伴 …… 24	嫉妒与羞愧 …… 74
优秀的学生 …… 25	深深母子情 …… 76
勇敢的少年（每月故事） …… 27	母亲的希望 …… 79
母亲的告诫 …… 31	二 月 …… 82
十二月 …… 33	荣誉的奖章 …… 82
小贩和绅士 …… 33	我的新决定 …… 84
虚荣心 …… 35	小火车玩具 …… 86
初 雪 …… 37	傲慢的学生 …… 88
父亲的教育 …… 38	同情心 …… 90
勇于承担错误 …… 40	友人的秘密 …… 92
受伤的老人 …… 43	医院的天使（每月故事） …… 95
小抄写员（每月故事） …… 44	朴实的铁匠 …… 101
坚强的意志 …… 51	小滑稽演员 …… 103
学会感谢 …… 53	走失的女孩 …… 107
一 月 …… 56	盲 童 …… 110
代课的老师 …… 56	病中的老师 …… 114
个人图书室 …… 58	三 月 …… 117
铁匠的儿子 …… 61	夜校的故事 …… 117
快乐的客人 …… 63	打架与争吵 …… 120
不幸的事情 …… 64	那些家长们 …… 122
勇敢的少年鼓手（每月故事） …… 66	死去的少年 …… 123
炽热的爱国心 …… 73	亲爱的姐姐 …… 124

5. 猜一猜插图

（1）认真观察这几幅插图，你觉得他们会是什么样的孩子？

（2）可以从目录里找一找所对应的章节。

掩卷而思

1. 做一做

读了《爱的教育》这本书，你是否感觉安利柯这个小男孩就像你熟悉的朋友一样亲切呢？新学期，安利柯要进入新的班级，为了让新同学更快了解他，请你为他设计一张学生卡，介绍一下他的基本情况好吗？

学生卡

2. 画一画

你设计的学生卡让安利柯交到了很多新朋友，不过安利柯也常常想念四年级的同学们。你对那些老朋友印象还深刻吗？我们一起制作同学录送给安利柯吧！

姓名：＿＿＿＿　　姓名：＿＿＿＿　　姓名：＿＿＿＿

画像　　　　　　画像　　　　　　画像

经典事件：　　　经典事件：　　　经典事件：

跟着名著学读写

3. 评一评

"爱是亘古长明的灯塔,它定睛望着风暴却兀不为动;爱就是充实了的生命,正如盛满了酒的酒杯。"《爱的教育》,这是一本小书,又是一部巨著,是亚米契斯的著作。它让我知道了什么是爱,怎样辨认是非。书中的那些平凡人物的平凡故事,歌颂了儿童应该具备的纯真感情,同时书中也表露了从家庭、学校到整个社会,都在营造一种良好的环境,培养塑造着儿童爱祖国、爱人民的感情。

——泰戈尔

这是印度作家泰戈尔对《爱的教育》的评价,你看完这本书是不是也深有感触?请你也为《爱的教育》写一段"百字书评"。

4. 写一写

《爱的教育中》有很多内容都是爸爸、妈妈以信的形式与安利柯交流。请你也给爸爸、妈妈写一封简短的信,表达自己内心的感情与想法。(注意书信格式哦!)

撒丁岛的击鼓少年

故事发生在1848年7月24日，柯斯脱寨战争开始的第一天，我军受奥地利二中队攻击。弹丸雨一样地飞来，我军只好退避入空屋中，在窗口射击抵御。

联队中有一个来自赛地尼亚的少年鼓手。大尉把少年推近窗口："在那边有枪刀光芒闪现的地方就是我军的驻地。请你把纸条交给第一个你见到的我军士官。"

鼓手解下了皮带背囊，把纸条放入口袋中。大尉将少年扶出了窗口，使他背向外面："这分队的安危，就靠你的勇气和你的脚力了！"

少年平安地落到地上了，他飞速地翻过了山坡。忽然，密集的子弹疯狂地射向少年。他拼命地跑着，一个趔趄，他倒下了，可一转眼，少年又站了起来，看起来，他的一条腿有点儿跛。

远远望去，少年的脚步又慢了下来，拖着一条腿一步一步地向前蹭着。一阵枪响，少年又倒下了。转瞬间，少年的身影又出现在了篱笆的远处，可一转眼就不见了。

第二天，受伤的大尉在临时战地医院见到了少年鼓手。少年躺在床上虚弱地说："我被射中了，幸好，我遇到了参谋部的士官，把纸条交给了他。我总算完成了您交代的任务。"

原来，少年的左腿被齐膝截断，伤口处裹着一层厚厚的纱布。军医告诉大尉："他拼了命硬撑着，真是个勇敢的孩子，做手术的时候一声不吭，连眼泪也没流一滴，反倒为自己是一名意大利男儿而自豪呢！"

听了军医的话，大尉久久地注视着那个少年，然后举起手向少年行了一个军礼："我只不过是一名大尉，但你却是我们意大利的英雄啊！"说着，他张开双臂紧紧地抱住少年，在他的额头上留下了三个吻。

【选自春风文艺出版社　亚米契斯《爱的教育》（内容有删改）】

罗马格纳的血渍

那天晚上，法卢奇的家里比往常都更加安静。在家里的只有双腿瘫痪了的老祖母和她十三岁的小孙子——法卢奇。

夜已经很深了，屋外风雨交加。法卢奇回家时疲惫极了，当祖母明白了事情的经过时，就忍不住哭了出来："如果你还是这样总是不回家，并和坏孩子鬼混在一起打架斗殴，还要跟别人赌博的话，那么慢慢地，你们就会干其他的邪恶的勾当。想想这村里的莫扎尼，他只有二十四岁，就已经进过两次监狱了。"

法卢奇的内心十分懊悔，可由于自尊心使然，要从他的嘴里说些好话求得饶恕是件难事。

"你难道连一句后悔的话都不想跟祖母说吗？如果我有一天能够看到你变成一个好孩子，让我现在就去见阎王，我也心甘情愿。"

就在此时，从隔壁那间屋子里传来微微声响。两个强盗闯进他们的房间，其中一个抓住了男孩儿，用手把他的嘴堵了起来，而另一个则掐住了祖母的喉头。一个强盗由于动作过猛，他脸上遮着那块布掉了下来。

那老妇人尖声喊了出来："莫扎尼！"

"看来你必须得死了！"他手里举着刀，举刀往下砍。见此情景，法卢奇以迅雷不及掩耳之速奔到祖母的身旁，用自己的身体挡住祖母。

刀落了下去，强盗吓住了，他们转身逃跑。法卢奇慢慢地从他祖母的身上爬了起来，两条胳膊环抱住自己的祖母，头靠在老人胸前，声音微弱地说："他们没把您怎么样，您现在很安全。祖母，我以前总是惹您伤心，但是我一直是那么的爱您啊，请原谅我吧！您会永远都记得您的孙子法卢奇，对吧？"

老妇人焦急地用手摩挲着男孩儿靠在她膝上的头。随即，她绝望地喊道："哦，我的法卢奇，我的好孩子，你是从天堂里飞落人间的天使，快回到我身边来！"

这个小小的英雄，这个挽救了自己祖母生命的孩子后背挨了一刀，他已经将他那美丽、勇往直前的生命还给了上帝。

【选自春风文艺出版社　亚米契斯《爱的教育》（内容有删改）】

我们的班主任

今天我发现,新老师也不是那么讨厌,也挺可爱的。当我们陆续来到教室时,他已经端坐在讲台上的座位上了。

老师走下讲台,一边念生词,一边在一排排长桌子间来回穿梭。看到有位同学长了小红疹子,他停止了念生词,用手捧着那位同学的脸,仔细地看了看,询问他得了什么病,还把手放在同学的额头上,看他是不是发烧了。这时,一个就坐在他身后的同学突然跳到长椅上,模仿木偶做着鬼脸,恰好老师突然间转过身来,那同学便猛地坐回座位,吓得一动不动了,他低着头,等着受处罚。老师没有生气,只是把他的一只手放在那吓坏的孩子头上,对他说:"以后别这么干了。"

他重新回到讲台,继续念生词。为我们做完听写后,他又静静地看了我们一会儿,用非常缓慢但却洪亮、慈祥的声音说:"希望我们都能努力过好这一年,好好学习、好好表现。我没有家人,你们就是我的家人。你们像我的孩子一样,我爱你们,请你们也喜欢我。我不希望任何人逼我去惩罚你们,我真心希望能看到你们的爱心。我们的学校是一个大家庭,而你们也将成为我的安慰与骄傲。我并不期待你们给我一个为我赢得荣誉的承诺,但是我相信,你们在心里,已经向我承诺了,我因此而感激你们。"

学校放学了,刚才从长椅上站起来的同学走到班主任的身边,声音颤抖着对他说:"老师,原谅我吧。"

班主任在他额头上吻了一下,告诉他说:"回去吧,孩子。"

【选自春风文艺出版社 亚米契斯《爱的教育》(内容有删改)】

阅读检测

1. 三个小故事你最喜欢哪一个，用简单的语言说一说主要内容。

   _____
   _____
   _____
   _____

2. 别人眼中的法卢奇打架、赌博，很晚才回家，是一个"坏孩子"。你同意这种说法吗？结合文中的情节谈一谈你的观点。

3. 你喜欢第三个小故事中的老师吗？为什么？你心目中的老师形象是什么样的？

   _____
   _____
   _____
   _____
   _____

4. 对"爱"的理解。

（1）这三个故事分别写了哪种"爱"？请你用小标题的形式概括出来。

（2）你觉得"爱"还体现在谁与谁之间？结合生活实际说一说。

习作指南

这三个小故事都是一个名叫安利柯的四年级小学生写的日记，是不是很佩服他呢？其实你也可以写出这样的日记来，来试一试吧！

一、日记的分类

1. 生活日记

生活日记就是把自己每天的生活、学习、工作情况有选择地记录下来。

2. 观察日记

观察日记就是把日常生活中的某一侧面，通过有目的的、细致的观察，把它记下来。

3. 随感日记

随感日记是就一篇文章、一本书、一部电影或生活中的某一件事情，抒发自己的感想。

二、日记的注意事项

1.注意一定的格式

日记属于应用文，通常要求在正文的上一行写上日期、星期几和天气情况。同学们还可以根据日记的内容加上小标题。标题应该安排在日期、星期、天气和正文之间。

2.注意内容要真实

日记是自己生活的记录，"真实"是日记的生命。所以，我们不能胡编乱造，要坦诚地表达自己的真情实感。

3.注意明确主题

日记要有一个明确的主题，使文章主题鲜明，内容集中。

三、大显身手

1.留心观察，材料真实

留心周围事物，只要是自己看见的、听见的、做过的、想到的、印象深刻的人、事、景、物都可以写成日记。

2.日记内容要具体

写人就要写出他的音容笑貌，写事就要有起因、经过和结果，写景就要有景物的变化和特点，写物就要写出它的形状、姿态、颜色、声音等。

3.中心明确

一则日记要有选择地记，记录那些自己有感触的，或是有意义的，也就是要围绕一个中心来写。

4.融入自己的真实感受

每个人对周围的事物都会有自己的想法，所以，日记中不仅要有记录，还要有我们的真实思考与感悟。

 第六章 日记体小说

相信你已经胸有成竹了，拿起笔写一写吧！

第七章 自传体小说

  《城南旧事》是著名女作家林海音的自传体小说，作者写的是7岁到13岁这段童年到少年的经历。童年如梦如幻，如诗似歌。童年的记忆是最深刻的，最难忘的。

  《城南旧事》始终笼罩着淡淡的忧郁，淡淡的忧伤。主人公英子是个孩子，她不能明白人世间的悲欢离合、苦难和复杂的人性。所以，她清澈的眸子只是在凝视和关注。从作品中呈现的童年往事的回忆，我们不仅能感受到主人公目光的温暖，还有她对童年的怀念和对北京城南的思念。

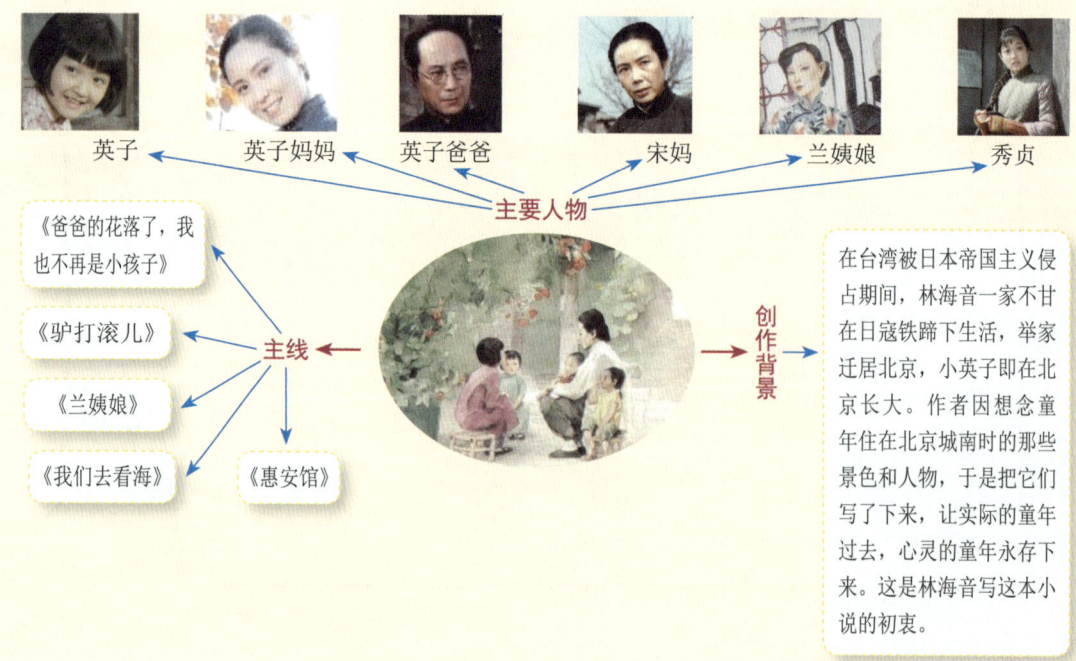

- 128 -

名师点拨

小说：以刻画人物形象为中心，通过完整的故事情节和环境描写来反映社会生活的文学体裁。人物、情节、环境是小说的三要素。

自传体小说：是传记体小说的一种，是以主人公自述生平经历和事迹角度写成的一种传记体小说。这种小说是在作者亲身经历的真人真事的基础上，运用小说的艺术写法和表达技巧经过虚构、想象、加工而成。它一方面不同于一般的自传和回忆录，另一方面又必须以作者或自述主人公为原型。

比如：高尔基，1868年3月16日诞生在伏尔加河畔下诺夫戈罗德镇的一个木匠家庭。4岁时父亲去世，他跟母亲一起在外祖父家度过童年。10岁那年，高尔基开始独立谋生。他先后当过学徒、搬运工、看门人、面包工人等，切身体验到下层人民的苦难。在此期间，他发愤读书，开始探求改造社会的真理。这些经历都是高尔基写《自传体三部曲》的亲身经历和写作素材。

再比如：萧红，1911年出生于黑龙江省哈尔滨市呼兰县城一个地主家庭，幼年丧母。1935年，在鲁迅的支持下，发表成名作《生死场》。1936年，东渡日本，创作散文《孤独的生活》、长篇组诗《砂粒》等。1940年写成自传体小说《呼兰河传》。

阅读自传体小说的方法

1.及时了解作者的生平，可以参看每部书前的导读部分，了解此书的思想精髓。

2.制作人物关系表，为特色人物做卡片。

3.对作品的艺术特色作点评。

※ 叙述视角

※ 语言艺术

※ 独特的选材

※ 作品的思想性

下面我们以《城南旧事》为例，找到打开阅读自传体小说的金钥匙！

一、析作者，解生平

《城南旧事》的背景是20世纪20年代，北京南城，一座四合院里，住着英子温暖和乐的一家。故事循着英子7岁到13岁间发展。英子以一双好奇的眼睛，观看成人世界的悲欢离合。《城南旧事》包括了五篇短篇小说：《惠安馆》《我们看海去》《兰姨娘》《驴打滚儿》《爸爸的花儿落了》，再加上《冬阳·童年·骆驼队》。它们分开来是各自独立的故事，由于全书的故事在时间、空间、人物的造型、叙述的风格上全有连贯性，合起来可视为作者以7岁到13岁的生活为背景的一部长篇小说。

林海音，原名林含英，小名英子。对照下面林海音的大事年表，我们可以发现，故事中英子的成长经历与林海音的成长经历基本吻合。这就让我们更深入了解自传体小说的自传性质。所以为了更好地理解自传体小说内容，我们需要通过查找资料的方式，了解作者生平。

林海音大事年表

1918年：农历三月十八日出生于日本大阪绢笠町回生医院。父林焕文，台湾苗栗头份人，祖籍广东蕉岭；母林黄爱珍，台湾板桥人，祖籍福建同安。

1921年（3岁）：随父母返回台湾，在头份及板桥居住。二妹秀英出生。

1923年（5岁）：随父母到北京，定居南城。三妹燕珠出生。

1925年（7岁）：进入厂甸师大第一附小就读。弟弟燕生出生。

1926年（8岁）：四妹燕瑛出生。

1927年（9岁）：五妹燕珍出生。

1929年（11岁）：幺弟燕璋出生。

1931年（13岁）：五月，父亲焕文先生病逝于北京日华同仁医院，享年44岁。九月，进入春明女中就读。

1923年（14岁）：四妹燕瑛（6岁）病逝。

二、找人物，理关系

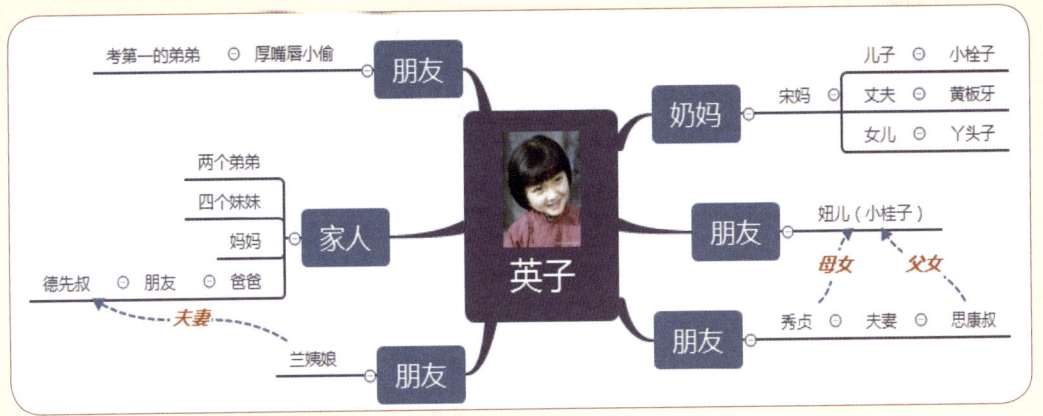

三、反复读，品特色

林海音总是用细致、幽默、委婉的笔调来书写心中所想，她作为一位生于日本，长于大陆、归于台湾的乡村文学作家，拥有着多重的人生视野。多种阅历的累积，使她原创性的语言透露出语言的多样性和丰富性。她的作品又让中国的古典美与当时社会相融合，字里行间弥漫着北京的民族风味，流露出对祖国的热爱。作品的高度审美性和语言形式的完美，让她的作品走向了经典化，具有典范性。

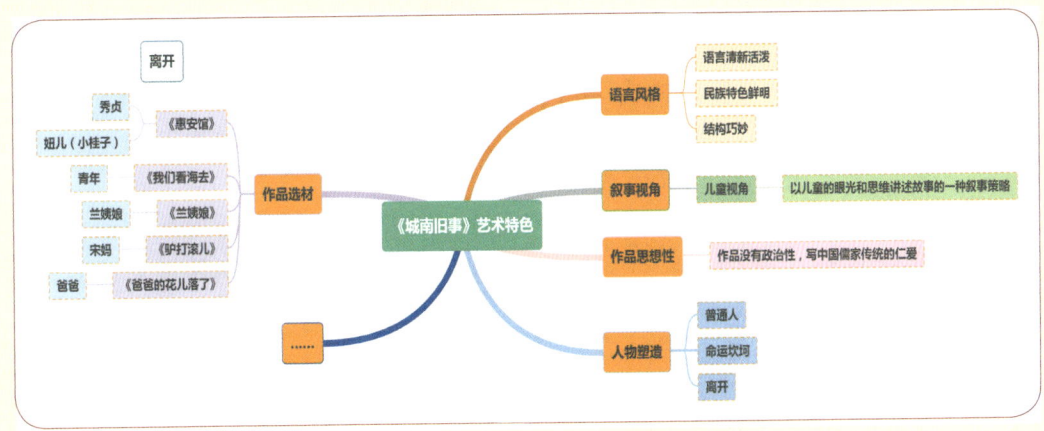

跟着名著学读写

书宝论坛

马森教授曾经说过:"萧红和林海音为我们记录了一个失去的时代。……每一个时代迟早都是失去的时代,但因为有了敏感的作家,失去时代的点点滴滴就有幸可以保存下来。"林海音等这些优秀的作家不仅写出自己的生平经历,也为我们记录了一个失去的时代。《城南旧事》是自传体小说。很多人对自传、传记、自传体小说分不清。

传记是一个大概念,是一种常见的文学形式。传记和历史关系密切,某些写作年代久远的传记常被人们当史料看待。它主要记述人物的生平事迹,根据各种书面的、口述的回忆、调查等相关材料,加以选择性地编排、描写与说明而成,包括一般的传记、自传、评传、人物小传、人物特写、回忆录、年谱、小说化的传记等等。自传是传记的一种,这是某一个人自己写的记载自己生活经历的文章,如《马克·吐温自传》,中国末代皇帝爱新觉罗·溥仪的《我的前半生》,还有《胡适自传》《沈从文自传》等。有些自传则是以记载自己生活中的某些片段或某一方面的经历为主,这一般称为自述,如《彭德怀自述》。

第七章 自传体小说

正是这样。自传体小说是在作者亲身经历的真人真事的基础上,运用小说的艺术写法和表达技巧经过虚构、想象、加工而成。我还知道许多自传体小说。国内的自传体小说有:林海音的《城南旧事》、萧红的《呼兰河传》、郁达夫的《沉沦》、鲁迅的《鲁迅自传》等等。国外的自传体小说有:卢梭的《忏悔录》,高尔基的《童年》《在人间》《我的大学》,列夫·托尔斯泰的《童年》《少年》《青年》,黑柳彻子的《窗边的小豆豆》等。

 整本书阅读

题目是文章的眼睛,目以传神。小说的题目常常能传达出很多重要的信息。

城南旧事(节选)

→ 主人公是谁?

→ 发生了什么事?

→ 主人公是一个什么样的人?

　　当我上一年级的时候,就有早晨赖在床上不起床的毛病。每天早晨醒来,看到阳光照到玻璃窗上了,<u>我的心里就是一阵愁:已经这么晚了,等起来,洗脸,扎辫子,换制服,再到学校去,准又是一进教室被罚站在门边。同学们的眼光,会一个</u>

跟着名著学读写

个向你投过来。我虽然很懒惰，却也知道害羞呀！所以又愁又怕，每天都是怀着恐惧的心情，奔向学校去。最糟的是爸爸不许小孩子上学坐车的，他不管你晚不晚。

> 文章以第一人称的叙事视角对"我"进行了细致的心理描写，表达了我内心对于迟到的"又愁又怕"的恐惧心理。

有一天，下大雨，我醒来就知道不早了，因为爸爸已经在吃早点。我听着、望着大雨，心里愁得不得了。我上学不但要晚了，而且要被妈妈打扮得穿上肥大的夹袄（是在夏天！），和踢拖着不合脚的油鞋，举着一把大油纸伞，走向学校去！想到这么不舒服地上学，我竟有勇气赖在床上不起来了。

> 第二段通过"听""望""赖"几处动作进行描写，加上细致的心理刻画，在心理描写中也通过想象将自己迟到去上学的情景刻画得生动形象，让读者仿佛身临其境。林海音的写作理念受到了弗吉尼亚·伍尔夫的影响，伍尔夫在对凌淑华的信中曾写道："生活、房子、家具，凡你喜欢的，写得愈细愈好。"林海音认为，这几句话跟她一向对小说写作的把握是这么接近。因此有人评价林海音的语言"细致而不柔弱"。这种写作的态度和理念也是我们应该学习的。

等一下，妈妈进来了。她看我还没有起床，吓了一跳，催促着我，但是我皱紧了眉头，低声向妈哀求说：

"妈，今天晚了，我就不去上学了吧？"

> 通过"我""皱紧了眉头"的神态描写，"低声向妈哀求"的语言描写，表现出了"我"迟到后不想去上学的心理。

妈妈就是做不了爸爸的主，当她转身出去，爸爸就进来了。他瘦瘦高高的，站在床前来，瞪着我：

"怎么还不起来，快起！快起！"

"晚了！爸！"我硬着头皮说。

爸气极了，一把把我从床上拖起来，我的眼泪就流出来了。爸左看右看，结果从桌上抄起鸡毛掸子倒转来拿，藤鞭子在空中一抡，就发出咻咻的声音，我挨打了！

爸把我从床头打到床角，从床上打到床下，外面的雨声混合着我的哭声。我哭号，躲避，最后还是冒着大雨上学去了。我是一只狼狈的小狗，被宋妈抱上了洋车——第一次花五大枚铜板坐车去上学。

我坐在放下雨篷的洋车里，一边抽抽搭搭地哭着，一边撩起裤脚来检查我的伤痕。那一条条鼓起的鞭痕，是红的，而且发着热。我把裤脚向下拉了拉，遮盖住最下面的一条伤痕，我怕被同学耻笑。

> 通过"抽抽搭搭地哭""撩起裤脚来检查""拉了拉""遮盖"，写出了我挨打后的狼狈和怕被同学耻笑的心理。

虽然迟到了，但是老师并没有罚我站，这是因为下雨天可以原谅的缘故。

老师教我们先静默再读书。坐直身子，手背在身后，闭上眼睛，静静地想五分钟。老师说：想想看，你是不是听爸妈和老师的话？昨天的功课有没有做好？今天的功课全带来了吗？早晨跟爸妈有礼貌地告别了吗？……我听到这儿，鼻子抽搭了一大下，幸好我的眼睛是闭着的，泪水不至于流出来。

正在静默的当中，我的肩头被拍了一下，急忙地睁开了眼，原来是老师站在我的位子边。他用眼势告诉我，教我向教室的窗外看去，我猛一转头看，是爸爸那瘦高的影子！

我刚安静下来的心又害怕起来了！爸为什么追到学校来？爸爸点头示意招我出去。我看看老师，征求他的同意，老师也微笑地点点头，表示答应我出去。

> "抽搭""睁""转头"，通过"细节法"传神地揭示出人物的心理活动。"我刚安静下来的心又害怕起来了！爸为什么追到学校来？"通过"直描法"直接描写人物的心理感受。

我走出了教室，站在爸面前。爸没说什么，打开了手中的包袱，拿出来的是我的花夹袄。他递给我，看着我穿上，又拿出两个铜子儿来给我。

我们前面聊了这么多，大家是不是很想把这本书拿过来品读？如果你手中正好有这本书，那首先映入你眼帘的就是书名《＿＿＿＿＿＿＿＿＿＿＿＿＿＿》。每本书都有自己独特的封面，你从封面得到了哪些信息？连同你的疑问，请一并逐条写下来。

＿＿＿＿＿＿＿＿＿＿＿＿＿＿＿＿＿＿＿＿＿＿＿＿＿＿＿＿＿＿＿＿＿＿＿＿
＿＿＿＿＿＿＿＿＿＿＿＿＿＿＿＿＿＿＿＿＿＿＿＿＿＿＿＿＿＿＿＿＿＿＿＿

你了解作者吗？可以简要介绍一下吗？

＿＿＿＿＿＿＿＿＿＿＿＿＿＿＿＿＿＿＿＿＿＿＿＿＿＿＿＿＿＿＿＿＿＿＿＿
＿＿＿＿＿＿＿＿＿＿＿＿＿＿＿＿＿＿＿＿＿＿＿＿＿＿＿＿＿＿＿＿＿＿＿＿

看来你对作者的生平做了充分的"备课"，是个会读书的孩子！在没有正式读

书之前,你可以来猜一猜,这本书大概讲的是什么事?打开你的思路,展开想象的翅膀,假如你就是"林海音",你的故事会如何展开并发展呢?

_____
_____
_____
_____

如果你想快速知道自己的想法和作者是不是有些相似,你可以翻看"序言"或者故事简介哦!

打开封面,我们还会很习惯地看一看目录,你最喜欢哪个部分?和大家交流交流吧,猜一猜这个章节会有哪些故事发生呢?

_____
_____

童 年

这本书是高尔基著名的自传体三部曲中的第一部,讲述的是孤独孩童"我"的成长故事。小说以一个孩子的独特视角来审视整个社会及人生。"我"寄居的外祖父家是一个充满仇恨,笼罩着浓厚小市民习气的家庭,这是一个令人窒息的家庭。小说通过"我"幼年时代痛苦生活的叙述,实际反映了作家童年时代的艰难生活及对光明与真理的不懈追求,同时也展现了19世纪末俄国社会的广阔画卷。

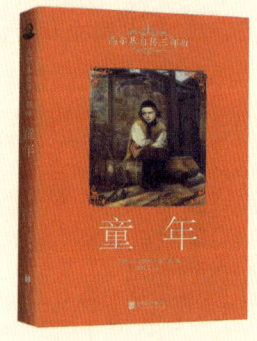

人 物	性 格
祖 母	
祖 父	
小茨冈	

第七章 自传体小说

窗边的小豆豆

本书讲述了作者上小学时一段真实的故事。作者因淘气被原学校退学后，来到巴学园。在小林校长的爱护和引导下，一般人眼里奇怪的小豆豆逐渐成了一个大家都能接受的孩子，并由此奠定了她一生的基础。这本书不仅带给世界几千万读者无数的笑声和感动，而且为现代教育的发展注入了新的活力。

书中的哪些情节表现了校长的伟大？请你写一写。

情节一	
情节二	
情节三	

呼兰河传

本书以萧红自己童年生活为线索，把孤独的童话故事串起来，形象地反映出呼兰这座小城当年的社会风貌、人情百态。

阅读角度	摘抄或评价
童年生活	
人物特点	
环境描写	
人物细节描写	
侧面描写	

跟着名著学读写

在林海音的笔下，在英子身上，通过细致的描摹与刻画，一个灵动的鲜活的人物形象就站在了我们面前，深深地印在了我们的脑海里。

请打开你的闹钟或者秒表，给自己至少10分钟时间，快速阅读下面的三个片段，找出主人公最让你印象深刻的细节描写，划出来。

童 年（节选）

有一次酒馆老板娘跟外祖父争吵过后，顺带也把外婆骂了一通，外婆根本没参与他们的争吵，可是她恶狠狠地骂，还向外婆丢了一根胡萝卜。

"你可真是个糊涂蛋，我的太太。"外婆平静地对她说。而我却气坏了，决定报复这个坏女人。

我绞尽脑汁想了很久，用什么东西能让这个红头发、双下巴、没眼睛的胖女人更难受。

据我对这里打架的居民的观察，我知道他们通常是怎么报复对方的：砍掉猫尾巴，给狗下毒，杀死公鸡和母鸡，或者深夜钻进敌人的酒窖，把煤油倒进腌白菜或者黄瓜的大桶，把桶里的克瓦斯倒掉……不过所有这些办法我都不喜欢，我要想出一种更恐怖、更吓人的办法。

我想出来了：我盯梢发现老板娘下到酒窖里了，就把酒窖上方的顶盖关上，上了锁，然后在上面跳了个复仇之舞，把钥匙扔到房顶上，自己飞快地钻进厨房。外婆正在做饭，她一开始没明白我兴奋个什么劲儿，等弄清楚来龙去脉，她在我屁股上啪啪拍了几巴掌，把我拖到院子里，让我上房顶找钥匙。我对她的态度十分惊讶，一声不吱地把钥匙取了下来，就跑到院子的角落里，看着她把我俘获的老板娘放了出来，看着她们俩人一边友好地笑着，一边在院子里走。

"看我怎么治你。"老板娘对我挥着一只胖拳头吓唬我，但她那胖得没有眼的脸上却洋溢着善意的微笑。

【节选自人民教育出版社　高尔基《童年》】

窗边的小豆豆（节选）

小豆豆从小就有个怪毛病，上厕所解完手后常常要低头往下看看。由于有这么个毛病，上小学以前就有好几次把麦秆编的或是镶有白花边的帽子掉进了厕所里。

当时没有像现在这样的冲洗式厕所，下面是一个水槽，粪便都是从里面掏出来的，所以大多数情况下帽子就浮在粪便上，没人再去管它了。因此，妈妈平时一再嘱咐小豆豆："解完手不要往下看！"

尽管这样，今天上课前去厕所时，一不注意又往下看了。就在那一瞬间，也不知是没拿好还是别的缘故，那只心爱的钱包"扑通"一声掉进了茅坑，小豆豆"啊"地惊叫了一声，下面漆黑一团，根本就看不到钱包的影子。

你猜，这时小豆豆怎么了呢？她没有哭鼻子，也没有就此罢休，而是立即朝勤杂工叔叔（现在叫公务员叔叔）堆放杂物的小屋跑去了。并且把洒水用的勺子扛了回来。比起年纪还小的小豆豆来，勺子把几乎比她的个子高出去一倍，但她根本顾不得这许多了。小豆豆绕到学校后面，找到了掏粪口。她估计钱包可能掉在厕所外侧墙壁附近了，可是哪儿也没有，找了好大一会儿工夫，这时才注意到离墙一公尺远的地面上有个圆圆的水泥盖，小豆豆判断这很可能就是掏粪口。好不容易把水排干，下面马上出现了一个洞口，这肯定就是掏粪口了。小豆豆把头探进去仔细瞧了一番，口里说："好像有九品佛池塘那么大呢！"

接下来小豆豆就大干起来了。就是说，把勺子伸进粪池里开始往外掏粪了。起初，只是掏钱包可能落下去的那一块地方，但由于里面又深又暗，再加上上面是用三个门隔开的厕所，下面共用一个粪池，所以面积相当大。而且如果把头往里探得过深的话，就有可能掉进去，她不管三七二十一地只管往外掏，掏出来的东西都堆在了洞口周围。不用说，每掏一勺小豆豆都要检查一遍，看钱包是否掺在里面。每次都以为"这下有了吧"，可是，不知躲到哪里去了，钱包就是不往勺子里来。就在这时，传来了上课的铃声。

"这可怎么办呢？"小豆豆考虑了一下，"反正已经掏了这么多了。"于是决定继续干下去。而且比刚才掏得更起劲了。掏出来的粪便已经堆成相当高了。刚巧这时校长从厕所后面经过。校长看到小豆豆正在掏粪，就问："你在干什么哪？"小豆豆连住手的工夫都舍不得，一边往下探勺子一边答道："钱包掉进去了。""是吗？"只说了这么两个字，校长就反背着双手像平时散步似的不知朝哪儿走开了。

【本文选自南海出版公司　[日]黑柳彻子《窗边的小豆豆》（内容有删改）】

呼兰河传（节选）

后园中有一棵玫瑰，一到五月就开花的，一直开到六月，花朵和酱油碟那么大。开得很茂盛，满树都是，因为花香，招来了很多的蜂子，嗡嗡地在玫瑰树那儿闹着。

别的一切都玩厌了的时候，我就想起来去摘玫瑰花，摘了一大堆把草帽脱下来用帽兜子盛着。在摘那花的时候，有两种恐惧，一种是怕蜂子的勾刺人，另一种是怕玫瑰的刺刺手。好不容易摘了一大堆，摘完了可又不知道做什么了。忽然异想天开，这花若给祖父戴起来该多好看。

祖父蹲在地上拔草，我就给他戴花。祖父只知道我是在捉弄他的帽子，而不知道我到底是在干什么。我把他的草帽给他插了一圈的花，红通通的二三十朵。我一边插着一边笑，当我听到祖父说：

"今年春天雨水大，咱们这棵玫瑰开得这么香，二里路也怕闻得到的。"就把我笑得哆嗦起来。我几乎没有支持的能力再插上去。

等我插完了，祖父还是安然的不晓得。他还照样地拔着垄上的草。我跑得很远地站着，我不敢往祖父那边看，一看就想笑。所以我借机进屋去找一点吃的来，还没有等我回到园中，祖父也进屋来了。

那满头红通通的花朵，一进来祖母就看见了。她看见什么也没说，就大笑了起来。父亲母亲也笑了起来，而以我笑得最厉害，我在炕上打着滚笑。

祖父把帽子摘下来一看，原来那玫瑰的香并不是因为今年春天雨水大的缘故，而是那花就顶在他的头上。

他把帽子放下，他笑了十多分钟还停不住，过一会儿一想起来，又笑了。

祖父刚有点忘记了，我就在旁边提着说：

"爷爷……今年春天雨水大呀……"

一提起，祖父的笑就来了。于是我也在炕上打起滚来。

就这样一天一天的，祖父，后园，我，这三样是一样也不可缺少的了。

刮了风，下了雨，祖父不知怎样，在我却是非常寂寞的了。去没有去处，玩没有玩的，觉得这一天不知有多少日子那么长。

【本文选自江西美术出版社　萧红《呼兰河传》（内容有删改）】

※ 请概括三个片段的主要内容。

《童年》	
《窗边的小豆豆》	
《呼兰河传》	

※ 结合你的阅读感受，填好下列表格。

类别	人物	出处	理由
我喜欢的人物			
我不喜欢的人物			

※ 没有上下文，上面的三个片段也有完整的故事情节。作者在塑造人物的时候，深入的细节描写有什么好处？请你结合人物至少写出两点。

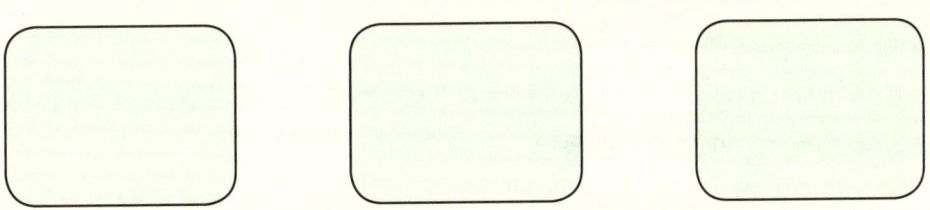

※ 请你为以上三本书中你喜欢的故事情节分别起一个新的故事名称。

情节：

新名称：

情节：

新名称：

情节：

新名称：

跟着名著学读写

习作指南

同学们，你们是否有过迟到的经历？是否有过"又愁又怕"的心理体验？面对迟到、犯错的童年囧事，你又会以怎样的笔触去记录去书写你独一无二的童年经历呢？通过前面的学习，我们大概了解了"自传体小说"这种体裁的写作结构和表达方式。《城南旧事》《呼兰河传》《童年》《窗边的小豆豆》，这四本书都把"我"这个角色塑造得淋漓尽致。

"我"，就应该是你生活中最真实的样子。

※ 独一无二的姓名和外貌。

你的名字充满了父母的期待，或者家族的文化传承。

如果你要向别人明确传递出自己独特的外貌特征，就要有写好写活的技巧。让人一见到你本人，就能根据你自传中的描写辨认出是你。

例如，我们每次读到"短短的头发刷子直竖着，浓密胡须成一个隶书的'一'字"，马上就知道是鲁迅先生。

※ 特别又平凡的性格。

你喜欢什么，不喜欢什么；崇尚什么，厌恶什么。为什么会有这样的倾向呢？

※ 你也淘气过、犯错过、优秀过、失败过……

书中介绍的人物，不管身处何种环境，都有儿童天生的敏感和淘气，因为我们正在努力成长，所以我们就会犯错；因为我们希望被人接受，所以我们会让自己变得优秀；因为我们不是完人，所以我们偶尔会失败，但我们绝对不会一直身在低谷……

英子、阿廖沙、小豆豆、童年的萧红，都有让人啼笑皆非的"淘气史"。

※ 未来规划和梦想。

随着年龄的增长，我们对自己的将来有了规划。你的规划是什么呢？是有关学习的？环保的？旅游的？技能的？美食的？……

周恩来的梦想是"为中华之崛起而读书"，钱学森的梦想是"为中国的科技事业创造奇迹"，屠呦呦的梦想是"用古老的中医药，促进人类健康，让全世界的人们都能享受到它的好处"……

※ 成长中的那些事。

这些真实的你，都和成长中的事例分不开。

这些给你留下的印象最深刻的事，不仅要和你直接相关，而且能凸显你的性格。这些都要在你的写作中真实、有效地表达出来。

因为是写你自己，所以不用考虑缺乏认识，或者缺乏素材。只要在众多素材中选取最合适的，就可以了。

※ 内容形式丰富多样。

我们提倡学生的创新表达。

比如借他人之口来表达；给笔友写信；把自己当导演，把生活中的重要场景变成一个个镜头进行描述……

※ 写作语言欢快、流畅。

细节描写具体、丰富。

修辞手法恰当、点睛。

动笔写一写，让我们认识这个独一无二的你吧！

第八章 章回体小说

天下文章，无有出《水浒传》右者。天下之乐，第一莫若读书；读书之乐，第一莫若读《水浒传》。不读《水浒传》，不知天下之奇。

—— 金圣叹

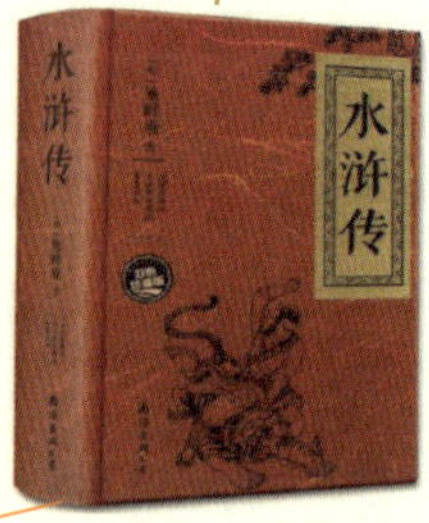

- 人物刻画鲜明
  - 天伤星武松
  - 天雄星林冲
  - 天机星吴用
  - 天魁星宋江
  - 天孤星鲁智深
  - 地煞星黄信
  - 地雄星郝思文
  - ……
- 情节精彩
  - 花和尚倒拔垂杨柳
  - 林教头风雪山神庙，陆虞候火烧草料场
  - 横海郡柴进留宾，景阳冈武松打虎
  - ……
- 艺术特色
  - 错综交错
    - 以人物为中心
    - 相对独立与整体一致相结合
  - 语言特点
    - 以北方话为基础加工而成
    - 简洁明快，生动含蓄
    - 人物语言极具个性
    - 动作描写用词准确恰当

作者：施耐庵

写作背景：北宋徽宗时，政治黑暗、官僚腐败，社会矛盾急剧恶化，我国北方爆发了以宋江为首的农民起义。宋江起义失败后，英雄人们的斗争事迹在民间广泛流传。《水浒传》创作于元末明初，施耐庵以宋人的《宣和遗事》为蓝本，将有关水浒的故事和人物整理加工，并忠实接受人民的观点。

后世影响：

- 文学影响：历史上最早用白话文写成的章回体小说之一，对中国乃至东亚的叙事文学有深远影响。明清两朝出现多版本续作。另外，被翻译成多种语言，出现多语种译本。成为中国古典小说"四大名著"之一。
- 社会影响：《水浒传》对后世部分农民起义产生积极影响。一批批义军将《水浒传》作为起义的教科书，从中汲取力量，高举起武装斗争的大旗。这在中国小说史乃至整个中国文学史上是没有一部作品可以和它相比的。

名师点拨

什么是章回体小说？

章回体小说是我国古典长篇小说的一种传统形式。分回标目，段落整齐，首尾完整，是其主要特点。每回前用单句或两句对偶的文字作标题，称为"回目"，概括本回的故事内容。每回开头以"话说""且说"等起叙，每回末有"欲知后事如何，且听下文分解"之类的收束语。一回叙述一个较完整的故事段落，有相对独立性，但又承上启下。

阅读章回体小说的方法

章回体小说通常篇幅较长，内容艰深，大家可用如下方法将它读透、读懂。具体做法如下：

一、评析精彩句段

精彩的语句应是对表现人物的特点有重要作用的句子，能写出人物真实心理状态的句子，能生动突出事物特征的句子。点评的方法就是写出所选语句的表达作用，句式也稍作规范。完整读完全回之后，初步把握主要人物特点，再作点评。

如：《水浒传》的楔子部分对洪太尉的描写：

> 心中想道："我是朝廷贵官，在京师时重裀而卧，列鼎而食，尚兀自倦怠，何曾穿草鞋，走这般山路！知他天师在那里，却教下官受这般苦！"又行不到三五十步，掇着肩气喘。

描写洪信的心理，深刻揭露朝中官员的奢靡生活，以及他们的无能，生动表现了洪信的得意丑态。

> 洪大尉倒在树根底下，唬的三十六个牙齿捉对儿厮打，那心头一似十五个吊桶，七上八落的响，浑身却如中风麻木，两腿一似斗败公鸡，口里连声叫苦。

从牙齿打抖，心跳加速，浑身麻木，两腿无力，口里叫苦，多角度生动突出了洪信惊恐万状的可笑之态，富有讽刺意味。

二、评析精彩章回

主要从情节安排、人物特点、技法运用等方面欣赏,训练整体阅读欣赏能力。以《水浒传》为例:

1. 景物的恰当点染

"那时已有申牌时分,这轮红日,厌厌地相傍下山","回头看这日色时,渐渐地坠下去了"。

两处景物描写,写出了一种恐怖气氛,暗示有大事发生。

2. 人物心理的生动刻画

武松读了印信榜文,方知端的有虎。欲待发步再回酒店里来,寻思道:"我回去时,须吃他耻笑,不是好汉,难以转去。"存想了一回,说道:"怕甚么!且只顾上去,看怎地!"

此处写武松有意回酒店,又怕遭人耻笑,想了一回,决心上山,非常真切地写出了武松的心理,更有真实性,"明知山有虎,偏向虎山行",更能突出武松的神威。如果不写内心的矛盾,就会显得不近人情。

3.侧面烘托

> 那大虫又饿，又渴，把两只爪在地上略按一按，和身望上一扑，从半空里撺将下来。
>
> 那大虫背后看人最难，便把前爪搭在地下，把腰胯一掀，掀将起来。
>
> 大虫见掀他不着，吼一声，却似半天里起个霹雳，振得那山冈也动，把这铁棒也似虎尾倒竖起来只一剪。

> 那两个人手里各拿着一条五股叉，见了武松，吃一惊道："你那人吃了忽律心、豹子肝、狮子腿，胆倒包着身躯！如何敢独自一个，昏黑将夜，又没器械，走过冈子来？不知你是人？是鬼？"

> 大虫攻击的威猛无比，猎人对武松是人是鬼的评价，都从侧面烘托了武松的神威。
>
> 我们可以按照此法评析"鲁提辖拳打镇关西""林教头风雪山神庙""汴京城杨志卖刀""吴用智取生辰纲""林冲水寨大火拼""武松醉打蒋门神""劫法场石秀跳楼"等。

4.类似情节的比较阅读

《水浒传》的主要情节：喝酒吃肉、比武打斗、黑店遇险、迎击官军、攻州打县、计赚好汉上山等。此类情节多次出现，极容易写得单调雷同，通过比较阅读和欣赏，进一步体会作者高超的艺术手法。

三、评析人物形象

把分散于作品各处的同一人物的情节集中起来，深入思考，对人物形象进行完整的评析，全面把握人物的特征。

比如我们在阅读《水浒传》时，可以以《水浒之最》为题写一组笔记，评析主要人物。如：最可敬之人、最精细之人、最智慧之人、最儒雅之人、最奸邪之人、最勇武之人、最粗鲁之人、最野蛮之人等等。

对人物进行比较分析，更准确把握人物特征。如宋江与晁盖、宋江与柴进、鲁智深与武松、花荣与燕青、卢俊义与林冲等。

四、评析思想内容

从文本实际出发，探究其思想内涵，不人云亦云。章回体小说最吸引我们的应该是它的人物设计价值以及通过人物所反映出来的社会状态。它体现出了强烈的社会批判意义，发人深思，具有深远意义。

三打白骨精

却说三藏师徒，次日天明，收拾前进。

师徒别了上路，早见一座高山。三藏道："徒弟，前面有山险峻，恐马不能前，大家须仔细仔细。"行者道："师父放心，我等自然理会。"好猴王，他在那马前，横担着棒，剖开山路，上了高崖，看不尽：峰岩重叠，涧壑湾环。虎狼成阵走，麂鹿作群行。

> "险峻、峰岩重叠"这处景物描写，为后面白骨精的出场作了一个铺垫。

却说常言有云：山高必有怪，岭峻却生精。果然这山上有一个妖精，孙大圣去时，惊动那怪。他在云端里，踏着阴风，看见长老坐在地下，就不胜欢喜道："造化！造化！有人吃他一块肉，长寿长生。真个到了。"那妖精上前就要拿他，只见长老左右手下有两员大将护持，不敢拢身。妖精说："等我且戏他戏，看怎么说。"好妖精，停下阴风，在那山凹里，摇身一变，变做个月貌花容的女儿，左手提着一个青砂罐儿，右手提着一个绿磁瓶儿，从西向东，径奔唐僧。三藏道："善哉！善哉！我有徒弟摘果子去了，就来，我不敢吃。"三藏也只是不吃，旁边却恼坏了八戒。那呆子努着嘴，口里埋怨道："天下和尚也无数，不曾象我这个老和尚罢软！现成的饭三分儿倒不吃，只等那猴子来，做四分才吃！"他不容分说，一嘴把个罐子拱倒，就要动口。

只见那行者自南山顶上，摘了几个桃子，托着钵盂，一筋斗，点将回来，睁火眼金睛观看，认得那女子是个妖精，放下钵盂，掣铁棒，当头就打。

> "火眼金睛"一词，"他是个妖精，要来骗你哩"语言描写，表现了孙悟空非凡的判断力。

唬得个长老用手扯住道："悟空！你走将来打谁？"行者道："师父，你面前这个女子，莫当做个好人。他是个妖精，要来骗你哩。师父，我若来迟，你定入他套子，遭他毒手！"行者发起性来，掣铁棒，望妖精劈脸一下。那怪物有些手段，使个解尸法，见行者棍子来时，他

> "当头就打""掣铁棒""劈脸一下"，动作描写，写出了孙悟空的动作迅速，表现了他的英勇。

却抖擞精神，预先走了，把一个假尸首打死在地下。唬得个长老战战兢兢，口中作念道："这猴着然无礼！屡劝不从，无故伤人性命！"行者道："师父莫怪，你且

来看看这罐子里是甚东西。"沙僧搀着长老，近前看时，那里是甚香米饭，却是一罐子拖尾巴的长蛆，也不是面筋，却是几个青蛙、癞虾蟆，满地乱跳。长老才有三分儿信了。

却说那妖精，脱命升空。在那前山坡下，摇身一变，变作个老妇人，年满八旬，手拄着一根弯头竹杖，一步一声的哭着走来。行者认得他是妖精，更不理论，举棒照头便打。那怪见棍子起时，依然抖擞，又出化了元神，脱真儿去了，把个假尸首又打死在山路之下。唐僧一见，惊下马来，睡在路旁，更无二话，只是把《紧箍儿咒》颠倒足足念了二十遍。可怜把

> 情节的波澜起伏，张弛有度，扣人心弦。
> 白骨精一变"美貌村姑"，孙悟空一打，唐僧一责"无故伤人性命"；二变"八旬老妇人"，孙悟空二打，唐僧二责"念二十遍紧箍咒"；三变"白发老公公"，孙悟空三打，唐僧三责"断绝师徒关系"。

个行者头，勒得似个亚腰儿葫芦，十分疼痛难忍，滚将来哀告道："师父莫念了！有甚话说了罢！"唐僧道："这个猴子胡说！就有这许多妖怪！你是个无心向善之辈，有意作恶之人，你去罢！"行者道："师父又教我去，师父果若不要我，把那个《松箍儿咒》念一念，退下这个箍子，交付与你，套在别人头上，我就快活相应了，也是跟你一场。莫不成这些人意儿也没有了？"唐僧大惊道："悟空，我当时只是菩萨暗受一卷《紧箍儿咒》，却没有甚么松箍儿咒。"行者道："若无《松箍儿咒》，你还带我去走走罢。"长老又没奈何道："你且起来，我再饶你这一次，却不可再行凶了。"行者道："再不敢了，再不敢了。"又伏侍师父上马，剖路前进。

却说那妖精，原来行者第二棍也不曾打杀他。好妖怪，按耸阴风，在山坡下摇身一变，变成一个老公公。那妖精错认了定盘星，把

> 人物形象丰满：面对妖精，孙悟空英勇无畏；怕师父念咒，请来众神，突出他机智；受到师父误会，但却义不容辞保护师父，表明他忠诚。

孙大圣也当做个等闲的，遂答道："长老啊，我老汉祖居此地，一生好善斋僧，看经念佛。命里无儿，止生得一个小女，招了个女婿，今早送饭下田，想是遭逢虎口。老妻先来找寻，也不见回去，全然不知下落，老汉特来寻看。果然是伤残他命，也没奈何，将他骸骨收拾回去，安葬茔中。"行者笑道："我是个做吓虎的祖宗，你怎么袖子里笼了个鬼儿来哄我？你瞒了诸人，瞒不过我！我认得你是个妖精！"那妖精唬得顿口无言。行者掣出棒来，自忖思道："若要不打他，显得他倒弄个风儿；若要打他，又怕师父念那话儿咒语。"又思量道："不打杀他，他一时间抄空儿把师父捞了去，却不又费心劳力去救他？还打的是！就一棍子打杀他，师父念起那咒，常言道，虎毒不吃儿。凭着我巧言花语，嘴伶舌便，哄他一哄，好道也罢了。"好大圣，念动咒语叫当坊土

跟着名著学读写

地、本处山神道："这妖精三番来戏弄我师父，这一番却要打杀他。你与我在半空中作证，不许走了。"众神听令，谁敢不从？都在云端里照应。那大圣棍起处，打倒妖魔，才断绝了灵光。唐僧正要念咒，行者急到马前，叫道："师父，莫念！莫念！你且来看看他的模样。"却是一堆粉骷髅在那里。唐僧大惊道："悟空，这个人才死了，怎么就化作一堆骷髅？"行者道："他是个潜灵作怪的僵尸，在此迷人败本，被我打杀，他就现了本相。他那脊梁上有一行字，叫做白骨夫人。"怎禁那八戒旁边唆嘴道："师父，他的手重棍凶，把人打死，只怕你念那话儿，故意变化这个模样，掩你的眼目哩！"唐僧果然耳软，又信了他，道："猴头！还有甚说话！你拿了那哭丧棒，一时不知好歹，乱打起人来，撞出大祸，教我怎的脱身？你回去罢！"叫沙僧包袱内取出纸笔，写了一纸贬书，递于行者道："猴头！执此为照，再不要你做徒弟了！如再与你相见，我就堕了阿鼻地狱！"行者连忙接了贬书道："师父，不消发誓，老孙去罢。"径回花果山水帘洞去了。

> 唐僧三次被白骨精蒙骗，也告诫我们生活中不要被表面现象、虚情假意、伪善的一面所蒙骗。另外，面对邪恶，要像孙悟空一样机智应对，勇往直前。

【选自长春出版社　吴承恩《西游记》（内容有删改）】

书宝论坛

这类体裁的小说市面上版本较多，选书时要注意选择接近原著的版本，这样对文本的解读不会有偏差。

第八章 章回体小说

章回体小说篇幅较长、内容艰深，我觉得在"精读"的同时可以适当采用略读法。略读可以用以下几种方法：浏览泛读法、提纲挈领法、搜寻猎读法、不求甚解法、扩散参读法等。

除了"精读""略读"并举之外，这类小说也要注重"积累"与"表达"。阅读时大家可以准备两个本子，一本用作摘录妙词佳句、美段好篇，一本用作抒写随笔、读后感。双管齐下，阅读中既有语言积累上的收获，又有思想感情上、表达技巧上的收获。

 整本书阅读

 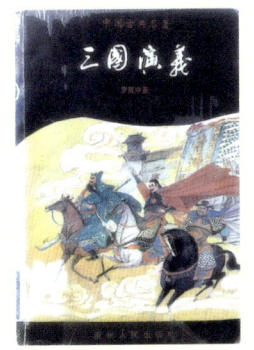 

开卷有益

1. 查一查

"唐诗、宋词、元曲、明清小说"为我国古代文学艺术宝库中四颗璀璨的明珠。《三国演义》《水浒传》《西游记》是最有代表性的著作,查阅相关资料,了解作者以及创作背景,会帮助我们走近作品。

2. 说一说

浏览目录,看一看哪些故事你接触过,简要说一说。

3. 议一议

你一定看过由这几部名著改编的影视作品,也一定有印象最深的片段吧。找一找书中与之相对应的章节读一读,看看有什么不同,和同学、朋友交流交流。

掩卷而思

一、分别写出这几部名著的作者。

《三国演义》 _____   《水浒传》 _____   《西游记》 _____

二、人物猜猜猜。

1. 身长九尺,髯长二尺;面如重枣,唇若涂脂;丹凤眼,卧蚕眉,相貌堂堂,威风凛凛。(打《三国演义》一人名)_____

2. 万卷经书曾读过,平生机巧心灵,六韬三略究来精。胸中藏战将,腹内隐雄兵。谋略敢欺诸葛亮,陈平岂敌才能。略施小计鬼神惊。(打《水浒传》一人名)_____

3. 醒后得知一场梦。(打《西游记》一人物)_____

4. 木材遭水劫。(打《水浒传》一人名)_____

5. 事事齐全说汉高。(打《三国演义》一人名)_____

6. 三令五申。(打《西游记》一人物)_____

三、下面分别是电视剧《三国演义》《水浒传》的主题曲,结合书中情节谈一谈你对两首歌有什么不同的感受。

历史的天空

词:王健　曲:谷建芬

暗淡了刀光剑影,远去了鼓角铮鸣,眼前飞扬着一个个鲜活的面容。湮没了黄尘古道,荒芜了烽火边城。岁月啊!你带不走那一串串熟悉的姓名。兴亡谁人定啊!盛衰岂无凭啊!一页风云散啊,变幻了时空。聚散皆是缘啊!离合总关情啊!担当生前事啊,何计身后评!长江有意化作泪,长江有情起歌声。历史的天空闪烁几颗星,人间一股英雄气在驰骋纵横!

好汉歌

词:易茗　曲:赵季平

大河向东流哇,天上的星星参北斗哇。嘿,嘿,参北斗哇,生死之交一碗酒哇。说走咱就走哇,你有我有全都有哇。嘿,嘿,全都有哇,水里火里不回头哇。

路见不平一声吼哇,该出手时就出手哇,风风火火闯九州哇。嘿儿呀,咿儿呀,嘿唉嘿依儿呀,嘿儿呀,咿儿呀,嘿嘿嘿嘿依儿呀。

四、选择这几本书中自己印象较深的一个故事,以评书的形式讲给大家听。

选段1：

猪八戒义激猴王（节选）

行者道："你这个呆子！我临别之时，曾叮咛又叮咛，说道：'若有妖魔捉住师父，你就说老孙是他大徒弟。'怎么却不说我？"八戒又思量道：请将不如激将，等我激他一激。道："哥啊，不说你还好哩，只为说你，他一发无状！"行者道："怎么说？"八戒道："我说：'妖精，你不要无礼，莫害我师父！我还有个大师兄，叫做孙行者。他神通广大，善能降妖。他来时教你死无葬身之地！'那怪闻言，越加忿怒，骂道：'是个甚么孙行者，我可怕他？他若来，我剥了他皮，抽了他筋，啃了他骨，吃了他心！饶他猴子瘦，我也把他剁鲊着油烹！'"行者闻言，就气得抓耳挠腮，暴躁乱跳道："是那个敢这等骂我！"八戒道："哥哥息怒，是那黄袍怪这等骂来，我故学与你听也。"行者道："贤弟，你起来。不是我去不成，既是妖精敢骂我，我就不能不降他，我和你去。老孙五百年前大闹天宫，普天的神将看见我，一个个控背躬身，口口称呼大圣。这妖怪无礼，他敢背前面后骂我！我这去，把他拿住，碎尸万段，以报骂我之仇！报毕，我即回来。"八戒道："哥哥，正是，你只去拿了妖精，报了你仇，那时来与不来，任从尊意。"

【选自长春出版社　吴承恩《西游记》（内容有删改）】

选段2：

林冲棒打洪教头（节选）

柴进当下坐了主席，林冲坐了客席，两个公人在林冲肩下。叙说些闲话，江湖上的勾当，不觉红日西沉。柴进亲自举杯，把了三巡，坐下叫道："且将汤来吃。"吃得一道汤，五七杯酒，只见庄客来报道："教师来也。"柴进道："就请来一处坐地相会亦好，快抬一张桌来。"林冲起身看时，只见那个教师入来，歪戴着一顶头巾，挺着脯子，来到后堂。林冲寻思道："庄客称他做教师，必是大官人的师父。"急急躬身唱喏道："林冲谨参。"那人全不睬着，也不还礼。林冲不敢抬头。柴进指着林冲对洪教头道："这位便是东京八十万禁军枪棒教头林武师林冲的便是，就请相见。"林冲听了，看着洪教头便拜。那洪教头说道："休拜，起来。"却不躬身答礼。柴进看了，心中好不快意！林冲拜了两拜，起身让洪教头坐。洪教头亦不相让，便去上首便坐。柴进看了，又不喜欢。林冲只得肩下坐了，两个公人亦就坐了。

　　洪教头便问道："大官人今日何故厚礼管待配军？"柴进道："这位非比其他的，乃是八十万禁军教头，师父如何轻慢？"洪教头道："大官人只因好习枪棒，往往流配军人都来倚草附木，皆道我是枪棒教师，来投庄上，诱些酒食钱米。大官人如何忒认真？"林冲听了，并不做声。柴进说道："凡人不可易相，休小觑他。"洪教头怪这柴进说"休小觑他"，便跳起身来道："我不信他，他敢和我使一棒看，我便道他是真教头。"柴进大笑道："也好！也好！林武师，你心下如何？"林冲道："小人却是不敢。"洪教头心中忖量道："那人必是不会，心中先怯了。"因此越来惹林冲使棒。柴进一来要看林冲本事；二者要林冲赢他，灭那厮嘴，柴进道："且把酒来吃着，待月上来也罢。"

　　当下又吃过了五七杯酒，却早月上来了，照见厅堂里面，如同白日。柴进起身道："二位教头较量一棒。"林冲自肚里寻思道："这洪教头必是柴大官人师父，不争我一棒打翻了他，须不好看。"柴进见林冲踌躇，便道："此位洪教头也到此不多时，此间又无对手。林武师休得要推辞，小可也正要看二位教头的本事。"柴进说这话，原来只怕林冲碍柴进的面皮，不肯使出本事来。林冲见柴进说开就里，方才放心。只见洪教头先起身道："来，来，来！和你使一棒看。"一齐都哄出堂后空地上。庄客拿一束棍棒来，放在地下。洪教头先脱了衣裳，拽扎起裙子，掣条棒，使个旗鼓，喝道："来，来，来！"柴进道："林武师，请较量一棒。"林冲道："大官人，休要笑话。"就地也拿了一条棒起来道："师父请教。"洪教头看了，恨不得一口水吞了他。林冲拿着棒，使出山东大擂，打将入来。洪教头把棒就地下鞭了一棒，来抢林冲。两个教头就明月地下交手，真个好看。

　　两个教头在明月地上交手，使了四五合棒，只见林冲托地跳出圈子外来，叫一声："少歇。"柴进道："教头如何不使本事？"林冲道："我输了。"柴进道："未见二位较量，怎便是输了？"林冲道："小人只多这具枷，因此，权当输了。"柴进道："是小可一时失了计较。"大笑着道："这个容易。"便叫庄客取十两银子，当时将至。柴进对押解两个公人道："小可大胆，相烦二位下顾，权把林教头枷开了，明日牢城营内但有事务，都在小可身上，白银十两相送。"董超、薛霸见了柴进人物轩昂，不敢违他，落得做人情，又得了十两银子，亦不怕他走了。薛霸随即把林冲护身枷开了。柴进大喜道："今番两位教师再试一棒。"

　　洪教头见他却才棒法怯了，肚里平欺他做，提起棒却待要使。柴进叫道："且住！"叫庄客取出一锭银来，重二十五两。无一时，至面前。柴进乃言："二位教头比试，非比其他，这锭银子，权为利物；若是赢的，便将此银子去。"柴进心中

跟着名著学读写

只要林冲把出本事来，故意将银子丢在地下。洪教头深怪林冲来，又要争这个大银子，又怕输了锐气，把棒来尽心使个旗鼓，吐个门户，唤做把火烧天势。林冲想道："柴大官人心里只要我赢他。"也横着棒，使个门户，吐个势，唤做拨草寻蛇势。洪教头喝一声："来，来，来！"便使棒盖将入来。林冲望后一退，洪教头赶入一步，提起棒，又复一棒下来。林冲看他脚步已乱了，便把棒从地下一跳，洪教头措手不及，就那一跳里，和身一转，那棒直扫着洪教头臁儿骨上，撇了棒，扑地倒了。柴进大喜，叫快将酒来把盏。众人一齐大笑。洪教头那里挣扎起来。众庄客一头笑着，扶了洪教头，羞颜满面，自投庄外去了。

【选自海南国际新闻出版中心 施耐庵《水浒传》（内容有删改）】

选段3：

火烧连营（节选）

权大惊，举止失措。阚泽出班奏曰："现有擎天之柱，如何不用耶？"权急问何人。泽曰："昔日东吴大事，全任周郎；后鲁子敬代之；子敬亡后，决于吕子明；今子明虽丧，现有陆伯言在荆州。此人名虽儒生，实有雄才，大略，以臣论之，不在周郎之下；前破关公，其谋皆出于伯言。主上若能用之，破蜀必矣。如或有失，臣愿与同罪。"权曰："孤亦素知陆伯言乃奇才也！孤意已决，卿等勿言。"于是命召陆逊。逊曰："江东文武，皆大王故旧之臣；臣年幼无才，安能制之？"权曰："阚德润以全家保卿，孤亦素知卿才。今拜卿为大都督，卿勿推辞。"逊曰："倘文武不服，何如？"权取所佩剑与之曰："如有不听号令者，先斩后奏。"

却说先主自猇亭布列军马，直至川口，接连七百里，前后四十营寨，昼则旌旗蔽日，夜则火光耀天。忽细作报说："东吴用陆逊为大都督，总制军马。逊令诸将各守险要不出。"马良奏曰："逊虽东吴一书生，然年幼多才，深有谋略；前袭荆州，皆系此人之诡计。陆逊之才，不亚周郎，未可轻敌。"先主曰："<u>朕用兵老矣，岂反不如一黄口孺子耶</u>！"

韩当接着陆逊，并马而观。当指曰："军中必有刘备，吾欲击之。"逊曰："刘备举兵东下，连胜十余阵，锐气正盛；今只乘高守险，不可轻出，出则不利。但宜奖励将士，广布守御之策，以观其变。今彼驰骋于平原广野之间，正自得志；我坚守不出，彼求战不得，必移屯于山林树木间。吾当以奇计胜之。"

- 156 -

先主见吴军不出，心中焦躁，遂命各营，皆移于山林茂盛之地，近溪傍涧；待过夏到秋，并力进兵。马良奏曰："我军若动，倘吴兵骤至，如之奈何？"先主曰："若陆逊知朕移营，必乘势来击，却令吴班诈败；逊若追来，朕引兵突出，断其归路，小子可擒矣。"马良曰："陛下何不将各营移居之地，画成图本，问于丞相？"先主曰："朕亦颇知兵法，何必又问丞相？"良曰："古云兼听则明，偏听则蔽。望陛下察之。"先主曰："卿可自去各营，画成四至八道图本，亲到东川去向丞相。如有不便，可急来报知。"马良领命而去。

却说陆逊得此消息后大喜，已定了破蜀之策。遂集大小将士听令：使朱然于水路进兵，来日午后东南风大作，用船装载茅草，依计而行；韩当引一军攻江北岸，周泰引一军攻江南岸，每人手执茅草一把，内藏硫黄焰硝，各带火种，各执枪刀，一齐而上，但到蜀营，顺风举火；蜀兵四十屯，只烧二十屯，每间一屯烧一屯。各军预带干粮，不许暂退，昼夜追袭，只擒了刘备方止。众将听了军令，各受计而去。初更时分，东南风骤起。只见御营左屯火发。方欲救时，御营右屯又火起。风紧火急，树木皆着，喊声大震。两屯军马齐出，奔离御营中，御营军自相践踏，死者不知其数。后面吴兵杀到，又不知多少军马。先主急上马，奔冯习营时，习营中火光连天而起。江南、江北，照耀如同白日。

先主遥望遍野火光不绝，死尸重叠，正慌急之间，云奋勇冲杀而来，杀散吴兵，救出先主，望白帝城而走。

【选自贵州人民出版社　罗贯中《三国演义》（内容有删改）】

1. 选段1出自_____（作者）的《　　　　》，这个故事名字是《　　　》。

2. 结合人物描写感受人物形象。

（1）行者闻言，就气得抓耳挠腮，暴躁乱跳道："是那个敢这等骂我！"

_____

（2）在选段2中，用直线画出对林冲进行人物描写的句子，并分析人物形象。

_____

（3）选段3中画线句子是对刘备的描写，从中看出他是一个怎样的人？

_____

（4）选段3对陆逊虽着墨不多，但是只要用心仍能感受到他的聪慧，请你用波浪线画出相关语句，谈谈你的感受。

跟着名著学读写

3. 林冲是选段2中的主要人物，作者用的笔墨却不多，更多的是在写洪教头，有人认为这样写不妥，你认为呢？

4. 你还能写出几个出自《三国演义》的故事吗？

《水浒传》可学可用的地方很多：

一、仿《水浒传》情节一张一弛，扣人心弦之法写作文，连写三次，强化构思情节的能力。

二、仿《水浒传》烘云托月手法，学习环境烘托，次要人物烘托，英雄互赞式烘托等手法，写一组文章，学会烘托手法的运用。

三、续写，补写。

《水浒传》故事中有许多处空白，加以续写、补写，有助于提高对作品的理解和仿写能力。

如：少年_____（武松、李逵、鲁达、宋江……）

四、改写。

借用《水浒传》的故事或人物，联系现实写作文。

如：新编武松打虎，武氏食品集团创业记，梁山运动会，超级男声梁山版，面对面王志专访_____，李逵上网，宋江美容，智深减肥，梁山选举重排位，等等。

第九章 动物小说

图说名著

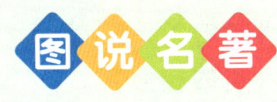

作为“动物小说大王”沈石溪的代表作之一，《最后一头战象》讲述了战争背景下生活在云南国境线上的傣族少年波农丁与大象嘎羧一同成长的传奇故事，并由此引发关于生命、关于人类与动物之间特殊关系的思考。

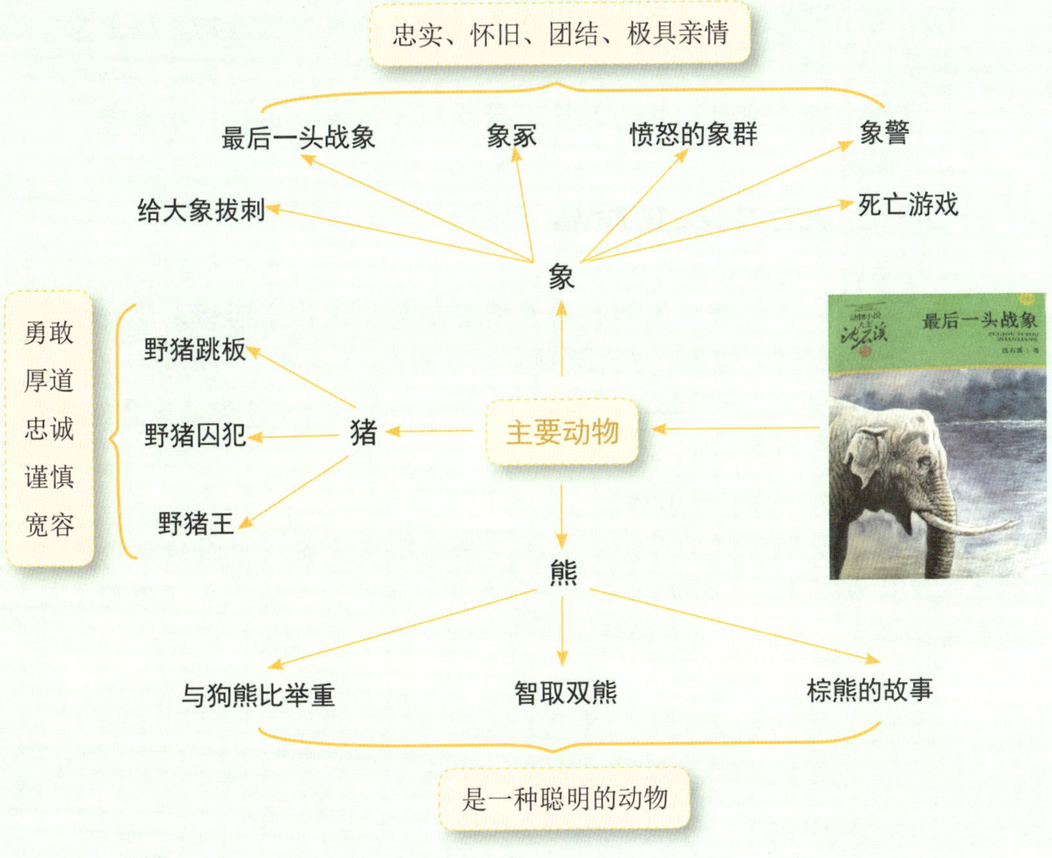
忠实、怀旧、团结、极具亲情
最后一头战象
象冢
愤怒的象群
象警
给大象拔刺
死亡游戏
象
勇敢
厚道
忠诚
谨慎
宽容
野猪跳板
野猪囚犯
野猪王
猪
主要动物
最后一头战象
熊
与狗熊比举重
智取双熊
棕熊的故事
是一种聪明的动物

跟着名著学读写

名师点拨

什么是动物小说？

动物小说是一种独特的艺术体裁。它是以动物为主要描写对象，形象地描绘动物世界的生活，各种动物寻食、避难、御敌的情态、技能，动物在大自然中的命运及动物间的关系，动物与人类的接触等，从中寻觅大自然的奥秘与情趣，给我们以有益的启示。

在儿童文学中，动物小说占据着非常重要的位置。它们的主角千变万化，温柔如兔子，凶猛如老虎。有的借动物写人、写社会的美好与丑恶，有的则如同摄影机一般还原动物与动物生活的本来面貌……它们都有一个共同的特点，被孩子喜欢。

动物小说的特点是什么？

1. 动物小说的主人公是真实存在的动物，小说中塑造的动物形象生动可爱。

2. 动物小说是通过动物的习性，动物的生活等来诉说人生道理，表现社会问题。

动物小说作家及其作品

国外动物小说作家及其作品

大众普遍认为动物小说体裁的开创者是加拿大作家西顿，他被誉为"动物小说之父"，代表作《西顿野生动物集》；美国杰克·伦敦的《野性的呼唤》《白牙》成为动物小说的名作；日本的椋鸠十，其代表作是《金色的脚印》等。

国内动物小说作家及其作品

中国较著名的动物小说作家有沈石溪，他被誉为"中国动物小说大王"，代表作《狼王梦》《第七条猎狗》《最后一头战象》《斑羚飞渡》等；姜戎，代表作《狼图腾》；邓一光，代表作《狼行成双》。

第九章 动物小说

阅读动物小说的方法

一、巧设疑问，提高兴趣

读书贵有疑。朱熹提出："读书无疑者，须教有疑，有疑者，却要无疑，到这里方是长进。"意思是说，我们刚开始读书的时候，不觉得有什么疑问，但是读着读着，慢慢就会出现一些问题，读到一半的时候，每个小节都会产生疑问。再往下读，疑问就会慢慢地被解决，最终达到融会贯通的程度。当所有的疑问都被解决时，才能称得上是学习的进步。

只有经过思考，解决了疑惑，把自己的认知推向一个崭新的境界，这才是读书的目的。同学们，我们在拿到一本动物小说时，该怎样提出问题呢？

1.书名处设疑

文章有"文眼"，文眼是文章的精神凝聚点，能点出文眼，就是读懂文章的一个标志。书名是一本书内容价值的体现，通过书名我们往往能知道一本书的重点内容。

阅读动物小说时，我们可以围绕这双"眼睛"，先猜一猜故事的内容，提几个问题。然后带着自己的疑惑，边看故事边寻找答案，看看故事的内容和自己的猜想是不是一样。

2.关键词句导疑

在动物小说一些重点章节、段落、句子、词语中，会巧妙地把信息传递给我们，让我们更便捷地探寻作者的写作意图，揭开小说的主题。

当你的疑问在阅读过程中被解开时，我们不但会获取更多的知识，享受到阅读的快乐，而且也会感受到原来运用设疑法阅读是如此有趣！

二、关注情节，感受形象

动物小说的故事情节一般都很曲折，从开始看似平静的气氛营造，到进入故事核心时的高潮起伏，再到最后故事的尾声，似乎不让我们有喘息的机会。例如在《斑羚飞渡》中，群羊被猎人与猎狗逼到山崖时，原本以为故事将以悲惨收尾，没想到那些羚羊老、少搭配，老羚羊宁愿牺牲自己，也要让青壮羚羊飞跃到对面的山崖上获得一线生机，这一段是故事中最出人意料的情节，也让我们立刻感受到动物求生的那种不可思议的力量！

我们在阅读动物小说时，关注这些情节，会使我们与小说中的动物主角产生情感上的共鸣，可以真切地感受到动物主角和人物形象的喜怒哀乐，使一个个鲜明的动物形象深深印在我们的脑海里。

此外，我们还可以把自己想象成小说里面的动物或者人物形象，这样小说中的

动物形象就会在你的心里活起来。

三、抓住细节，品味内心

兽不能言，动物小说的作者便极尽细节刻画之能事，侧重于外貌、动作和神态等方面的细节描写，来表达动物的情感与心理。

细节描写是指抓住生活中细微而又具体的典型情节，加以生动细致地描绘，它具体渗透在对人物、景物或场面描写之中。它是最生动、最有表现力的手法，往往用极精彩的笔墨将人物的真善美和假丑恶和盘托出。生动的细节描写，有助于折射广阔的生活画面，表现深刻的社会主题。

小说中的动物性格、故事情节、社会环境和自然景物，是由许多细节组成的，成功的细节可以增强艺术感染力，是文学创作不可忽视的技巧。我们在阅读动物小说时就要抓住细节描写，走进动物的内心，引发情感共鸣。

> 同学们，我们已经了解到动物小说的阅读方法，接下来就试着用这些方法来读一读《最后一头战象》这部小说，相信你会有更深入的体会，也会更喜欢动物小说的。

最后一头战象

西双版纳曾经有过威风凛凛的象兵。所谓象兵，就是骑着大象作战的士兵。士兵骑象杀敌，战象用长鼻劈敌，用象蹄踩踏敌，一大群战象，排山倒海般地扑向敌人，势不可当。

> 阅读贵在提出疑问，看到题目你是否想到这样的问题：
> 什么是战象？为什么说它是最后一头战象？最后一头战象是什么样子的？它有什么地方值得作者介绍给大家的？

1943年，象兵在西双版纳打洛江畔和日寇打了一仗。战斗结束后，鬼子扔下了七十多具尸体，我方八十多头战象全部中弹倒地。人们在打洛江边挖了一个巨坑，隆重埋葬阵亡的战象。

在搬运战象的尸体时，人们发现一头浑身是血的公象还在喘息，就把它运回寨子，治好伤养了起来。村民们从不叫它搬运东西，它整天优哉游哉地在寨子里闲逛，到东家要串香蕉，到西家喝筒泉水。

它叫嘎羧，负责饲养它的是波农丁。

二十多年过去，嘎羧五十多岁了。它显得很衰老，整天卧在树荫下打瞌睡。有一天，嘎羧躺在地上拒绝进食，要揪住它的鼻子摇晃好一阵，它才会艰难地睁开眼睛，朝你看一眼。波农丁对我说："太阳要落山了，火塘要熄灭了，嘎羧要走黄泉路啦。"

第二天早晨，嘎羧突然十分亢奋，两只眼睛烧得通红，见到波农丁，**啾啾地轻吼着**，象蹄**急促地踏着地面**，鼻尖指向堆放杂物的阁楼，像是想得到阁楼上的什么东西。

> 这些细节中，我们可以感受到战象想得到象鞍的急切心情。

阁楼上有半箩谷种和两串玉米。我以为它精神好转想吃东西了，就把两串玉米扔下去。嘎羧用鼻尖钩住，像丢垃圾似的甩出象房，继续焦躁不安地仰头吼叫。破篾席里面有一件类似马鞍的东西，我漫不经心地一脚把它踢下楼去。没想到，嘎羧见了，一下子安静下来，用鼻子**呼呼吹**去上面的灰尘，鼻尖**久久地**在上面**摩挲**着，眼睛里**泪光闪闪**，像是见到久别重逢的老朋友。

> 这些细节中，我们可以深刻地感受到嘎羧见到象鞍时内心涌动着对辉煌过去的深深留恋与回味！

"哦，原来它是要自己的象鞍啊。"波农丁恍然大悟，"这就是它当年披挂的鞍子，给它治伤时，我把象鞍从它身上解下来扔到小阁楼上了。唉，整整二十六年了，它还记得那么牢。"

象鞍上留着弹洞，似乎还有斑斑血迹，混合着一股皮革、硝烟、战尘和血液的奇特气味；象鞍的中央有一个莲花状的坐垫，四周镶着一圈银铃，还缀着杏黄色的流苏。二十六个春秋过去，象鞍已经破旧了，仍显出凝重华贵；嘎羧披挂上象鞍，平添了一股英武豪迈的气概。

波农丁皱着眉头，伤感地说："它要离开我们去象冢了。"

大象是一种很有灵性的动物，每群象都有一个象冢，除了横遭不幸暴毙荒野的，它们都能准确地预感到自己的死期，在死神降临前的半个月左右，会独自走到遥远而又神秘的象冢里去。

嘎羧要走的消息长了翅膀似的传遍全寨，男女老少都来为嘎羧送行。许多人**泣不成声**。村长在嘎羧脖子上**系了一条洁白的纱巾**，四条象腿上**绑了四块黑布**。老人和孩子

> 我们可以感受到村寨的人们不会忘记战象在战斗中立下的赫赫战功，人们对战象的将要死去表达了极度的悲伤。这里从侧面写出了战象的英勇。

跟着名著学读写

捧着香蕉、甘蔗和糯米粑粑，送到嘎羧嘴边，它什么也没吃，只喝了一点水，绕着寨子走了三圈。

日落西山，天色苍茫，在一片唏嘘声中，嘎羧开始上路。

我和波农丁悄悄地跟在嘎羧后面，想看个究竟。嘎羧走了整整一夜，天亮时，来到打洛江畔。<u>它站在江滩的卵石上，久久凝望着清波荡漾的江面</u>。然后，它踩着哗哗流淌的江水，走到一块龟形礁石上亲了又亲，许久，又昂起头来，向着天边那轮火红的朝阳，<u>［嗷］——［嗷］——发出震耳欲聋的吼叫</u>。

这时，它身体膨胀起来，四条腿皮肤紧绷绷地发亮，一双眼睛炯炯有神，吼声激越悲壮，惊得江里的鱼儿扑喇喇跳出水面。

"我想起来了，二十六年前，我们就是在这里把嘎羧抬上岸的。"波农丁说。

原来嘎羧是要回到当年曾经浴血搏杀的战场！

> 一头高大威武但稍显孤寂落寞的战象——嘎羧，独自站在江滩的卵石上，久久凝望着清波荡漾的江面，它一定又看到了二十六年前惊天地、泣鬼神的一幕：威武雄壮的战象们驮着抗日健儿，冒着枪林弹雨，排山倒海般地冲向侵略者；日寇鬼哭狼嚎，丢盔弃甲；英勇的战象和抗日将士也纷纷中弹跌倒在江里。

> 这叫声也许是嘎羧在深情呼唤战友们的灵魂，也许在诉说它对战友的深深怀念，也许在告诉战友，它也将来陪伴它们……

> 丰富的想象可以让我们把文字转化成画面，使我们与主人公产生共鸣。除此之外，我们还可以想象人物的神态、动作、心理活动，甚至还可以在脑海里给它配上合适的环境，这样书中的人物形象就会在你的心里活起来。

太阳升到了槟榔树梢，嘎羧离开了打洛江，钻进一条草木茂盛的箐沟。在一块平缓的向阳的小山坡上，它突然停了下来。

"哦，这里就是埋葬八十多头战象的地方，我记得很清楚，喏，那儿还有一块碑。"波农丁悄悄地说。

我顺着他手指的方向望去，荒草丛中，果然竖着一块石碑，镌刻着三个金箔剥落、字迹有点模糊的大字：百象冢。

嘎羧来到石碑前，选了一块平坦的草地，一对象牙就像两支铁镐，在地上挖掘起来。它已经好几天没吃东西了，又经过长途跋涉，体力不济，挖一阵就喘息一阵。嘎羧从早晨一直挖到下午，终于挖出了一个椭圆形的浅坑。它滑下坑去，在坑里继续挖，用鼻子卷着土块抛出坑；我们躲在远处，看着它的身体一寸一寸地往下沉。

太阳落山了，月亮升起来了，它仍在埋头挖着。半夜，嘎羧的脊背从坑沿沉下去不见了，象牙掘土的咚咚声越来越稀，长鼻抛土的节奏也越来越慢。鸡叫头遍时，终于，一切都平静下来，什么声音也没有了。

我和波农丁耐心地等到东方吐白，走到坑边查看。<u>土坑约有三米深，嘎羧卧在坑底，侧着脸，鼻子盘在腿弯，一只眼睛睁得老大，凝望着天空。它死了。它没有到祖宗留下的象冢。它和曾经并肩战斗的同伴们躺在了一起。</u>

> 这里的神态描写告诉我们嘎羧走了。从垂暮时的焦躁不安到重披战甲的英武，从重临旧地到安葬自己，我们渐渐读懂了嘎羧的心，它忘不了这片曾经洒过热血的土地，忘不了曾经并肩战斗的同伴。这是一头战象的善良与忠诚！

【本文选自人民教育出版社　沈石溪《最后一头战象》】

书宝论坛

动物小说写的是动物世界，必须忠于动物性。同学们，让我们找一找《最后一头战象》中嘎羧的哪些描写是真实的、科学的？

嘎羧的生活习性和衰老死亡，都是真实的。

跟着名著学读写

但动物小说的真实性不能仅仅与"动物性"真实画等号，它还要依据小说的逻辑来加以虚构。也就是在合情合理的基础上，对生活真实进行再创造，为的是让作品具有震撼人心的艺术效果，达到更高层次的真实感，这就是艺术真实。

关于动物小说，我还了解到：有的动物小说刻画动物的本体形象，适当运用夸张、想象、虚构的艺术手法，赋予动物以人类的思维和情感。也就是说，作者笔下动物们的情和爱，恰恰是折射了我们人类的道德情感，引起我们的反思。

还有的动物小说中动物不遵从自然属性，动物是人类的象征，表面是动物故事，实际是人类故事。

第九章 动物小说

你们知道的可真多！有的动物小说与写实性和拟人化的动物小说不同，作者将自己对生命和生活的体验，艺术地移植到动物形象身上，通过对动物行为、目光的描写和心理描写反映了动物丰富的内心世界和情感起伏，使动物习性和人性相契合，揭示出人与动物的关系。小说借助动物的故事，暗喻人类社会生活，以动物的命运来反映生态环境，揭示人类与自然环境的变化。

 整本书阅读

开卷有益

阅读封面

封面上画的是故事的主人公，看看这头战象的表情，猜猜他可能在想什么，这是一头怎样的战象呢？

阅读目录

浏览目录，选出自己最喜欢的章节，猜一猜，这章可能写了什么？

目 录

第一章 给大象拔刺
第二章 最后一头战象
第三章 象冢
第四章 愤怒的象群
第五章 象警
第六章 死亡游戏
第七章 动物档案——象
第八章 野猪跳板
第九章 野猪囚犯
第十章 野猪王
第十一章 动物档案——猪
第十二章 与狗熊比举重
第十三章 智取双熊
第十四章 棕熊的故事
第十五章 动物档案——熊

掩卷而思

阅读交流

书中出现了哪些动物？根据书中的内容，写出这些动物的特点。

动物名称	特　点

画情节图

沈石溪是当代中国著名的动物小说作家，他的动物小说情节曲折、惊险刺激。请你简单写出这本书中每个小说的情节，完成情节图。

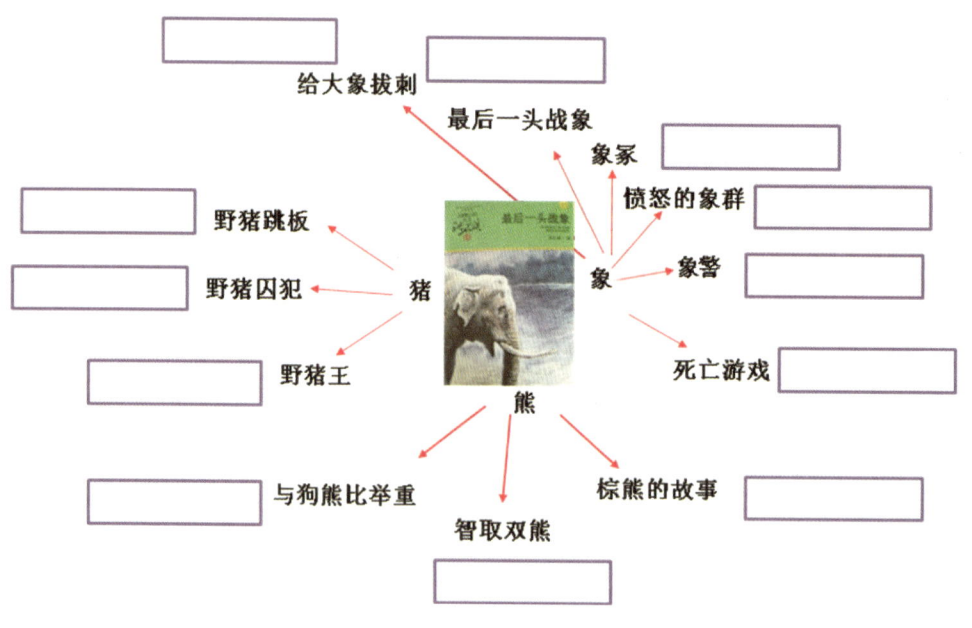

谈启发

《最后一头战象》这本书中为我们精彩地描述了许多动物的生活方式，而且向我们生动地展示了动物之间的复杂感情，每一只动物都在沈石溪的笔下具有了灵性，给我们以启发。把你的启发写下来吧！

章　节	动物名称	启　发

建立动物档案

通过整本书阅读，你是不是对小动物有了更深的认识呢？让我们为你喜爱的小动物建立一个动物档案吧！内容可以包括动物名字、性格特点、情节以及给我们带来的启发等。

我喜爱的动物档案

动物名字：

性格特点：

具体情节：

带来启发：

 你还可以读更多

《最后一头战象》这本书的作者沈石溪被誉为"中国动物小说大王",他在云南西双版纳生活了18年,其间积累了大量素材,他的动物小说别具一格,在海内外赢得了广泛声誉。让我们继续阅读沈石溪的动物小说——《第七条猎狗》,或者欣赏加拿大著名动物小说作家西顿笔下《西顿动物故事》里机智敏感、令人钦佩的狗——宾果,美国著名动物小说家杰克·伦敦的《野性的呼唤》里面命运多舛的巴克。

现在就让我们走进名家笔下的动物世界吧!请你在10分钟内快速阅读下面的三个片段,分别划出最令你感动的部分,并在文中作批注。

宾果——我家狗的故事

那同一年冬天我逮住了许多狼和狐狸，他们没有宾果的好运，没能逃脱狼夹，这些狼夹我一直保留到春季，因为多多益善，虽说皮毛不够好。

肯尼迪平原一直是个射猎的好场地，因为很少有人来，而且位于密林和居民区中间。在这儿我比较走运，能猎到软毛兽，四月末我骑马进来，照例转悠一圈。

狼夹由很沉的钢和两个弹簧构成，每个弹簧有一百磅的力。它们四个一组，安放在饵食周围，狼夹紧紧地连在一些被藏起来的树桩上，之后在上面小心地盖上棉花和细沙，让人看不出来。

一只草原狼被夹子夹住了。我用棒子把他打死，扔在一边，继续重新设夹，这一套我已经做过几百遍了。一切都干得很快。我把狼夹扳手向马驹扔了过去，眼见旁边有些细沙，便伸手去捧一把，给布景最后再来一笔。

噢，真是个馊主意！顺当惯了，难免大意！那细沙在下一个狼夹的上面，瞬时间我被夹住了。虽说没有受伤，因为夹子上没齿，而且我戴的用来设套的厚手套消解了夹子的力道，但我的那只手指关节以上整个被牢牢地套住了。我觉得没什么大不了，试着用右脚去够狼夹扳手。

我尽量拉展身体，脸朝下，使劲儿去够，使受困的那只胳膊长得不能再长，直得不能再直。伸脚去够的时候我眼睛看不着，而是靠脚来告诉我自己是否碰着了我手铐上的小铁钥匙。第一次努力失败了。尽管链子绷得紧紧的，我的脚趾还是没有碰着任何铁块。我慢慢地绕着绳桩来回挪动，但还是不行。费了好大的劲观察了一番，才发现自己太靠西了。我开始四处忙活，把脚趾点来点去地乱戳，想找到钥匙，急着用右脚摸索，我忙着这儿就忘了那儿，"叮当"大响一声，三号夹的铁嘴钢牙紧紧咬住了我的左脚。

起初我没有明白地意识到形势有多可怕，但很快我发现自己所有的挣扎都是徒劳。我无法挣脱任何一个狼夹，也不能一起挪动两个夹子，我就躺在那儿，身子被扯着，被牢牢地拴着，困在地上。

这下我会怎样呢？冻死的危险不大，因为寒冷的天气结束了，但肯尼迪平原除了冬天的砍柴人之外根本没人来。没人知道我去了哪儿，除非我成功地自救，否则前景只能是被狼吞掉，或是在饥寒交迫中死去。

我躺在那儿，这时红色的太阳在平原西面那片云杉湿地的上空落下，几码远处囊地鼠土墩上有只角百灵啾啾地唱着夜曲，前一夜我的木屋门口也有这样一只鸟儿，尽管我觉得胳膊自上而下又麻又痛，而且冷得要命，我还是注意到它耳边有两撮冠毛。

跟着名著学读写

接着我的思绪转到赖特的木屋里那张舒服的餐桌上,我想,这时他们正在做晚饭要吃的叉烧肉,或者才刚刚坐下。和我离开时一样,我的马驹依旧站着,马笼头放在地上,耐心地等着带我回家。

他不明白为什么耽搁这么久,我喊他时他停住,不再小口小口地吃草。他傻乎乎地看着我,一脸的问号。要是他能回到家里,空鞍也许会说明原委,引来帮助。但他的耿耿忠心使他一小时一小时地一直等下去,而我饥寒交迫,命悬一线。

于是我记起捕手杰罗是如何失踪的,第二年春天同行发现了他的尸骨,他的腿被熊夹夹住了。我琢磨着我衣着的哪一部分会显示出我的身份。接着我有了一个新的想法。狼中套时就是这种感受。噢!我造了多大的孽呀!现在报应来了!

夜色慢慢降临了。一只草原狼在嚎叫,马驹竖起耳朵,走近了点,低着头。接着又一只草原狼叫起来,一只又一只,我能辨出他们正在附近聚集。我躺在那儿,趴着,很无助,心想,难道他们非要来把我撕成碎片不可吗?我听见他们叫了好长时间才意识到那些黑影正在悄悄地靠近。

马儿先看到,吓得直喷鼻子,起初把狼赶跑了,但第二次他们又凑上来,在平原上围着我坐下。不久,一只胆子大一些的狼爬上前,拽他亲戚的死尸。我大喝,他退后大嚎。马驹吓得跑到了远处。不一会儿那只狼又过来,两三次退退进进之后,尸体被他拖走了,

几分钟后就被其余的狼嚼碎吃了。之后他们聚拢起来凑得更近了,蹲坐着看我,胆儿最大的那只用鼻子嗅那支步枪,还抠上面的污渍。我用那只空脚踢他,还大喝,这时他就退后,可是我变得越来越虚弱,他就越发胆大,上前直冲着我的脸狺狺地吼。见状其他几个也吼着凑上前,我意识到我将会被自己最瞧不起的死对头吃掉。这时,猛然间在暗中随着一阵吼声跳起一只大黑狼。草原狼像谷壳样纷纷散开,只有那只胆大的没动,他被黑色的不速之客一把抓住,几下的工夫就成了一具不成样子的死尸,接下来呀,真恐怖!这个大力兽冲我过来了!宾果——神气的宾果,喘着气用他那癞兮兮的身体两侧蹭我,舔我那冻得冰凉的脸。

"宾果——宾——大——宝儿——把狼夹扳手拿来!"

他走开了,回来时拖着步枪,因为他只知道我想要某样东西。

"不对——宾果——狼夹扳手。"这次拿来的是我的腰带,不过最终他拿来了扳手,摇着尾巴,很高兴拿对了。我伸出空手,费了好大的劲儿才把螺钉拧了下来。夹子散了架,我的手出来了,一分钟后我自由了。宾果牵了马驹过来,我慢慢地走,好恢复血液循环,之后就能上马了。起先慢,但很快就大步驰骋,宾果在前

面汪汪地叫，做开路先锋，我们动身回家。

回家后，我得知前一天夜里，这只狗勇士举止异常，望着那条林间的小路呜呜地哭，虽说我在巡猎设狼夹时从未带过他；最后在入夜时，尽管多次受阻，差点儿被关起来，他还是在夜色中动身了，在我们无法知晓的知识的引导下及时到场，为我解围，也替我报了仇。

忠实的老宾果——他是一只奇狗。虽说他的心与我同在，但第二天他路过我时，眼都不抬一下，而小戈登唤他去猎囊地鼠时，他却跑得飞快。直到最后一直是如此：一直到最后他也过着他喜欢的狼的生活，总是找冻死的死马，从不罢手。

最终，他又一次找到一只带毒饵的死马，狼一样地吞了下去；接下来感到阵痛，起身，不是去赖特家而是去找我，到了我的木屋门口，我本该在家的。第二天我回来时发现他死在雪地里，头靠在门槛上——他小狗时代的那扇门。直到最后，我的狗在他内心的最深处——在他最苦最痛的时刻，寻求的是我的帮助，却一无所获。

【本文选自中国华侨出版社　［加拿大］西顿 著，蒲隆、祁和平等 译《西顿动物故事（上）》】

藏獒渡魂

曼晃身上最突出的优点，就是勇敢。

有一次，我带着它到三十多公里外的小镇上去邮寄资料。回来时，半路遇到下冰雹，耽搁了两个多小时，进山时天已暗了下来。走到离野外观察站还有两公里左右时，突然，曼晃全身狗毛竖立，那条蓬松的大尾巴挺得笔直，朝前方荒草丛中愤怒地咆哮。我警惕地停了下来，捡起两块拳头大的石块，啪啪砸向荒草丛。这叫投石问路。草丛里一响，蹦出两只狼。

这是两只名副其实的大灰狼，皮毛乌灰，眼睛白多黑少，大灰狼兼白眼狼，长长的狼嘴里露出尖利的白牙。在苍茫暮色中，我看见，这两只狼腹部空瘪瘪，肚皮贴到脊梁骨，是标准饿狼。

我的心噗噗乱跳，我晓得，饥饿的狼是什么事都干得出来的。

不难判断，这两只狼远远看见我和曼晃，就埋伏在荒草丛中，企图对我和曼晃实施突然袭击。幸亏曼晃及时发现，否则后果难以预料。

我的本能反应：就是想逃跑。可我还是克制住了想逃跑的念头。我是动物学家，我清楚地知道，狗仗人势，现在倘若我转身逃跑，曼晃也会斗志涣散跟着我逃跑。而我一旦表现出惧怕的神情，撒腿逃命，只会激起恶狼更强的扑咬欲望和杀戮冲动。在崎岖的山路上我是跑不过狼的,我也跑不过狗。我如果逃跑,用不了几分钟,狼就会从背后把我扑倒。我别无选择,只有站在原地假充好汉,或许还有生的希望。我捡起一根木棍,硬着头皮准备与狼搏斗。

两只大灰狼互相嗥叫数声,仿佛在商量对付我们的策略。过了约几秒钟,两只狼从左右两个方向朝曼晃扑了过来。

要是一般草狗,面对两只穷凶极恶的狼,早就吓得退缩到我身边来了。要真是这样的话,等于将祸水引到我身上。曼晃不愧是狗中豪杰藏獒,面对两只杀气腾腾的狼,毫无惧色,全身狗毛怒张,勇猛地扑了上去。

曼晃身体比狼稍大些,一下就把一只狼扑倒在地。但还不等它张嘴去咬,另一只狼就盖到它身上,在它脊背上咬了一口。狼牙锐利,虽然光线晦暗能见度很低,但相距仅数米,我看得还是很清楚,曼晃背脊上立刻皮开肉绽。那只咬它的狼满嘴都是狗毛。曼晃跳起来反击,与两只狼扭打成一团。

我不敢过去参战,唯恐混乱中被狼咬一口,只能挥舞木棍高声呐喊,用呐喊声来声援曼晃。狗咬狼,狼咬狗,双方都挂彩受伤。曼晃毕竟独狗难斗双狼,略处下风。突然,两只狼肩并肩齐声嗥叫,它们四膝微屈,尾巴平举,颈毛怒竖,龇牙咧嘴,身体前后耸动着,摆出一副跃跃欲扑的架势。曼晃也嗥叫着准备应战。

可两只狼并没有扑上去,而是引而不发,长时间威胁嗥叫。我明白,这是狼的一种恫吓战术。狼是狡猾的食肉猛兽,遇到难以对付的猎物,就会采取恫吓战术。

我曾在日曲卡雪山脚下亲眼目睹这样一件事:也是一对夫妻狼,追逐一头带着三只小猪崽的母野猪。夫妻狼当然格外青睐这三只细皮嫩肉的猪崽子,但母野猪也不是那么好惹的,猪皮厚韧且滚泥塘时涂了满身黏土,就像穿了一层铠甲,一口结实的牙齿能啃断树根,狼若不小心被母野猪咬着,也会筋断骨裂遭受重创的。出于护犊的本能,母野猪紧紧护卫三只猪崽子,大有粉身碎骨誓死捍卫的决心。

夫妻狼与母野猪搏杀了两三个回合,突然就停止攻击。两只狼在母野猪面前摆出跃跃欲扑的架势,瞪起凶恶的狼眼,伸出血红的狼舌,磨砺尖利的狼牙,发出穷凶极恶的嗥叫,用武力进行威逼,肆意制造恐怖氛围。对母野猪来说,这比狼牙狼爪来直接扑咬产生的心理压力更大。几分钟后,母野猪眼睛里流露出惊恐不安的神情,意志崩溃,哀嚎一声转身逃命,那三只猪崽子就成了夫妻狼的腹中餐。

不战而屈人之兵为上策。同样的道理,对狼来说,不战而获得美味猎物为上策。我有一种感觉,眼前这两只狼也是在采用同样的恫吓手段。它们虽然占了数量上的优势,但不愿冒受伤的危险与曼晃搏斗,它们想把曼晃吓唬走,然后轻轻松松把我做成人肉宴席。我背脊嗖嗖冒冷气，要是曼晃真的意志崩溃，夹着尾巴逃之夭夭，我将死无葬身之地。

曼晃与两只狼对峙着，它脖颈和腿弯都被狼爪划破了，好几处挂彩，身上血迹斑斑。身体的伤痛，是有可能摧毁斗志的啊。可它仍毫无畏惧，嚎叫声猛烈而响亮，那根象征着斗志的狗尾巴旗杆般挺立，显示一息尚存决不屈服的决心。不仅如此，它还主动朝两只狼扑咬，狗牙和狼牙互相叩碰，发出咔咔嗒嗒的声响。两只狼恫吓战术失灵，不得已只能再次与曼晃扭打厮杀。

我已从最初的极度恐惧中渐渐回过神来。我不敢与狼摆开架势正面交锋，但打冷拳踢冷脚劈冷棍的魄力还是有的。我壮起胆子，抡起棍子靠近正在鏖战的狼，冷不防一棍砸在一只狼的屁股上。那狼突然背后受到袭击，分了神，蚂蚱似的惊跳起来，并在空中做出一个旋转动作，恶狠狠地朝我咬来。我没料到狼能在瞬间完成如此高难度的杂技动作，有点猝不及防，还没等我举起棍子抵挡，那狼嘴已刺到我胸口，瞄准我颈窝咬了下来。我与那只狼脸对着脸，我闻到了狼嘴里那股刺鼻的腥味。我想往后躲闪，但身体因恐怖而变得僵硬，像个木头人一样，不会动弹了。

狼牙快触碰到我的喉结了，可突然间，那只狼脑袋往后仰，挤眉弄眼好像挺难受的样子，发出令人毛骨悚然的惨嗥，掉到地上去了。

我定睛一看，原来是曼晃从背后咬住了狼尾巴，像拔河比赛似的把那只狼从我面前拔走了。另一只狼，看到同伴遭难，紧急出手救援，飞扑过来，跳到曼晃身上，张嘴朝狗头噬咬。曼晃虽然遭受致命攻击，疼得身体剧烈颤抖，却咬紧牙关不松口。

咔嚓，狼尾发出断裂的声响，狼痛得在地上打滚。我清醒过来，左劈右甩挥舞木棍冲上去。那只骑在曼晃背上的狼一看情形不妙，三十六计走为上，一溜烟似的逃走了。那只尾巴被咬伤的狼见大势已去，只好夹起还在滴血的尾巴，灰溜溜落荒而逃。

【本文选自浙江少年儿童出版社　沈石溪《第七条猎狗》】

挚爱的人

那年秋天，他再次以完全不同的方式救了约翰·松顿的性命。当时，他们三个人驾着一艘狭长的撑篙船，顺流而下，在"六十四公里河"一带湍急的险滩中航行。韩斯和彼得沿着河岸，用一根细长的绳子顺着前进的方向将船系在树上，再换到另一棵树上，用来稳住船身，以免被急流冲走。松顿则留在船上撑篙划船，一边大声地指示岸上两个人的行动。巴克在岸边焦虑不安地随着船身向前走，眼睛自始至终一刻也不离开主人。

跟着名著学读写

　　当他们来到一处特别险恶的急流时，河中处处都是暗礁，一块礁石突出水面，松顿将船撑进河流之中，于是韩斯放松绳子，手抓着绳子沿着河岸往下跑，准备等船一通过暗礁再勒紧绳子，将船停住。然而，船在风车送水般的急流中飞驰而下，经过暗礁的时候，韩斯赶忙拉紧绳索，谁知这一拉用力过猛，整个船被拽翻，翻成了底朝天，松顿则是被抛出船外，落在水中，被急流冲到最险恶的急湍处，在那里游泳的人是没有一个能生还的。

　　巴克见状立即跳入水中，游了三百米，在一个汹涌澎湃的漩涡中赶上了松顿。当他感觉松顿抓住了他的尾巴之后，便竭尽全力，奋力向岸边游去。然而，他靠向岸边的速度十分缓慢，而被水流往下冲的速度却快得惊人。而下游的急湍更是疯狂奔窜，冲在梳齿状的巨岩上，激起了汹涌的怒涛，浪花四溅。急流冲在最后一座陡峭的岩石上，那吸力大得惊人，他猛地从一块岩石旁擦了过去，又撞到了第二块石头，最后更是重重地冲撞到第三块岩石的上面。松顿知道要从这里游上岸是不可能的事，他放开巴克，双手死命抱住第三块光溜溜的岩石顶部，在激烈澎湃的急流中大喊着："走！巴克，快走！"

　　巴克支撑不住，被急流冲向下游。他拼命地挣扎，想游回去救松顿，却怎样都游不回去。他听见松顿再一次命令着他，就努力地让身体浮出水面，将头抬得高高的，好像是要看他最后一眼似的，才转身服从地朝岸边游去。他拼命地游着，就在他几乎撑不住要被冲下去的时候，正好被彼得和韩斯抓住，将他拖回岸边。

　　他们知道一个人在急流的冲击之下，抱着块光滑的岩石，只能够支撑几分钟。他们赶紧沿着河岸往回跑，跑到和松顿平行的地方，用原本控制船的绳子系住巴克的脖子和肩膀，他们绑得十分小心，既不能紧到让他喘不过气来，又不能松到让绳子妨碍他游泳。然后，再将他放入水中，巴克勇敢地往前游了出去，然而，他并未笔直地朝着松顿游过去，但等到发现的时候为时已晚。他游到与松顿平行的位置，只差再划几下的距离而已，却仍是无能为力，被水流给冲了下去。

　　韩斯赶紧拉住绳子，好像巴克是一条船一样。这突然的一拽，绳子便紧紧地勒住了巴克，整个身体被猛力拽到水底下，一直沉了下去，直到身体撞上河底才又被拉上了岸。这时，巴克已经是被淹得半死不活了，韩斯和彼得赶紧扑在他身上做人工呼吸，一边将空气灌进去，一边压出他肚子里的水。巴克蹒跚地爬起身来，马上又因体力不支倒地。同一时间，他们听见松顿微弱的呼救声，虽然听不清楚他在讲些什么，但是很明白他已濒临绝境。主人的呼叫声，像是闪电一般打在巴克的身上，他猛地跳了起来，赶在韩斯和彼得之前，沿着河岸又跑向上游刚刚落下水的地方。

　　他们再次将绳子拴在巴克的身上，放他下水。他再度奋力地游了出去，而这次他游得笔直，因为他已经失误了一次，这次决不能重蹈覆辙。韩斯小心翼翼地放出绳子，不让它太松，彼得则是留意着不让绳子纠成一团。巴克直直地游了过去，和松顿成同一直线之后，才以特快列车般的速度，转身冲向松顿。松顿看见巴克扑了过来，用尽仅剩的力气，伸出双臂紧紧地抱住巴克毛茸茸的脖子。韩斯赶紧将绳子绕着树干拴紧，巴克和松顿被勒得喘不过气来，被拖到水面下，一会儿人在上面，一会儿狗在上面，就这样在凹凸不平的水底被拖着走，沿路撞上水底一块块暗礁和岩石，最后终于被拖上岸来。

松顿遍体鳞伤，韩斯和彼得将他腹部朝下，放在一截漂木上，前后用力地推拉着他，帮他挤出肚子里的水，过了好一会儿，他才缓缓地醒了过来。他第一眼便是忙着寻找巴克，只见他软绵绵地躺在地上，毫无生气。尼格在他身边发出哀号，思姬特则舔着他湿漉漉的脸庞和紧紧闭着的双眼。松顿自己满身是伤，仍然拖着脚步走到巴克的身旁，仔细检查他的身体，发现巴克断了三根肋骨。

于是，他宣布道："就这么决定了，我们在这里扎营吧！"

他们就在这里搭起了帐篷，一直住到巴克的肋骨痊愈，可以旅行了，他们才再度上路。

【本文选自吉林摄影出版社　[美国]杰克·伦敦 著，吴凯雯 译《野性的呼唤》】

一、用你已经掌握的概括文章主要内容的方法完成下面的表格。

题　目	主要内容（40字以内）
《宾果——我家狗的故事》	
《藏獒渡魂》	
《挚爱的人》	

二、相信你在阅读文章时也注意到了作者对宾果、曼晃、巴克勇救主人时的动作描写,感受到了它们对主人那份忠诚、真挚的情感。请你从文中摘录有关它们的动作描写的语句吧!

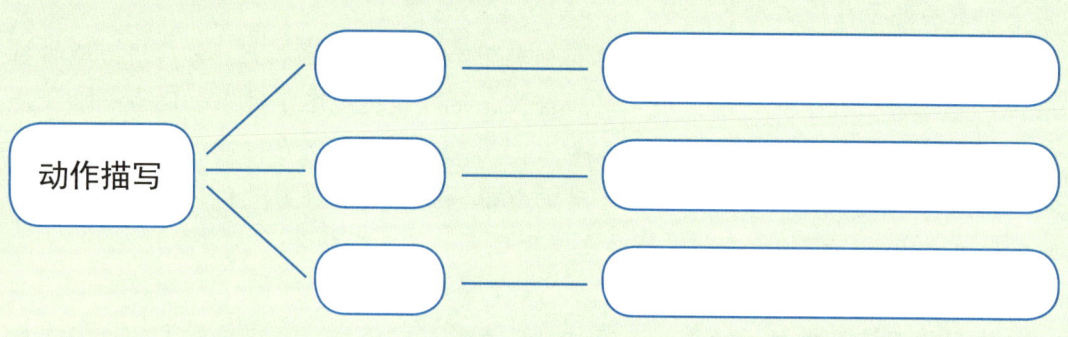

三、同样是动物小说,国外作家笔下的动物小说更注重刻画动物本身在野生状态下的客观行为,而我国作家沈石溪笔下的动物都能找到与人类息息相通的感情。它们的温情、勇敢、责任、担当,对于你们来说,都是精神触角在现实中的一次真实感知。

请再次默读三篇文章,思考选文中的哪个动物最令你感动,为什么?把你的想法与小伙伴说一说。为了使你对所感动的动物了解得更多,建议你把原著找来好好读一读。

最令我感动的是《　　　　》这篇文章里的　　　　　　,因为它　　　　　　　　　　　　　　　　　　　　　　　　　　　　　　　　　,所以它令我感动。

四、你还读过哪些动物小说?做一张推荐卡与小伙伴们分享吧!

好 书 推 荐 卡

1.推荐人:＿＿＿＿＿＿＿＿＿＿＿＿＿＿＿＿

2.推荐书名:＿＿＿＿＿＿＿＿＿＿＿＿＿＿＿

3.推荐理由:＿＿＿＿＿＿＿＿＿＿＿＿＿＿＿
＿＿＿＿＿＿＿＿＿＿＿＿＿＿＿＿＿＿＿＿＿＿
＿＿＿＿＿＿＿＿＿＿＿＿＿＿＿＿＿＿＿＿＿＿

习作指南

动物是我们所喜爱的，也是我们经常描写的对象。那么，怎样才能写好动物呢？我们就以写"猫"为例。

用其心——认真细致地观察

沈石溪曾说过："虽然现在你们身边动物不多，但在动物园里你们可以看到很多，你们一定不要简单地看一下，而是要花一到两个小时去仔细观察。"要想把动物写好，首先就需认真细致地观察。在动物"静"的时候，认真观察它的形状、大小、颜色，甚至一个细小的局部也不能忽视，如兔子嘴的形状，猫的脚掌。在动物"动"的时候，注意它的走、跑、跳、吃、玩、睡等具体动作和神态变化。留心、细心、耐心地观察是写好动物的前提。

观其形——介绍动物的外形

外形：包括头（眼、耳、嘴、鼻、胡须）、身子、四肢、皮毛、尾等。写外形一要按照一定的顺序来写，或从头到尾，或从整体到局部；二要有所取舍，写那些最能反映动物特点，与它的生活习性联系紧密的地方，不必面面俱到。

假若干巴巴地写动物的外形，这只是一个"死"的动物。要写"活"，必须运用比喻等修辞手法，写出动物的喜怒哀乐，由"静"到"动"的变化，这才会体态逼真，活泼可爱。如：

它一身的白毛像雪似的，中间夹着数块墨色的细毛，黑白相间，白的显得越白，而黑的越发显得黑了。脸一半儿白，一半儿黑，两颗小电灯泡似的眼睛在脸中间闪呀闪，见我低下头看它，它也一个劲儿地盯着我。一条全黑的尾巴躺在地上，悠然自得地摇摆着。嘴张得很大，露出几颗嫩白的小齿，咪咪地叫着，那几根细鱼骨头似的白胡须，嗷嗷地动着。

——选自周而复的《猫》（有改动）

知其性——介绍动物的生活

生活习性：可以从捕食、活动、休息等角度来写，也可以从视觉、听觉、触觉等角度来写，还可以从形态、颜色、声音等方面入手。在这方面，也要抓住主要的习性细致刻画，突出特点。如：

说它贪玩吧，的确是啊，要不怎么会一天一夜不回家呢？可是，它听到老鼠的一点响动，又是多么尽职，它屏息凝视，一连就是几个钟头，非把老鼠等出来不可。

——选自老舍的《猫》

作者抓住的就是猫捕鼠的习性，特点突出。

述其亲——介绍"我"与动物的故事

其实我们与动物相处,不仅要从远处观察它,还要近距离与它亲近、和它玩耍,这样人和动物的感情才会一点点慢慢加深。我们可以把与动物相处时的故事记录下来,这样写出来的故事具体生动。

另外,我们在写"我"和动物的故事时,要有细节描写,尤其是动物的动作描写是不可少的。故事是文章的框架,而"动作细节"才是这框架中的血肉。写出来的文章才吸引人。如:

它要是高兴,能比谁都温柔可亲:用身子蹭你的腿,把脖子伸出来让你给它抓痒,或是在你写作的时候,跳上桌来,在稿纸上踩印几朵小梅花。它还会丰富多腔地叫唤,长短不同,粗细各异,变化多端。在不叫的时候,它还会咕噜咕噜地给自己解闷。这可都凭它的高兴。它若是不高兴啊,无论谁说多少好话,它也一声不出,连半朵小梅花也不肯印在稿纸上。

——选自老舍的《猫》

同学们,通过上面的学习,你是不是觉得写小动物很容易,接下来我们也一起写一写"我的动物朋友"吧!

大显身手

写一写你熟悉的动物朋友,你和它之间发生了哪些故事?写之前想一想,你打算从哪些方面介绍它,它在这方面有怎样的特点。不要急于下笔,先好好构思,编写好写作提纲。

第十章 红色小说

使我常常记起的,是那些战争中的英雄们,他们用自己的青春、鲜血和头颅,创造了无数惊天地、泣鬼神的事迹,是那般的伟大,那般的壮烈,那般的动人,又是那般的多样和丰富!任你有多少支笔都是写不完的。

——徐光耀

作品人物
- 爬树 摔跤 赌气 耍赖 稚气十足
- 勇敢坚强 聪明机智 爱憎分明 抗战小英雄

作家名篇
- 作家、电影编剧家
- 作品充满时代生活气息,并多是抗战题材。
- 《平原烈火》《昨夜西风凋碧树》

作品影响
- 2015年被列入中宣部、国家新闻出版广电总局"百种经典抗战图书"重印再版。
- 小说和电影分别获全国少年儿童文艺创作一等奖。
- 被译成英、印、地、蒙、萨、德、泰、阿拉伯、朝、塞尔维亚等语言。

创作背景
- 抗日战争最残酷的时期
- 以革命根据地河北白洋淀为背景。

跟着名著学读写

名师点拨

"红色小说"就是以革命抗战为背景的革命小说,主要写老一辈人艰苦奋斗、毫不屈服的革命历程。如《七根火柴》《铁道游击队》等。

"红色"是指流贯在作品血脉中的革命精神和英雄主义的思想风貌。

阅读红色小说的方法

一、搜集资料,了解背景

1.了解历史背景

每一个事件的发生都有它的历史背景,了解历史背景对阅读有至关重要的作用。红色小说包含了太多历史的记忆,也包含着一个民族的精神财富。我们要搜集这方面相关资料,才能更深入把握小说主旨。

比如:《地道战》的历史背景是:1941年,冀中平原的抗日斗争进入最困难的时期,几十万日军不断地对华北抗日根据地进行"扫荡",冀中抗日武装人民为了保存自己的力量,长期坚持平原游击战争,开始挖掘和利用地道与日伪军进行斗争。

2.了解写作背景

写作背景就是作者写作时所处的一种社会环境、心理状态和生活状态。对写作背景的深入了解,可以让读者更容易走近作者,与作者形成情感上的共鸣,更深切地领悟文章内容。

比如《七根火柴》的写作背景是这样的:作者为了写这篇小说,经过了长期艰苦的准备工作,从体验生活、搜集材料、选择材料到构思,下了一番功夫。他自己后来沿长征的道路完完整整地走了一遍,并访问了三百多个参加过长征的红军将士。所以,作者体会了长征的艰苦,了解了红军将士坚强的意志和宽广的胸怀。

二、关注情节,走进内容

红色小说因为有其独特的历史背景,所以以非常朴素的风格展现了一定时期里的斗争生活。如:与日军的斗争,与土豪恶霸的斗争,与"白狗子"的斗争。

| 《闪闪的红星》| —— | 潘冬子与大土豪恶霸胡汉三的斗争 |

| 《小兵张嘎》| —— | 嘎子与"白狗子"、日军的斗争 |

三、认识人物，感悟形象

1. 红色小说塑造出一系列英雄人物形象

红色小说塑造了许多个性突出、深入人心的英雄人物形象。比如机智勇敢的雨来、不怕牺牲的王二小、沉着冷静的老钟叔、执着坚定的潘冬子等。

2. 红色小说更多地关注劳动群众的生存状况

阅读红色小说能够在字里行间感受到劳动群众的生存状况。比如《闪闪的红星》中的片段：

"你为什么不开门？啊？"接着就听到一个很熟的声音问道："有人到你家来没有？"没有回答。"你家孩子呢？"没有回答。接着还是那个声音说："他咬了我一口，今天我要把他的牙全敲掉！""说，你把那个人藏哪儿去了？你的孩子呢？"胡汉三凶狠地逼问着。还是没有回答。

四、鉴赏影视，补充阅读

在红色小说的基础之上，应运而生了以红色历史革命为题材的影视作品。影视作品虽与原著的主题、情节、人物等保持一致，但也有一定的增加或删减。影视作品可以作为阅读红色小说的补充，使读者更加直观、多方面走近名著。

小兵张嘎

查找资料，了解故事背景。

历史背景：以1934年抗日战争时期的保定白洋淀为历史背景。白洋淀连接着大运河，是日军大量的粮食、物资，尤其是保障重要战略物资大规模转移运输的关键所在。八路军游击队侦察到日军大量武器在近日将途经此处，运输到战斗激烈的南方战场。游击队接到上面的命令，要求他们毁掉这些军火。但是派去火车站侦察的老钟被敌人发现，逃到了鬼不灵村。

写作背景：1957年，作者为排解被打成"右派"的苦闷，在桌上一条一条记录与自己性格相反的嘎人嘎事，后来把这些嘎子放在战争环境中进行排列调整，就有了嘎子的形象，有了《小兵张嘎》。

跟着名著学读写

"让我去试巴试巴行吗？"小嘎子实在忍不住，突然举着他那挂"柳条鞭"开口了，"我把这挂鞭想法在韩家大院弄响，准定能把敌人引过一股子来！"

"我倒想好了，先在近处找些鸡蛋，就说是给'太君'送的，准能混进去。"

小嘎子很快便找到了十多个鸡蛋，用小笸箩端着。从韩家大院斜对门里出来了。那气派，就像个乡村饭铺小跑堂的。

他朝碾盘底下瞟了一眼，嘴里咬着舌尖，笑微微地朝对过走去。在大圆檀门底下，有个烂眼的"白脖"，小嘎子装得很熟惯的样子，瞧也不瞧就往里闯。

"哪儿去？"那"白脖"胯骨一扭，横在了门道上。小嘎子定神一看，果然认得，就是老钟叔出事那回，逮住过他的那个"红眼儿"。小嘎子笑起来了："你呀老总——你看我还像个小八路吗？"那小子一愣，刚要拿"八路"帽子扣他，不提防倒给他抢先了。便横巴着再跨一步，故意刁难他。

小嘎子可不着慌，仍然笑着，把小笸箩一举道："那你带我见'太君'去吧，这是'太君'叫我送来的。"那小子两只红眼一叽咕，说："太君在东边！"小嘎子却说："高灶可在这边呢！""红眼儿"没话说了。

小嘎子捧着鸡蛋又往里闯，却给那小子拿刺刀顶着胸口，又顶出来。看样子，他是成心不让进去了。小嘎子心里火辣辣的，真想咬他一口。但他却笑着兜个小圈，仍赖在门道里，不时把眼往院里偷瞟。韩家那只叫"小虎"的大狗，围着桌子，正吐舌咂嘴、不时把鼻子伸到断梁胡的白手上闻一闻，惹得那小子躲着身子直瞪眼。小嘎子再往房上看，灰搐顶上，来来往往净是"白脖"。看情形，伪军的大部分都屯在这儿了。

正在这时，"联络员"纯刚大伯拿着块棒子面饼子，一路倒退着，把"小虎"引逗出来了。才到门口，猛一眼看见了小嘎子，惊得一愣。小嘎子可不容他发呆，忙从从容容走上去求救说："纯刚大伯，这是'太君'叫我找的鸡蛋，可这老总硬是不让我进去，你给说个情儿吧……"

> 故事从"嘎子与白狗子周旋""想办法吸引鬼子"等关键情节入手，层层推进，吸引读者的阅读兴趣。通过不同的情节来塑造嘎子这一鲜活的儿童形象。

纯刚大伯正怕他闯祸呢，哪懂他的来意？连忙把鸡蛋一接说："交我给你传进去算了。给你这块饼子，把'小虎'看住。"说着，端了鸡蛋就进去了。害得小嘎子泪花儿都冒上来，眼睁睁把个进院的机会错过了。

小嘎子信手掰下一块，往半空里一扔，"小虎"就提起前爪，纵脖子一吞，咂咂几声，便咽进肚里去了。小嘎子心里陡然一动，霎时间，他眯起大眼，小红舌头一连在牙缝里逗了好几逗。他转眼看"红眼儿"，那小子正懒懒地打哈欠，手里夹着根烟卷，摸摸索索地在找火。小嘎子忙从兜里掏出火柴，划着，捧了过去。

"也给我根儿抽吧，老总。"小嘎子一边给他点烟，嬉笑着央求说。

"那不有烟头。"果然，门道里扔着半截烟头。小嘎子上前拾起来，故意找着"红眼儿"对火。可是，那小子忘恩负义地闪到墙角里去了。真是事有凑巧，恰在这时，从东来了一群鬼子。前头那个，巴斗脑袋，蛤蟆眼，一撮小黑胡，牵着条滚瓜肥的大洋狗，直朝大院里走来。小嘎子先看见了，便唱着歌拍着手嚷道："快来瞧，快来瞧！嗨，有位'太君'来到了！""红眼儿"听了，忙一探头，鬼子已到了跟前，慌得把烟卷一扔，咔地就是一个立正，瞪起一对珊瑚烂眼，目送鬼子进门。小嘎子忙拾起烟卷，往他背后一站，一面也瞪着眼目送鬼子，一面把烟头悄悄点在"红眼儿"的后襟上。不一会，那衣襟便冒开烟了。

> 选文通过对嘎子的语言、神态、动作等的描写，塑造了一个面对艰巨任务勇往直前，为了吸引鬼子想尽办法的小英雄形象。

忽然，"红眼儿"抽着鼻子，围着自己的屁股团团打转起来。终于发现后襟上正在呼呼冒烟，忙一面骂着，急往下解子弹袋。小嘎子一见，又唱道："快来看，快来看——黑鸡下了个白鸡蛋！""红眼儿"正忙着灭火，哪里顾得上他。小嘎子可毫不急慢，忙掏出那挂"柳条鞭"，三缠两绕，拴在狗尾巴上，用烟头往药捻上一点，但听得哧地一响，他便举起饼子，晃一晃，照直扔进了二门。"小虎"风似的追了进去。疾能生风，风又助火，叭的一声，大盖枪一般，在"小虎"后腿上炸响了。那狗大吃一惊，哧溜一声就往八仙桌子底下钻，不想叭叭又是两声，它猛地一蹦又蹿出来，直从巴斗脑袋的头上纵了过去。接着噼噼啪啪一阵乱响，烟火和狗毛齐飞，崩得鬼子、"白脖"东仰西翻。那"鞭"就在人群中噼啪爆响；鬼子、"白脖"你爬我滚；满院子烟团朵朵，碎纸纷飞，真比烧了炮仗市还热闹。

门道里的小嘎子，忍着一股一股肠子疼，喊声："老总、太君们自个儿跟自个儿打起来了！"撒腿往外就跑。没等"红眼儿"醒过神来，他已拐过碾子，进了榆司门。这才抱着肚子，笑得一路打跌，好不容易才找到了洞口。可是洞口的战士们正在往外钻，大个李已把机关枪架在对着韩家大院的窗户上了……

> 由原著改编的电视剧《小兵张嘎》，能满足人们连续性的视觉盛宴。画面流畅、并富有地域风貌的独特韵味，烘托出了电视剧中的环境与氛围。改编后的电视剧通过生动的语言形象和动作展现，更加丰满地塑造了人物。另外，电视剧在原著的基础上加进新的情节，故事更加曲折、离奇。

【选自长江少年儿童出版社　徐光耀《小兵张嘎》（内容有删改）】

跟着名著学读写

📚 书宝论坛

> 通过阅读故事的背景资料，我发现很多故事和人物都是真实的，怪不得读起来就像发生在身边一样。原来背景资料对阅读一部作品这么重要。

> 历史时期不同，历史人物的生活方式、价值观不同，我们发现红色小说一个显著的特点就是：故事具有历史性与时代性。

> 我发现故事中写的都是一些平民英雄人物，描写了他们面对困境无畏、对信念坚守、对事业无私献身的精神。

第十章 红色小说

> 这类作品有很多，比如：《小游击队员》《赤色小子》《敌后武工队》《灯光》《红岩》……

整本书阅读

开卷有益

1. 看一看

三本书的封面图案都是人物，通过观察，你发现它们有什么共同之处？又有什么不同？

2. 猜一猜

通过《小兵张嘎》《小英雄雨来》两本书的书名就可以得知主人公的名字和身份，而《闪闪的红星》却是以其他方式命名的，你来猜猜为什么这样命名呢？"闪闪的红星"有什么特殊的意义吗？

跟着名著学读写

3.查一查

因为我们生活在和平年代，对"革命战争"这段历史了解不多，对作品的理解不够深入，所以要想走近作品，就要查阅时代背景、作者的经历、作品的写作背景、人物原型等信息。

掩卷而思

1.做一做

国庆节前夕，班里举行以"阅读红色经典，不忘历史初心"为主题的读书活动，你们小组的任务是制作人物档案卡。选择书中你最喜欢、敬佩的人物形象，快拿起笔行动起来吧！

人物档案卡	人物档案卡	人物档案卡
姓名：	姓名：	姓名：
年龄：	年龄：	年龄：
性格：	性格：	性格：
生活地区：	生活地区：	生活地区：
事迹及影响：	事迹及影响：	事迹及影响：
一句话评价：	一句话评价：	一句话评价：

2.想一想

你设计的人物档案卡在班级文化墙上展出，大家都对你的读书成果赞赏有加。书中的主人公和我们年纪相仿，但他们的童年却不像我们这样幸福。想象一下，如果你可以携带一件现代的物品穿越到战争年代送给小英雄，你想送给谁什么东西？说说你的理由。

3.赏一赏

这些优秀书籍被翻拍成影视作品,至今为人津津乐道。或许你可以和父母、朋友在闲暇时一同观赏,穿越到战争年代,在红色岁月中沉淀。

小兵张嘎(节选)

小嘎子虽早就听说过"挑帘战"的乐趣,没想到会是这么淋漓痛快,一时忘了是在战场上,禁不住跳着脚拍起巴掌来。

正是一步紧,步步紧,小嘎子刚推开风门,哎哟嗬!可不是两个日本鬼子吗?小嘎子一惊,失声叫道:"哎呀,两个鬼……""子"字还未出口,急改口高叫道,"奶奶!有俩太君进院啦!快预备饭哪!"只听屋里微微地呼啦一阵响动,又是钱云清的声音说:"小嘎子,好好把太君往屋里请。"

小嘎子闪开身子,给他们让路。这时,他已发现那个"太君"腰里挎着个皮盒子,一支手枪翘在外面,霎时间,他那馋虫儿似的小舌头,一连在嘴角上逗了好几逗。

"太君"跨进屋去,后头那个鬼子,见两屋的门帘都吊着,以为正用得着他的勇敢,挺起三八式抢在前头,去挑西间的帘子。帘子一起,但听嚓嚓两声,鲜血一冒,大翻身倒栽回来。鬼子官哇呀一叫,回头就跑。说时迟,那时快,小嘎子见他要跑,急甩手咣当把风门一关,鬼子官儿身子才蹿出半截——咔地夹住了后腿,一个嘴啃地,栽在台阶上。接着,从屋里飞出一个战士,啪地就是一枪,那鬼子肚皮贴地,两头儿翘了一翘,骨碌碌滚下台阶去了。刚拔出的手枪,摔出去一丈多远。

就是老鹰抓小鸡也没有这般快疾,小嘎子飞过去只一抄,就把"王八盒子"抢在手里了。啊!你瞧他的心是怎样在飞腾吧,什么过年放炮,什么赶会逛灯,谁能

比得上他此刻的快乐啊!

战士们夺得一道街口,冲出野外,直钻入青纱帐去了。小嘎子在后面紧紧跟着,不断地扭转身子,"王八盒子"叭叭直响,他在乘机朝鬼子们试验新枪哩。

【选自长江少年儿童出版社 徐光耀《小兵张嘎》(内容有删改)】

小英雄雨来(节选)

雨来被推进屋子里。警备队长弯下腰,拉长了他的蔫巴黄瓜脸,圆睁着眼睛,伸出一个手指头,点着雨来的鼻子,咬着牙恶狠狠地说:

"要跟我说半句谎话,我就把你活活打死!你看看!"

其实,雨来进屋就看见了,牛皮鞭子、棍子、板凳、绳子、水壶、辣椒面,炉子里烘烘地烧着两根铁筷子。过梁上结着一根绳子,好像一条死蛇一样那么往下吊着。

警备队长转身坐在椅子上,掏出花布手绢,擦他的蔫巴黄瓜脸,然后又掏出烟卷,一边在大拇指指甲上戳打着,一边拿眼睛斜视着雨来:"你是谁的勤务?"

敌人把雨来看成游击队里某个干部的小勤务员了。雨来直着眼睛望着正在划火点烟的警备队长,反问:"什么勤务?"

警备队长把熄灭的火柴使劲往地上一扔,说:"你是侍候哪个八路军干部的?"

"哪个我也不侍候!"

警备队长吸着烟,沉默了片刻,突然问他:"你们队长叫什么名字?"

雨来早横了心了,只回答了三个字:"不知道。"

"你们有多少人?"

"不知道。"

警备队长停顿了一下,用那样凶狠威胁的目光盯着雨来,用那种拖长的声调,问:"你们常在什么地方住哇?"

"不知道。"

警备队长瞥了雨来一眼,仍旧用那种拖长的声调问:"你的枪哪?"

雨来咬牙切齿地说:"我要有枪早把你们打死了!"

警备队长听了这话,就像有人从背后冷不防在后脑勺上打了他一巴掌,瞪着眼睛,张着嘴巴,气得呆呆地坐在椅子上说不出话。

他伸手"啪"的一声,在雨来的脸上打了一巴掌。雨来一声不响,站在那里,怒气冲冲地两眼盯着敌人。警备队长咬牙切齿地伸手拧雨来的嘴巴。雨来想反正是活不成了,心一横,趁势一口咬住这家伙的手。

【选自北京教育出版社　管桦《小英雄雨来》(内容有删改)】

闪闪的红星(节选)

爹:

你给我和母亲的信,我收到了。

但是,母亲再不能看到你的信,她已经在十四年前牺牲了。母亲是一个优秀的共产党员,虽然她的党龄只有一天多,但是她作为一个崇高的党员形象,却永远留在人们的心中。她是进村发动群众,为掩护一个同志而被捕的。敌人从妈妈口中一个字也没问出来,便把她吊在村东头的大树上,在她的脚下点起了大火……妈妈英勇地牺牲了,她是我的好母亲。尽管那时我还年幼,可是妈妈的血在我的身上奔流着,我立志要做妈妈那样勇敢的、高尚的人。

童年的记忆,总是那么深刻和清晰。爹,我一闭上眼睛就能看到你:浓眉下闪动着一双有神的眼睛,头上戴着八角帽,帽上闪着红星。爹,你给我的那颗红五星,我还一直保留着,我千遍万遍地看过它,每次看到它,都像看到了你。我曾经带着它,黑夜中迎着北斗去找延安,我曾经带着它,在大风浪里横渡长江,去找解放军。十五年来,我把这颗红五星紧紧地带在身边。虽然已经十五年了,你看这颗红五星还是那样红艳艳的。

这多少年来,我像一棵幼苗,是人民用血汗灌溉我成长;我是一个幼儿,是人民用奶汁把我喂大。我身上也流动着革命人民的血,他们的痛苦就是我的痛苦,他们的希望就是我的希望。我永远忘不了我们人民所受的苦难,为了人民的解放,粉身碎骨我都甘心情愿。

妈妈牺牲之前,留下一件夹袄给我,十五年来,我一直保留着它。现在我把它寄给你,你见到它,就像见到了我那刚强的妈妈。

天已经亮了,我要返回部队了,就写到这里吧!致革命的敬礼!

儿　震山(冬子)

【选自北京教育出版社　李心田《闪闪的红星》(内容有删改)】

跟着名著学读写

1. 选段一和选段二中的哪些情节令你印象深刻？请你记录下来并谈谈自己的感受。

选 段	主人公	情 节	感 受
选段1			
选段2			

2. 选段三是《闪闪的红星》中潘冬子写给阔别十五年的父亲的信。从这封信中，你读出了他对母亲、父亲、人民有着怎样的情感？

对母亲：_____

对父亲：_____

对人民：_____

3. 三个选段中呈现的主人公形象有什么共同之处，又有什么不同之处，你能总结出来吗？

人 物	共同点	不同点
嘎 子		
雨 来		
潘冬子		

4. 如今的我们，生活幸福安逸，享受着亲人的关爱、物质的富足、科技的便利。这些，都是革命先辈用自己的无怨无悔、临危不惧、英勇无畏换来的。我们将永远感恩他们的付出，你一定有许多话想对他们说，请畅快地表达吧！

5. 在《闪闪的红星》中,潘冬子的父亲参加战斗前从挎包上撕下一颗红五星作为纪念。这颗红五星伴随冬子从年幼到成熟,给了他坚持的勇气、信心和希望。你的生活中有没有支撑你克服困难的"宝物",也许是同学借给你的橡皮,也许是老师关心的话语,也许是母亲疼爱的眼神……写出来和大家分享吧!

_____
_____
_____

习作指南

革命志士们抛头颅、洒热血,用鲜血谱写出了可歌可泣的史诗。阅读红色经典小说,满腔的爱国热情和对先辈们的敬佩之情犹如滔滔不绝的江水在我们心头流淌开来,我们可以用文字将读后的情感记录下来。下面是老师为你总结的读后感小妙招,希望对你有所帮助!

一、阅读原文选感点——要准

读后感的"感"因"读"而起,认真透彻地研读是有感而发的基础。阅读红色小说要弄清它的主要情节、主要人物和他们之间的关系,以及故事发生在什么时代背景下。除此之外,还要弄清楚作品揭示了人物的哪种精神品质,反映了什么样的社会现象,表达了作者怎样的思想感情,作品的哪些章节使人受感动,为什么令人感动等。

红色小说可以写成读后感的方面很多。如对原文中令你记忆深刻的情节、人物的英雄品质、字里行间流露的情感,甚至对一个句子有感受都可以写成读后感。但注意,要选准"感点"。一篇文章,可以排出许多感点,但在一篇读后感里只能论述一个中心,切不可面面俱到,所以紧接着便是对这些众多的感点进行筛选比较,找出自己感受最深、现实针对性最强、自己写来又觉得顺畅的一个感点,作为读后感的中心。

二、引述材料明观点——要精

接下来,就要引用文中的材料来表明自己具体的观点。在红色小说中,总有些故事情节让人惊心动魄回味无穷,或是感动不已难以忘怀,不过,读后感的精髓在于"感",我们不能将整个情节照搬照抄,将一篇读后感变成小说的复述,而是根据自己的理解对这些内容进行简练精准的概括,突出重点。

三、联系实际讲道理——要深

除了引用小说中那些引起"感"的事实，还要叙述自己联系到生活中的一些事例。读后感中的"叙"讲究简单扼要，它不要求"感人"，只要求能引出事理。

写读后感最忌就事论事和泛泛而谈。就事论事撒不开，文章就过于肤浅；泛泛而谈，往往使读后感缺乏针对性，不能给人以震撼。联，就是要紧密联系实际，既可以由此及彼地联系现实生活中相类似的现象，也可以由古及今联系现实生活中其他的种种问题。比如我们阅读的《小兵张嘎》《小英雄雨来》和《闪闪的红星》，故事中的主人公都和我们年纪相仿，在阅读时我们常常会联想到自己。通过联系生活实际讲道理证明观点的正确性，使文章提出的观点更加突出深刻，更有说服力。

四、总结升华表情感——要真

结尾不宜"假大空"，要简明扼要表达自己的真情实感，文章就会情真意切，生动活泼，使人受到启发。

相信你已经胸有成竹了，拿起笔写一写吧！

第十一章 探险小说

图说名著

英国作家丹尼尔·笛福被誉为"英国与欧洲小说之父"。《鲁滨逊漂流记》是他59岁时所写的第一部小说。这本小说被认为是第一本用英文以日记形式写成的小说,享有英国第一部现实主义长篇小说之誉。

全书以鲁滨逊·克鲁索冒险的经历作为线索展开。主人公鲁滨逊·克鲁索出生于一个中产阶级家庭,一生志在遨游四海。一次在去非洲航海的途中遇到风暴,只身漂流到一个无人的荒岛上,开始了一段与世隔绝的生活。他凭着强韧的意志与不懈的努力,在荒岛上顽强地生存下来,经过28年得以返回故乡。

跟着名著学读写

名师点拨

什么是探险小说？

探险小说是通俗小说的一种，准确的叫法应为冒险小说。它以各种不寻常的冒险事件为描写的中心线索，主人公往往有不平凡的经历、遭遇和挫折，情节紧张、冲突尖锐、场面惊险、内容离奇。广义的冒险小说一般可分为两类题材：一类描写人与人、人与社会势力的冲突，另一类则指人与环境、人与自然的冲突；狭义的冒险小说专指后一类。

探险小说代表作家

国外探险小说家及作品

马克·吐温的《汤姆·索亚历险记》和《哈克贝利·费恩历险记》、斯蒂文森的《金银岛》等。

国内探险小说家及作品

国内较著名的探险小说作家是亚凰，代表作为"洛克王国探险笔记"系列、"飞弹男孩"系列等等。他是国内少有的研究人类探险史的学者。

怎样阅读探险小说？

一要关注惊险情节

探险类小说与其他类小说不同之处是：这类小说在惊心动魄的情节中处处透着"险"，所以我们要特别关注小说中"惊险"的情节，"如何险？""险在哪？"从而体会作者用生动逼真的细节把虚构的情景写得使人如同身临其境，使故事具有强烈的真实感。

二要分析人物性格特征

阅读探险类小说除了要关注惊险的情节外，还要从惊险曲折的情节入手，来把握人物的性格特征。情节是人物性格的历史。欣赏人物形象，可以从情节入手，据情论人。

根据故事情节分析人物性格特征，必须注意以下几点：

第一要注意人物性格的复杂性、多重性，多角度进行分析。

第二要分清主次，把握其主要性格特征。

第三要把握人物性格的发展变化。

第十一章 探险小说

第四要从人物间的关系入手,分析人物性格。有的小说突出一个人物,而有的小说突出的人物往往不止一个,这就要求我们准确分析几个人物之间的关系,确定主次,从他们之间的复杂关系中,把握主要人物的性格特征。

三要了解写作背景

了解名著的写作背景,更能帮助我们理解作品的内容和价值。

以《鲁滨逊漂流记》为例:作者笛福生活的时代,正是英国资本主义开始大规模发展的年代。这部小说是以亚历山大·赛尔柯克在荒岛上的真实经历为原型的。据当时英国杂志报道,1704年4月,赛尔柯克在海上叛变,被船长遗弃在距智利海岸900多公里的胡安·费尔南德斯群岛中的一个叫马萨捷尔的小岛上。4年零4个月后被航海家发现而获救。那时,赛尔柯克已忘记了人的语言,完全变成了一个野人。笛福受这件事的启发,构思了鲁滨逊的故事。但在小说的创作过程中,笛福从自己对时代的感受出发,以资产阶级上升时期的冒险进取精神和18世纪的殖民精神塑造了鲁滨逊这一形象。

> 同学们,探险小说的阅读方法学会了吗?下面就让我们用学到的方法来读一读这本书的内容吧!

解救"星期五"

在这样的等待中大约又过了一年半时间。一天清晨,我忽然发现有五只独木舟在岛这头靠了岸,船上的人都已上了岛,但却不知道他们去哪儿了。他们来的人这么多,把我的计划彻底打破了。<u>因为我知道,一只独木舟一般载五六个人,有时甚至更多。现在一下子来了这么多船,少说他有二三十人,我一个人单枪</u>

> 读到此处让我们感到恐惧,情况十分危险,鲁滨逊要面对被野人屠宰的恐惧,发现野人的船只,"恐惧万分不安的心情",并不是说鲁滨逊胆小,而是突出遭受野人宰割的恐怖。

匹马，如何能对付呢！因此，我只好悄悄躲到城堡里去，坐立不安，一筹莫展。可是，我还是根据过去的计划，进行作战准备，以便一有机会，立即行动。我等了好久，留神听他们的动静，最后，实在耐不住，就把枪放在梯子脚下，像平时那样，分作两步爬上小山顶。我站在那里，尽量不把头露出来，唯恐被他们看见。我拿起望远镜进行观察，发现他们不下三十人，并且已经生起了火，正在煮肉。至于他们怎样煮的，煮的究竟是什么肉，我就不得而知了。这时，只见他们正手舞足蹈，围着火堆跳舞。他们做出种种野蛮难看的姿势，按自己的步法，正跳得不亦乐乎。

> 这真是一个可怕的景象。那些残忍的家伙一边吞食，一边寻欢作乐。这场食人宴，让我们看了触目惊心。

正当我观望的时候，从望远镜里又看到他们从小船上拖出两个倒霉的野人来。这两个野人大概是他们事先放在船上的，现在拖上岸来准备屠杀了。我看到其中一个被木棍或木刀乱打一片，立即倒了下去。接着便有两三个野人一拥而上，动手把他开膛破腹，准备煮了来吃。另一个俘虏被撂在一边，到时他们再动手拿他开刀。这时，这个可怜的家伙看见自己手脚松了绑，无人管他，不由起了逃命的希望。他突然跳起身奔逃起来，他沿着海岸向我这边出跑来，其速度简直惊人。我是说，他正飞速向我的住所方向跑来。

在他们和我的城堡之间，有一条小河。我看得很清楚，那逃跑的野人必须游过小河，否则就一定会被他们在河边抓住，这时正值涨潮，那逃跑的野人一到河边，就毫不犹豫纵身跳下河去，只划了三十来下便游过了河。他一爬上岸，又迅速向前狂奔。后面追他的那三个野人到了河边。其中只有两个会游水，另一个却不会，只好站在河边，看其他两个游过河去。又过了一会，他一个人就悄悄回去了。这实在救了他一命。

我注意到，那两个会游水的野人游得比那逃跑的野人慢多了，他们至少花了一倍的时间才游过了河。这时候，我脑子里突然产生一个强烈的、不可抗拒的欲望：我要找个仆人，现在正是时候，说不定我还能找到一个侣伴，一个帮手哩。这明明是上天召唤我救救这个可怜虫的命呢！

> 解救"星期五"的过程真的很惊险，如果稍有闪失，连鲁滨逊的性命都不保，但鲁滨逊还是冒险救"星期五"，表现出鲁滨逊乐于助人，富有正义感、同情心的精神品质。

第十一章 探险小说

我立即跑下梯子，拿起我的两支枪——前面我已提到，这两支枪就放在梯子脚下。然后，又迅速爬上梯子，过山顶，向海边跑去。我抄了一条近路，跑下山去，插身在追踪者和逃跑者之间。我向那逃跑的野人大声呼唤。他回头望了望，起初仿佛对我也很害怕，其程度不亚于害怕追赶他的野人。但我用手势召唤他过来，同时慢慢向后面追上来的两个野人迎上去。等他俩走近时，我一下子冲到前面的一个野人跟前，用枪杆子把他打倒在地。我不想开枪，怕枪声让其余的野人听见。其实距离这么远，枪声是很难听到的，即使隐隐约约听到了，他们也看不见硝烟，所以肯定会弄不清是怎么回事。第一个野人被我打倒之后，同他一起追来的那个野人就停住了脚步，仿佛吓住了。于是我又急步向他迎上去。当我快走近他时，见他手里拿起弓箭，准备拉弓向我放箭。我不得不先向他开枪，一枪就把他打死了。那逃跑的野人这时也停住了脚步。这可怜的家伙虽然亲眼见到他的两个敌人都已经倒下，并且在他看来已必死无疑，但却给我的枪声和火光吓坏了。他站在那里，呆若木鸡，既不进也不退，看样子他很想逃跑而不敢走近我。

我向他大声招呼，做手势叫他过来。他明白了我的意思，向前走几步停停，又走几步又停停。这时，我看到他站在那里，浑身发抖。他以为自己成了我的俘虏，也将像他的两个敌人那样被杀死。我又向他招招手，叫他靠近我，并做出种种手势叫他不要害怕。他这才慢慢向前走，每走一二十步便跪一下，好像是感谢我救了他的命。我向他微笑，作出和蔼可亲的样子，并一再用手招呼他，叫他再靠近一点。最后，他走到我跟前，再次跪下，吻着地面，又把头贴在地上，把我的一只脚放到他的头上，好像在宣誓愿终身做我的奴隶。我把他扶起来，对他十分和气，并千方百计叫他不要害怕。

但事情还没有完。我发现我用枪杆打倒的那个野人并没有死。他刚才是被我打昏了，现在正苏醒过来。我向他指了指那个野人，表示他还没有死。他看了之后，就叽里咕噜向我说了几句话。虽然我不明白他的意思，可对我来说听起来特别悦耳，因为这是我二十五年来第一次听到别人和我说话，以前我最多也只能听到自己自言自语的声音。当然，现在不是多愁善感的时候。那被打倒的野人已完全清醒，并从地上坐了起来。

我发现被我救出的野人又有点害怕的样子，便举起另一支枪准备射击。这时，我那野人（我现在就这样叫他了）做了个手势，要我把挂在腰间的那把没鞘的刀借给他。于是我把刀给了他。他一拿到刀，就奔向他的敌人，手起刀落，一下子砍下了那个野人的头，其动作干脆利落，胜过德国刽子手。然后他把刀还给了我，做了许多莫名其妙的手势，把他砍下来的野人头放在我脚下。

他懂了我的意思后，就用手势表示要把两个尸体用沙土埋起来，这样追上来的野人就不会发现踪迹。我打手势叫他照办。然后，我叫他跟我一起离开这儿。我没有把他带到城堡去，而是带到岛那头的洞穴里去。

跟着名著学读写

到了洞里，我给他吃了些面包和一串葡萄干，又给了他点水喝。这个可怜的家伙一倒下去就呼呼睡着了。

他一醒来就跑到洞外来找我，因为当时我正在挤羊奶，我的羊圈就在附近。<u>他一见到我，立刻向我奔来，趴在地上，做出各种各样的手势和古怪的姿势，表示他臣服感激之心。最后，他又把头放在地上，靠近我的脚边，然后又像上次那样，把我的另一只脚放到他的头上，这样做之后，又向我作出各种姿势，表示顺从降服，愿终身做我的奴隶，为我效劳。</u>他的这些意思我都明白了。我告诉他，我对他非常满意。不久，我就开始和他谈话，并教他和我谈话。首先，我告诉他，他的名字叫"星期五"，这是我救他命的一天，这样取名是为了纪念这一天。

> 星期五，是个野人，智力不高，但忠诚、善良、勇敢，被鲁滨逊救下后一心一意地追随鲁滨逊，从未想过背叛，性格淳朴。

【本文选自长江出版社 ［英国］丹尼尔·笛福 著，郑毅 编《鲁滨逊漂流记》】

写作背景：这部小说是笛福受当时一个真实故事的启发而创作的。1704年9月，一名叫亚历山大·塞尔柯克的苏格兰水手与船长发生争吵，被船长遗弃在大西洋中，在荒岛上生活4年4个月之后，被伍兹·罗杰斯船长所救。笛福便以塞尔柯克的传奇故事为蓝本，把自己多年来的海上经历和体验倾注在人物身上，并充分运用自己丰富的想象力进行文学加工，使"鲁滨逊"不仅成为当时中小资产阶级心目中的英雄人物，而且成为西方文学中第一个理想化的新兴资产者，它表现了强烈的资产阶级进取精神和启蒙意识。

第十一章 探险小说

书宝论坛

通过学习，我们了解到探险类小说的特点是以不寻常的冒险事件为描写的中心线索，情节紧张、冲突尖锐、场面惊险、内容离奇。有的探险小说以突出人物为主，而有的却突出故事情节。

我还知道，探险类小说里，还有很多地理方面和科学方面的知识呢！

你知道的可真多！《八十天环游地球》这本书中，凡尔纳借福格的行踪，描写了欧洲、南亚、东亚、北美各地的地形地貌、气候特征、城市建筑特色和风土人情，仿佛一部刻画入微的宏大的地理科普书一般，将精确的风情和书中人物跌宕起伏的命运紧密结合，使世界各地奇诡的宗教风俗和当地习惯势力成为情节的"推进器"。

跟着名著学读写

科幻小说里也会有很多科学知识，它跟探险类小说有什么区别呢？

科幻小说是科学与幻想的结合，以已知的科学知识与科技成就为基础，对未来的科学发展与科技成就进行深入推测的小说类型，是在尊重科学结论的基础上进行合理设想（而非妄想）而创作出的文艺，以叙事为重点。

虽然都是小说，都有故事情节，但因小说的类型不同，情节的侧重点也有所不同，比如动物类小说侧重故事情节的情感，而探险类小说侧重的是情节的惊险。

整本书阅读

开卷有益

阅读一本书，我们首先接触的就是封面，从封面上，我们可以知道哪些信息？

我们可以看到作品名称、作者、译者、出版社、丛书系列名称等。

这幅图讲述的是哪一个情节呢？相信你通过阅读，会找到答案的。

翻开书皮，我们会发现，在小说的正式内容开始之前，往往会出现作者简介、目录或者是前言、序等。请同学们快速默读前言，看看你有什么发现。

目录1	
航海梦想	1
初次航行	4
奴隶生活	8
亡命天涯	11
定居巴西	17
再次远游	20
劫后余生	24
荒岛生活	32
落难日记	37
丰衣足食	49

目录2	
环岛旅行	59
驯养山羊	65
人类足迹	73
食人盛宴	79
失事大船	82
南柯一梦	90
星期五	94
一场激战	107
新的希望	123
重返人间	137

通过阅读目录，可以大致了解故事的情节。"星期五"是表示日期吗？除了这个标题外，都是四字词语，新颖别致，主旨突出。我们可以借鉴到自己的习作中。

掩卷而思

※ 同学们,下面我们来聊聊鲁滨逊的四次航海经历吧!

第一次出海 →目的地→ ( ) →结果→ 遇到暴风雨,历尽艰险,终于获救

第二次出海 →目的地→ ( ) →结果→ ( )

第三次出海 →目的地→ ( ) →结果→ ( )

第四次出海 →目的地→ ( ) →结果→ ( )

※ 鲁滨逊流落荒岛后,始终保持着积极乐观的人生态度,你认为鲁滨逊坚韧不拔的意志体现在哪些具体事例中,请至少写出三件,并分别起一个小标题。

※ 或许我们一辈子都不会遇到鲁滨逊这样的困境,但人生不如意十之八九,如果你在生活中或者学习上遇到了困难,你会怎么想,又会怎么做呢?请你回忆当时那件事带给你的好处与坏处,将它们一一对应列出来。

好处 VS 坏处

第十一章 探险小说

※ "一千个读者就有一千个哈姆雷特。"读了这本书,你最深的感受是什么?

我们在写感悟的时候,可以从人物的精神品质去思考。

可以从运用的修辞手法来考虑,还可以从人物的心理活动、精彩的对话、丰富的想象、细腻的环境描写等来感悟。

总之一句话,要熟读而深思!请写下你的感受与大家交流吧!

_____
_____
_____

你还可以读更多

如果说广阔无垠的天空属于每颗星星,那么,浩瀚无边的大海就属于每个普通又不平凡的鲁滨逊。同学们,你是否对探险类小说意犹未尽呢?下面的三本书推荐给你!

《汤姆·索亚历险记》是美国小说家马克·吐温创作的长篇小说。故事发生在美国密西西比河畔的一个普通小镇上。主人公汤姆·索亚天真活泼、敢于探险、追求自由,不堪忍受束缚个性、枯燥乏味的生活,幻想干一番英雄事业。小说通过主人公的冒险经历,对美国虚伪庸俗的社会习俗、伪善的宗教仪式和刻板陈腐的学校教育进行了讽刺和批判,以欢快的笔调描写了少年儿童自由活泼的心灵。

跟着名著学读写

《哈克贝利·费恩历险记》是美国作家马克·吐温创作的《汤姆·索亚历险记》的续集。故事的主人公是在《汤姆·索亚历险记》中就跟读者见面的哈克贝利·费恩。哈克贝利是一个聪明、善良、勇敢的白人少年。他为了追求自由的生活，逃亡到密西西比河上。在逃亡途中，他遇到了黑奴吉姆。吉姆是一个勤劳朴实、热情诚实、忠心耿耿的黑奴，他为了逃脱再次被主人卖掉的命运，从主人家中出逃。两个人历经种种奇遇。小说赞扬了男孩哈克贝利的机智和善良，谴责了宗教的虚伪和信徒的愚昧，同时，塑造了一位富有尊严的黑奴形象。

《金银岛》是英国小说家罗伯特·路易斯·史蒂文森创作的一部长篇小说。故事讲述的是18世纪中期英国少年吉姆从垂危水手彭斯手中得到传说中的藏宝图，在当地乡绅支援下组织探险队前往金银岛，并与冈恩众人智斗海盗，最终平息了叛变并成功取得宝藏的故事。

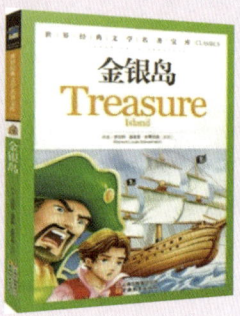

群文阅读

> 下面我们一起开启新的探险之旅吧！
> 请你认真默读下面三个故事节选，每个故事争取在3分钟内完成阅读，来挑战一下吧！

1._____

此后很长一段时间——他俩也说不准到底是多久——汤姆说他们得悄悄地走，听有没有滴水声——他们必须找到一眼泉水。果然很快就找到了一处，汤姆说现在该再休息一会儿啦。两人实在累得够呛,蓓姬却说她觉得她还能再走一小段。汤姆居然不同意,这使她很吃惊,不能理解。他们坐下后,汤姆用些黏土把蜡烛固定在他们面前的岩壁上。两人各想各的心事,一时没有说话。接着蓓姬打破了沉默:

"汤姆,我很饿!"

汤姆从口袋里取出点吃的。

"还记得这个吗?"他问。

蓓姬差点儿笑起来。

"这是我们的结婚蛋糕嘛,汤姆。"

"是啊——我恨不得它有桶那么大,现在就剩下这些东西了。"

"汤姆,这是我在野餐会上省下来好让我俩想着法儿玩的,大人们的结婚蛋糕不也是这样的吗?——如今这将是我俩的——"

她说到这儿就不说了。汤姆把蛋糕分了,蓓姬吃得津津有味,汤姆小口啃着他那一半。最后,他俩又饱饱地喝了一通凉水,结束了这场"宴席"。过了一会儿,蓓姬提议接着往前走。汤姆有一会儿没作声。过后他开口道:

"蓓姬,如果我告诉你一件事,你能受得了吗?"

蓓姬的脸白了,可是她说她受得住。

"那好,蓓姬,是这样的,我们得待在这儿,这儿有水喝。这一小截蜡烛是我们最后的一截儿了!"

蓓姬放声大哭,汤姆使尽全身解数去安慰她,但并不奏效。终于蓓姬说道:

"汤姆!"

"哎,我在。"

"他们会发现我们失踪了,会来找我们的!"

"不错,他们会的!一定会的!"

"说不定,现在正在找呢,汤姆。"

"噢,我想他们兴许是在找。我希望如此。"

"不知道他们什么时候会发现我们不见了,汤姆?"

"大概是上船回去时吧。"

"汤姆,那时候天或许黑了呢——他们会注意到我们没回去吗?"

"我不清楚。不过不管怎么样,他们一回家,你妈妈就会发现你没回来。"

蓓姬的脸上露出害怕的神情,汤姆这才意识到他犯了个大错误。蓓姬这天晚上是不用回家的!两个孩子默默无语,各自思忖着。接着,蓓姬又一阵悲泣,使汤姆明白他心里想的她也想到了——那就是星期天撒切尔太太发现蓓姬不在哈泼太太家时,应该就已经是中午了。

两个孩子眼睛定定地看着那一截蜡烛,瞧着它慢慢地、无情地熔化,最后剩下

跟着名著学读写

半英寸长的烛心。那微弱的烛光忽高忽低，顺着细长的烟柱往上爬，爬到顶部徘徊了一会儿，随后熄灭。于是，恐怖的黑暗完全笼罩了一切。

也不知过了多久，蓓姬才渐渐恢复知觉，明白自己在汤姆的怀里哭泣。然后，好像又经过很长的一段时间后，俩人才从昏睡中醒来，再度一筹莫展。汤姆说现在兴许是星期天了——说不定已经是星期一了。他想引蓓姬开口说话，但是她太悲伤了，她所有的希望全都破灭了。汤姆说家里人一定早已发现他们没有回去，因此毫无疑问，人们正在寻找。他要喊叫的话，会有人听到的。他试着喊了一声。但是在黑暗中，回声听起来十分可怕。他只好停下来，不再叫喊。

时间一分一秒地逝去，饥饿又来折磨这两个被困的孩子了。汤姆那一半儿蛋糕还剩下一点儿。他们又分着吃了，可是他们越吃越觉得饿。这可怜的一点点食物只不过刺激了食欲。

过了一会儿，汤姆说，"嘘！你听见了吗？"

两人屏住呼吸静心听着，远处传来一阵模糊不清的喊叫声。汤姆立刻回了一声，用手牵着蓓姬，顺着声音传来的方向，摸索着前行。过了一会儿，他又听，又听到那声音，这次明显近了。

"是他们！"汤姆叫道，"他们来啦！快来吧，蓓姬——我们有救了。"

两个被困在山洞里的"囚犯"高兴得忘乎所以。不过他们前进得很慢，因为地面坑坑洼洼，必须小心点儿才行。不久他们遇上了一个大坑，他俩停下脚步。这坑兴许有三英尺深，也说不定有一百英尺——反正是跨不过去的。汤姆伏下身子，胸贴着地，尽量往下探。探不到底。他们只能待在那儿，等搜索的人过来。他们又听，本来就很遥远的喊叫声。现在听起来更远了。又过了一会儿，干脆听不到了。真是倒霉透顶！汤姆直喊得嗓子都哑了，也无济于事。他仍用抱着希望的语气跟蓓姬说话。然而，过了一段令人焦虑的时刻后，再也没有听见那远去的喊叫声。

两个孩子又摸索着回到泉水旁。时间懒洋洋地像是赖着不走，他们又睡着了，等醒来后饥肠辘辘，难受极了。汤姆相信这时该是星期二了。

他突然想出一个主意。附近有许多岔路口，与其闲着承受时间的沉重压力，不如去闯几条碰碰运气。他从口袋里掏出了一根放风筝的线，把它系在一个凸出的地方，他和蓓姬就此出发，汤姆领头，边摸索着走边放着线。走了差不多二十步，通道往下到了尽头。汤姆跪下来往下摸，然后用手尽量往角落四周摸过去。他特别使劲往右边摸得远一点，这时，在不到二十码远的地方，一只举着根蜡烛的手从石头后面露出来了。汤姆欢喜得大叫了一声。那只手的主人——印第安人乔的身体随即露了出来。汤姆吓傻啦,他动弹不得。紧接着,他看到印第安人乔撒腿就跑,转眼就不见了,这可真叫他高兴极了。汤姆觉得印第安人乔根本没听出他是谁,否则肯定会过来杀了他,以报他在法庭上作证之仇。山洞里的回音让人无法辨出谁是谁。毫无疑问这就是乔没能认出他的原因,汤姆这样合计着。方才的惊恐使得汤姆全身都软了。他心想,只要他还有力气,他定能回到泉水旁,待在那儿,任什么也甭想引诱他再去冒遇上印第安人乔的风险啦。他很谨慎,不想让蓓姬知道刚才他看见了什么,他告诉她喊叫不过是想"碰碰运气"。

可是,从长远的角度来说,害怕是次要的,主要的困难是饥饿和疲乏。他们在泉水旁又焦躁地等了许久,接着又长长地睡了一觉,一些变化产生了。两人醒来后,饥饿难忍。汤姆相信这时候一定是星期三或星期四,甚至是星期五或星期六,现在大家一定放弃寻找他俩了,他提议重找一条出路。他觉得撞上印第安人乔或其他什么恐怖的事儿,都已无所谓。现在的问题是蓓姬虚弱得很。她已陷入一种消沉的麻木之中,怎么鼓励也不起作用。她说她就在原地等待死亡——这不会太久啦。她对汤姆说,只要他愿意,就拿着风筝线探路。不过她求他每隔一会儿就回来跟她说说话。她要他答应在最后时刻来临时,一定要守在她身旁,握着她的手,一直握下去。

汤姆吻了她,喉咙里有一种哽咽的感觉,表面上还装出信心十足的样子,相信能找到搜寻的人或者找到出洞的路。然后,他手拿着风筝线,手脚并用地在一条通道里往前爬。饥饿令他沮丧,尤其是想到死亡来临,更令他感到悲伤。

【本文选自南方出版社 [美马克]·吐温著,翟瑞平 编译《汤姆·索亚历险记》】

2._____

我醒来时天已大亮,我发现自己已被冲到金银岛西南方向的海面上。虽然我距离海岸不远,但巨浪不停地拍打在岩石上并反弹回来。如果我硬要冒险靠岸,就会摔死在岩石上,而且岸上还有很多巨大的动物,它们在平坦的岩石上爬行着,吼叫着。我当时害怕极了,后来才知道它们是海狮,根本不会伤人。但在当时,它们的模样让我感觉,我宁可饿死在海上,也不愿意去冒险靠岸。

我记得西尔弗曾经提起,在金银岛的整个西海岸有股由南向北的洋流。从我所处的位置上看,应该正是在它的作用范围内,于是我决定节省体力,等海水把我冲到没有峭壁的北岸再登陆。

海浪一起一伏,平稳而有节奏,小艇载着我温柔地前行。我坐起来试着划桨,以

跟着名著学读写

便早点接近北岸。没想到我刚挪动一下身子，小艇就一改轻柔的舞姿，顺着海浪的坡面陡然坠落，使我头晕眼花。紧接着船头猛地扎入下一个浪头，溅起许多浪花来。

我吓得半死，连忙照老样子躺下，终于，小艇又恢复了先前的节奏，载着我轻快地在海上漂流。我躺在小艇里，小心翼翼地用自己的水手帽把船里的水舀出去，然后研究小艇为何能够安稳地滑过一个个浪头。我发现，一股股的波浪，好像陆地上连绵起伏的丘陵，倘若任由小船自行漂荡，它会左右回旋着避开浪头，自然地转入波谷里"躲起来"，我思量着：我必须老老实实躺在原处，不能破坏船的平衡。然而我也可以把桨伸出艇边，不时地向岸边划两下。主意已定，我立刻行动。我用胳膊肘支撑住身体，以极其别扭的方式试着躺下来，不时轻轻地划上一两下，使船头渐渐朝向陆地。

这是一件吃力的工作，而且情况越来越难熬，因为我口渴得厉害。火辣辣的太阳让我口干舌燥，溅到脸上的海水被晒干后在我的脸上和嘴唇上形成盐霜，这一切让我头痛欲裂，简直无法忍受。

我离海岸越来越近了。就在我正前方不到半英里的地方，新出现的惊愕占据了我的心灵，我不禁瞪大了眼睛。

只见"希斯帕诺拉"号的风帆鼓满了风，正朝着西北方向扬帆航行。我猜想船上的人可能想绕着小岛转回锚地。然而现在它开始越来越向西偏，这让我以为他们发现了我，要追过来抓我。可是，最终它却转向风吹来的方向，无助地停泊在那儿不动了，船帆贴着桅杆，震颤不已。

"真是一群饭桶！"我自言自语，"他们这会儿一定醉得像死猪一样。要是斯摩利特船长知道了，一定会把他们骂得狗血喷头。"过了一会儿，大船又启动了，然而却是时而向左，时而向右，不论东西南北地横冲直撞，每次大转弯过后又恢复原状。我这才明白，船上没有人掌舵。那么，人都到哪儿去了呢？我想，他们如果不是醉得像死人一般，那就是已经离开大船。那么，如果我能登上大船的话，我可能会使它重新回到斯摩利特船长手中。

这个充满冒险性的念头不禁让我跃跃欲试，尤其想到放在前甲板升降口旁边的淡水桶，更是让我勇气倍增。

不料我刚坐起身来，就被溅了一身水，但我已下定决心全力以赴，于是我小心翼翼地朝着无人驾驶的"希斯帕诺拉"号划去。

有段时间，大船突然不再打转了，这实在是很糟糕。因为大船此时正处于无人驾驶的状态，船帆被吹得砰砰作响，如果一直这样下去，风力的推移会让我赶不上它。

第十一章 探险小说

然而我的机会来了，不久，风力减弱，大船在潮水的拨转下又开始打转，终于让我看到了船尾。

就在我离大船越来越近时，突然一阵风刮来，船帆鼓满风，像只燕子俯身掠过一般，在水面滑动起来。

起初我感到微微地失望，不过马上就转忧为喜了，因为就在它转动船身的同时，另一侧船舷渐渐向我靠拢过来，把我们之间的距离慢慢缩短为一半、三分之二、四分之三。

不过形势马上让我意识到不妙。就在我来不及思考，也来不及自救时，我的小艇正处在一个大浪的浪头上，与此同时，大帆船乘着另一个大浪向着小艇骤然压下来。大帆船船头倾斜的桅杆正好横在我的头顶。我双手攀住帆船的第二斜桅，纵身一跃，小艇被踩入水中。就在我悬在半空中时，一声沉闷的撞击提醒我：大船已把小艇撞沉了。我无路可退，只能留在"希斯帕诺拉"号上了。

【本文选自云南教育出版社　［英］罗伯特·路易斯·史蒂文森著，龚勋 主编《金银岛》】

3.＿＿＿＿＿＿＿＿＿＿＿

我们的目的是先到俄亥俄河畔。它位于伊利诺伊州南面的凯劳和密西西比的交汇处。按当前的速度，大约再过三天，我们就可以到达凯劳了。到时，我们就可以卖掉木排，改坐轮渡，顺着俄亥俄河向北前进，去解除了蓄奴制的北方自由州生活，到了那里，我和杰姆就不会有任何麻烦了。

第二天晚上，河面上起了大雾，雾气迅速向我们围拢，我在小筏子上拉着缆绳，试图找个合适的地方拴住木排，突然，有股急流冲了过来，木排被冲远了。我飞快地划进了白雾之中，但是根本分不清方向，河面上没有任何声响！

我多么希望杰姆可以拿个铁盆什么的敲敲，但是他没有任何行动。真是烦人！我在迷雾中隐约听到了喊声，但是不知道这声音是从什么地方传来的。我往前伸脖子听，觉得喊声在身后，但回过头听，喊声又仿佛从别的什么地方传来的，弄得我晕头转向，不知所措。最后，我干脆扔下桨，坐在筏子上冷静下来。这样一来，我终于明白，是水流在不断地冲击我的筏子，使筏子的方向不断发生变化，所以我根本分不清声音是从哪个方向来的，而且大雾不仅让我迷失了方向，还让一切声音都发生了变化。但是，只要发出喊声的是杰姆，那就没什么事。

那喊叫声还在雾中不停地回荡，不一会儿，我就听到"轰"的一声——我的筏

　　子撞到了岸边，而且是陡峭的悬崖。我抬头一看，有一个浑身冒着烟的"妖怪"在我头顶，那是棵参天大树。水流十分湍急，小筏子被抛到了急流中，我看着身边那些疾驰而过的树影，终于知道自己漂得有多快了。

　　过了一会儿，又是一片白雾，周围静极了，我坐在筏子上，一动不动，除了自己的心跳声，什么声音也听不见。我敢保证，我的心跳已经超过了每分钟一百下，我甚至连呼吸都非常小心。我觉得我的心都死了，刚刚那个陡峭的崖壁，应该是个小岛，杰姆也许已经漂到岛的另一边去了。

　　我努力地竖着耳朵倾听周围的一切，这样坚持了大约十五分钟。我干脆躺在了筏子里。筏子一直在水面上漂啊漂，没想到，一个小时左右，我就漂了四五英里远。当我刚刚看到那些急流中一闪而过的水中树影时，我并没有意识到水流得有多急，但是深呼吸以后，再回头想想，我的天，那些树影消失得多快呀！要是你不知道一个人在大雾弥漫，四周一片沉寂，水流又快得惊人的夜里漂在水上是什么滋味儿的话，你大可以自己去试试。

　　但是有一点我非常确信，木排的速度跟我的小筏子速度差不多，而且在滩岸一带，都受到了阻力，要不然，我早就听不见喊声了。

　　过了一会儿，喊声就消失了。我感觉自己到了比较开阔的河面，我担心杰姆会不会撞在水中的树上，要是那样就惨了。但是，这个时候，我已经困得不行了，实在没有精神去操心了。我闭上眼睛，想让自己打个盹儿。

　　当我睁开眼睛的时候，大雾已经消散了，天空中布满了星星，我觉得我不仅仅是打了个盹儿，而是实实在在地睡了一大觉。我站起身来划着桨，顺着一个大河湾向下游前行。一开始，我并不知道自己到底在哪里，还认为在做梦呢。但是，随着脑子渐渐地清醒过来，我终于想起了所有的事。

　　这一段河面太宽阔了，在星光下，两岸的大树隐隐约约的，仿佛是两面非常结实的墙。我看见下游有一个模糊的黑点，就赶紧追了过去，可是到了跟前才发现，那只是两根被捆绑在一起的原木而已。接下来，又是第二个黑点，我又追上去，也不是；我继续追第三个黑点，这一次没错，它就是木排。

　　【本文选自天地出版社　［美］马克·吐温 著，立人 编译《哈克贝利·费恩历险记》】

第十一章 探险小说

1. 通过阅读相信你已经对以上三个故事的主要内容有了概括性的了解，下面请你根据自己的理解，为每个故事列一个小标题，写在文章横线处。

2. 这三个故事都在描述主人公"历险"这个情节，请你阅读后完成下面表格。

人　物	遇险地点	遇险经历

3. 三个故事里面的主人公经历的险情中，"险"具体表现在哪里？请你在原文中找到划下来并写上批注。（文章里出现的环境描写以及人物描写都会衬托出当时的"险"情。）

4. 探险类小说的主人公，有时是一个，有时是多个，这就要求我们准确分析几个人物之间的关系，确定主次，把握主要人物的性格特征。

在上面的三个故事中，你最喜欢哪一个主人公？请简单说出你的理由。

_____

_____

5. 当你把文章看了一遍以后，想象着把内容讲给别人听，说出来的内容就是梗概，梗概包括时间、人物、地点、事件、经过、结果等。请你选择三个故事中最感兴趣的一个，来写一写梗概吧。

习作指南

或许在我们的童年生活中，不曾有像汤姆·索亚、哈克贝利·费恩、吉姆这三孩子一样的探险经历。可是人生是冒险的、刺激的，在每个人的成长过程中都有探险的经历。你的探险经历是怎样惊心动魄、激动人心呢？

要想把这篇习作写成功，要谨记下面的小提示哦！

写自己的故事，以小见大

我们的生活中充满了幸福，缺少亲身探险的经历，所以大多数同学对"探险"这个话题还是比较陌生的。不过，大家回忆一下，第一次走夜路、第一次独自去上学、第一次攀岩挑战……那时的你是否感到害怕？渐渐地，你变得越来越勇敢了吗？这些都可以作为参考。只有亲身经历，才能写得精彩，给人以身临其境的感觉。

加强人物描写，更具感染力

人在探险过程中，心理活动是不断变化着的，有时好奇，有时期待，有时害怕，有时惊喜，我们要写出这种心理变化。还要采用恰当的动词，写出人在探索过程中的连续性动作描写，从而使习作更具感染力。

所以建议同学们在习作中加强对人物的动作描写、语言描写、心理描写、神态描写等。

注重景物描写，渲染气氛

写这篇习作时，生动的景物描写可以增加险情，渲染气氛，体现一个"险"字，吸引读者的阅读兴趣。写作时，要将环境的奇特之处作重点描写。比如山峰高耸入云、山洞深不见底、河水湍急咆哮、虫兽出没等等，把这些景物写活了，就能及时地引出文中人物的相关活动。当然，这也能让读者产生身临其境的感觉。

作文形式创新，标新立异

这篇习作虽是记叙文，写自己的探险故事，以事情的发展为顺序，但是可以写题记、加小标题、排比段开头结尾等，也可以日记形式呈现。别忘了，还有小说呢。

说了这么多，是不是已经打开了你的思路呢？开始动笔吧！

第十一章 探险小说

跟着名著学读写

第十二章 科幻小说

　　《流浪地球》讲述的故事背景是：过去无数岁月中作为人类精神支柱存在的太阳变成死亡和恐怖的象征。比起坐以待毙，人类选择挣扎到底。人类做了庞大的地球逃脱计划，逃离太阳系，前往新家园。庞大的地球逃脱计划开始实施。人类将整个巨大地球环境圈化为移民方舟，以此逃离太阳系，前往新家园……

主要阶段：
- 停止地球的自转，并给地球的背面安装发动机。
- 让地球的发动机全速运转，使整个地球都达到逃逸的速度飞出太阳系。
- 脱离太阳系后让地球在外太空持续加速，飞向邻近的恒星。
- 让地球进行再次旋转，然后关闭并前进。
- 把地球系到它的邻居的轨道上，成为一颗恒星的卫星。

主要人物：
- 刘培强：刘启的父亲。国际空间站中的中国航天员，因为执行任务，使得孩子的成长过程中缺少陪伴，导致父子关系疏远。
- 韩朵朵：韩朵朵是孤儿，父母死于海啸，被韩子昂领养。从小在地下城长大，记忆里已经没有外面世界的样子了。

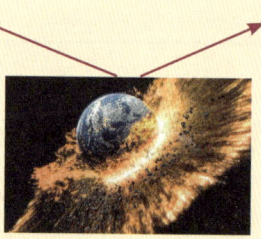

主要行星：
- 水星（☿）
- 金星（♀）
- 地球（⊕）
- 火星（♂）
- 木星（♃）
- 土星（♄）
- 天王星（♅）
- 海王星（♆）

主要情节：
近年来，科学家发现太阳急速衰老膨胀，短时间内包括地球在内的整个太阳系都将被太阳所吞没。为了自救，人类提出了一个名为"流浪地球"的大胆计划，倾全球之力在地球表面建造上万座发动机和转向发动机，推动地球离开太阳系。中国航天员刘培强和国际同人肩负起领航者的重任。转眼，刘启长大了，他带着妹妹韩朵朵偷偷跑到地表，偷开外公韩子昂的运输车，不仅遭到逮捕，还遭遇了全球发动机停摆的事件。为了修好发动机，阻止地球坠入木星，全球展开联合营救。经过重重波折和挑战之后，刘培强用自己的性命拯救了地球。

第十二章 科幻小说

名师点拨

小说：以刻画人物形象为中心，通过完整的故事情节和环境描写来反映社会生活的文学体裁。人物、情节、环境是小说的三要素。

科幻小说：全称科学幻想小说，是一种起源于近代西方的文学体裁，以一种特殊的幻想方式反映人们在生活中所遇到的各种现实难题和生存困境的文学。科幻小说具备"逻辑自洽""科学元素""人文思考"三要素，以已知的科学知识与科技成就为基础，对未来的科学发展与科技成就进行深入推测。

科幻小说分"硬科幻"和"软科幻"。"硬科幻"是以物理学、化学、生物学、天文学等自然科学为基础，描写新技术新发明给人类社会带来影响的科幻作品。"软科幻"小说是情节和题材集中于哲学、心理学、政治学或社会学等倾向的科幻小说，作品中科学技术的重要性降低。它所涉及的题材往往被归类为软科学或人文学科，所以被称为"软"科幻小说。

国外著名的科幻作家：英国的阿瑟·克拉克和赫伯特·乔治·威尔斯、美国的罗伯特·海因莱因和艾萨克·阿西莫夫、法国的儒勒·凡尔纳等。

中国著名的科幻作家：郑文光、叶永烈、童恩正、刘兴诗、肖建亨、王晋康、刘慈欣、韩松、何夕、钱莉芳、柳文扬等。

刘慈欣

阅读科幻小说的方法

一、跨界阅读

单一的审美化的文学阅读无法满足阅读科幻小说的需求。阅读科幻小说，需要知识的多元整合，借助数学、天文学、物理学、逻辑学等多个学科的知识理解故事情节，畅想宇宙图景。跨界阅读可以从两个或更多的学科中整合知识和思维方式，从而促进认知能力提升。科学知识与技术在刘慈欣的《三体》三部曲中随处可见，如理论物理、电磁反射、核爆炸、纳米技术、光速、物质总量等。我们在阅读科幻小说时要注意跨界阅读，增强理解。

- 217 -

跟着名著学读写

二、对照阅读

阅读科幻小说时，可以使用对照阅读策略，将具有一定关联的事件和人物对比参照，在相似中区分其差别，发现其联系。对重要内容进行对照阅读，可以更好地判断作者写作的关键部分，进而理解、评价内容。如刘慈欣《三体》第三部云天明借助自己创编的三个童话故事向程心传递出重要信息，三个故事的解读构成了全书后半部分的主体内容。童话故事中的角色与书中主人公也形成对应关系：如露珠公主与程心，长帆与关一帆等。运用对照阅读策略，学生可以在前后文之间建立联系，加深理解。

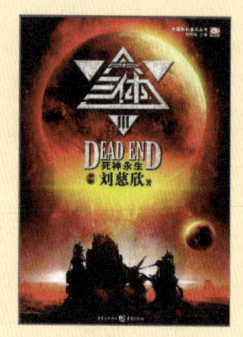

三、故事图式

不同的故事有不同主角、背景、情节、结果。故事图式将故事分解成若干部分，试图描绘故事的层级结构，给读者提供一个框架。刘慈欣的《三体》叙述方式多样，情节结构复杂，故事图式策略可以帮助梳理主要人物的相关故事。

四、分析冲突

文学作品中的"冲突"是指由于人们的立场观点、思想感情、理想愿望及利益等不同而产生的矛盾斗争，既包括人物与周围环境的冲突，又包括特定环境下人物自身的冲突。文学作品由若干矛盾冲突组成，冲突是构成作品情节的基础，是展示人物性格的手段。阅读科幻小说时，我们可以运用"分析冲突"的阅读策略梳理情节，读懂"冲突"背后的价值取向。

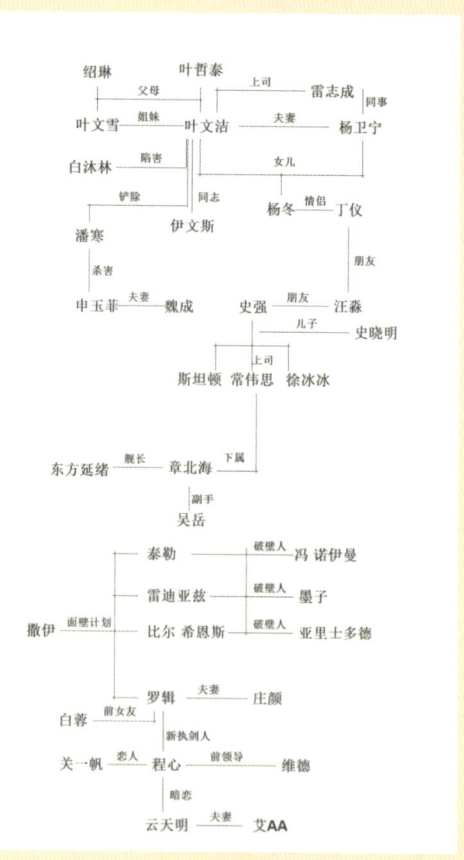

第十二章 科幻小说

书宝论坛

很多小朋友在阅读科幻小说的时候容易陷入一个误区——把科幻小说视同为科普读物。实际上,二者有很大的区别哦!

科普是科学技术普及的简称。科普读物是与科学技术普及有关的书籍。它所介绍的科学知识一定要准确无误。科普读物主要任务是介绍当代科学新成就,也可以介绍以前历史当中先人们的伟大科技成就。

而科幻小说是一种科学幻想小说,它虽然有科学性,具有科普功能,甚至有些科幻小说还具有预言和启发科学发明的功能,但它仍然是文艺作品,不能与科普作品相等同。对于科幻小说,只要它倡导的是一种严肃的科学精神,具有好的创意和深刻的内涵,能够发人深省,就不必对其吹毛求疵。

> 说得好，孩子们。科幻小说带有科学猜想的元素。在小说的叙述过程中，经常会遇到我们不能理解的带有科学元素的词语，不用着急，这些内容在故事中都扮演了重要角色，作者会在适当的时候为我们作出解释，使之自然融入整个科幻世界的架构中。接下来，就让我们走进科幻的世界，体验发现的乐趣，找到打开阅读科幻小说的金钥匙吧！

整本书阅读

流浪地球（节选）

有一天，新闻报道海在融化，于是我们全家又到海边去。这是地球通过火星轨道的时候，按照这时太阳的光照量，地球的气温应该仍然是很低的，但由于**地球发动机**的影响，地面的气温正适宜。能不穿**加热服**或**冷却服**去地面，那感觉真令人愉快。地球发动机所在的这个半球天空还是那个样子，但到达另一个半球时，真正感到了太阳的临近，天空是明朗的纯蓝色，太阳在空中已同起航前一样明亮了。可我们从空中看到海并没融化，还是一片白色的冰原。当我们失望地走出**飞行汽车**时，听到惊天动地的隆隆声，那声音仿佛来自这颗星球的最深处，真像地球要爆炸一样。

"这是大海的声音！"爸爸说，"因为气温骤升，厚厚的海冰层受热不均匀，

> 阅读科幻小说时要关注文中出现的一些"专有名词"，如"地球发动机""加热服""冷却服""飞行汽车"。

这很像陆地上的地震。"

突然，一声雷霆般尖利的巨响插进这低沉的隆隆声中，我们后面看海的人们欢呼起来。我看到海面上裂开一道长缝，其开裂速度之快如同广阔的冰原上突然出现的一道黑色的闪电。接着在不断的巨响中，这样的裂缝一条接一条地在海冰上出现，海水从所有的裂缝中喷出，在冰原上形成一条条迅速扩散的急流……

回家的路上，我们看到荒芜已久的大地上，野草在大片大片地钻出地面，各种花朵在怒放，嫩叶给枯死的森林披上绿装……所有的生命都在抓紧时间发泄着活力。

随着地球和太阳的距离越来越近，人们的心也一天天揪紧了。到地面上来欣赏春色的人越来越少，大部分人都深深地躲进了<u>地下城</u>中，这不是为了躲避即将到来的酷热、暴雨和飓风，而是躲避那随着太阳越来越近的恐惧。有一天在我睡下后，听到妈妈低声对爸爸说："可能真的来不及了。"

爸爸说："前四个<u>近日点</u>时也有这种谣言。"

"可这次是真的，我是从钱德勒博士夫人口中听说的，她丈夫是航行委员会的那个天文学家，你们都知道他的。他亲口告诉她已观测到<u>氦</u>的聚集在加速。"

> 在阅读科幻小说时，遇到地理、物理等学科的专有名词要积极查找资料，辅助阅读。各个星体绕太阳公转的轨道大致是一个椭圆，它的长直径和短直径相差不大，可近似为正圆。太阳就在这个椭圆的一个焦点上，而焦点是不在椭圆中心的，因此星体离太阳的距离，就有时会近一点，有时会远一点。离太阳最近的时候，这一点位置叫作近日点。

"你听着亲爱的，我们必须抱有希望，这并不是因为希望真的存在，而是因为我们要做高贵的人。在前太阳时代，做一个高贵的人必须拥有金钱、权力或才能，而在今天只要拥有希望，希望是这个时代的黄金和宝石，不管活多长，我们都要拥有它！明天把这话告诉孩子。"

……

> 氦(Helium)，为稀有气体的一种。元素名来源于希腊文，原意是"太阳"。1868年法国的杨森利用分光镜观察太阳表面，发现一条新的黄色谱线，并认为是属于太阳上的某个未知元素，故名氦。氦在通常情况下为无色、无味的气体，是唯一不能在标准大气压下固化的物质。氦是最不活泼的元素。氦的应用主要是作为保护气体、气冷式核反应堆的工作流体和超低温冷冻剂。此外，由于密度比空气小且性质稳定，氦还可以作为浮升气体。

跟着名著学读写

氦闪并没有发生，地球高速掠过了近日点，第六次向远日点升去，人们绷紧的神经松弛下来。由于地球自转已停止，在太阳轨道的这一面，亚洲大陆上的地球发动机正对它的运行方向，所以在通过近日点前都停了下来，只是偶尔做一些调整姿态的运行，我们这儿处于宁静而漫长的黑夜之中。美洲大陆上的发动机则全功率运行，那里成了火箭喷口的护圈。由于太阳这时也处于西半球，那儿的高温更是可怕，草木生烟。

> 氦闪，是一种天文现象。氦闪是在中等质量恒星的核心，或是白矮星表面堆积的氦突然开始的核聚变。它是简并态物质自然引发的爆炸。

地球的变轨加速就这样年复一年地进行着。每当地球向远日点升去时，人们的心也随着地球与太阳距离的日益拉长而放松；而当它在新的一年向太阳跌去时，人们的心一天天紧缩起来。每次到达近日点，社会上就谣言四起，说太阳氦闪就要在这时发生了；直到地球再次升向远日点，人们的恐惧才随着天空中渐渐变小的太阳平息下来，但又在准备着下一次的恐惧……我就是在这种交替的恐惧中度过了自己的少年时代。

在逃逸时代，大灾难接踵而至。

由于地球发动机产生的加速度及运行轨道的改变，地核中铁镍核心的平衡被扰动，其影响穿过古腾堡不连续面，波及地

> 铁镍核，也称核，地核中最主要的元素是Fe和Ni，但纯铁镍核与地核已知的地球物理资料不一致，它有太高的密度和太低的地震波速，因此地核中可能掺杂了较轻的元素。

> 古登堡不连续面（简称古登堡面，Gutenberg discontinuity）是1914年由美国地球物理学家古登堡首先发现的，它位于地下2885km的深处，在此不连续面上下，纵波速度由13.64km/s突然降低为7.98km/s，横波速度由7.23km/s向下突然消失。并且在该不连续面上地震波出现极明显的反射、折射现象。古登堡面以上到莫霍面之间的地球部分称为地幔（mantle）；古登堡面以下到地心之间的地球部分称为地核（core）。

慢，各个大陆地热逸出，火山喷发横行，这对于人类的地下城市是致命的威胁。从第六次变轨周期后，在各大陆的地下城中，岩浆渗入灾难频繁发生。

那天当警报响起来的时候，我正走在放学回家的路上，听到市政厅的广播："F112市全体市民注意，城市北部屏障已被地应力破坏，岩浆渗入！岩浆

渗入！现在岩浆流已到达第四街区！公路出口被封死，全体市民到中心广场集合，通过**升降梯**向地面撤离。注意，撤离时按**危急法**第五条行事，强调一遍，撤离时按危急法第五条行事！"

我环视了一下四周迷宫般的通道，地下城现在看上去并没有什么异常。但我知道现在的危险：只有两条通向外部的地下公路，其中一条去年因加固屏障的需要已被堵死，如果剩下的这条也堵死了，就只有通过经**竖井**直通地面的升降梯逃命了。升降梯的载运量很小，要把这座城市的36万人运出去需要很长时间。但也没有必要去争夺生存的机会，联合政府的危急法案把一切都安排好了。

> 地应力：在漫长的地质年代里，由于地质构造运动等原因使地壳物质产生了内应力效应，这种应力称为地应力，它是地壳应力的统称。
>
> 地应力是存在于地壳中的未受工程扰动的天然应力，也称岩体初始应力、绝对应力或原岩应力，广义上也指地球体内的应力。它包括由地热、重力、地球自转速度变化及其他因素产生的应力。

> 竖井，洞壁直立的井状管道，称为竖井，实际是一种坍陷漏斗。

古代曾有过一个伦理学问题：当洪水到来时，一个只能救走一个人的男人，是去救他的父亲呢，还是去救他的儿子？在这个时代的人看来，提出这个问题很不可理解。

当我到达中心广场时，看到人们已按年龄排起了长长的队伍。最靠近电梯口的是由机器人保育员抱着的婴儿，然后是幼儿园的孩子，再往后是小学生……我排在队伍中间靠前的部分。爸爸现在在近地轨道值班，城里只有我和妈妈，我现在看不到妈妈，就顺着几公里长的队伍向后跑，没跑多远就被士兵拦住了。我知道她在最后一段，因为这个城市主要是学校集中地，家庭很少，她已经算年纪大的那批人了。

长长的队伍以让人心里着火的慢速度向前移动，三个小时后轮到我跨进升降梯时，心里一点都不轻松，因为这时在妈妈和生存之间，还隔着两万多名大学生呢！而我已闻到了浓烈的硫黄味……

我到地面两个半小时后，岩浆就在五百米深的地下吞没了整座城市。我心如刀绞地想象着妈妈最后的时刻：她同没能撤出的一万八千人一起，看着岩浆涌进市中心广场。那时已经停电，整个地下城只有岩浆那恐怖的暗红色光芒。广场那高大的白色穹顶在高温中渐渐变黑，所有的遇难者可能还没接触到岩浆，就被这上千度的高温夺去了生命。

【本文选自广西师范大学出版社 刘慈欣《流浪地球》（内容有删改）】

要读懂科幻小说，我们首先要有跨学科、跨文本阅读的意识，在这个片段中，我们可以看到物理、化学、地理等多个学科的知识。为了能更好地读懂文本，我们一定要养成查阅资料的好习惯。其次，要厘清故事中的人物关系，我们可以从中找到"爸爸""妈妈"和"我"这几个主要人物。再次，分析故事冲突。

| 海没融化 | 海水喷出形成急流 | 地球和太阳的距离越来越近 | 氦闪并没有发生 | 岩浆渗入母亲丧生 |

| 失望 | 欢呼 | 恐惧 | 松弛 | 心如刀绞 |

我们前面聊了这么多，大家是不是很想把这本书拿过来品读？如果你手中正好有这本书，那首先映入你眼帘的就是书名《　　　　》。每本书都有自己独特的封面，你从封面得到了哪些信息？连同你的疑问，请一并逐条写下来。

_____

_____

你了解作者吗？可以简要介绍一下吗？

_____

看来你对作者的生平做了充分的"备课"，是个会读书的孩子！在没有正式读书之前，你可以来猜一猜，这本书大概讲的是什么事？打开你的思路，展开想象的翅膀，假如你就是"刘慈欣"，你的故事会如何展开并发展呢？

_____

_____

_____

_____

如果你想快速知道自己的想法和作者是不是有些相似，你可以翻看"序言"或者故事简介哦！

打开封面，我们还会很习惯地看一看目录，你最喜欢哪个部分？和大家交流交流吧，猜一猜这个章节会有哪些故事发生呢！

第十二章 科幻小说

海底两万里

作者是19世纪法国著名的科幻小说和冒险小说作家，被誉为"现代科学幻想小说之父"的儒勒·凡尔纳。故事起因是1866年所发生的一件闹得满城风雨的怪事。当时不少航行船只在海上发现了一头大"海怪"，并有船只遭到"海怪"的袭击。出于对航海安全的考虑，也是在公众的呼吁下，由美国派遣了一艘战舰对"海怪"进行追逐。法国生物学家阿龙纳斯教授受邀参加了这次追逐行动。结果，追逐怪物的战舰反被怪物追逐，并遭到"海怪"的凶猛袭击。阿龙纳斯教授和他的两位同伴落水，被"海怪"所救，此后便跟随"海怪"周游四海，探尽海底秘密，历尽艰辛和风险。最后，他们因不堪海底世界过于沉闷的生活，又设法逃走，重回陆地。

人　物	性　格
尼摩船长	
阿龙纳斯教授	
康塞尔	

地心游记

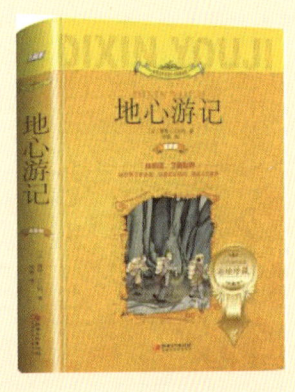

1864年，儒勒·凡尔纳发表了《地心游记》。故事中的黎登布洛克教授在一本古老的书里偶然发现一张羊皮纸，他从这张羊皮纸上的字里行间了解到前人曾到地心旅行。黎登布洛克教授决定也作同样的旅行。他带了侄子阿克塞尔以及足够的粮食、仪器和武器等，由汉堡出发，到了冰岛又请一位向导汉斯随行。他们三人按照前人的指引，由冰岛的斯奈菲尔火山口下降，经过三个月的旅行，历尽缺水、迷路、暴风雨等艰难险阻，最后由于岩流的冲击，又从地中海里面西西里北部的斯多伦波利岛上的一个火山口回到了地面。

书中的哪些情节表现了黎登布洛克教授性格的变化请你写一写。

情节一	
情节二	
情节三	

动物园里的救世主

为了阻止恐龙文明毁灭地球，蚂蚁文明一夜间毁灭了恐龙文明，然而，恐龙文明留下的神秘武器却让蚂蚁们魂飞魄散！

这本书里因细节导致历史扭转的几个奇异故事。你发现了吗？

奇异故事	概括或评价

第十二章 科幻小说

群文阅读

> 在科幻小说作者的笔下,通过细致地描摹与刻画,一个个出乎意料的场景就出现在我们眼前,深深地印在我们的脑海里。
>
> 请打开你的闹钟或者秒表,给自己至少15分钟时间。快速阅读下面的三个片段,找出主人公最让你意想不到的细节描写,划出来。

海底两万里

加拿大人的最后几句话使我心中的想法立即转变了。我很快爬到这个半浸在水中、已经作了我们的临时避难所的生物(或物体)上面。我用脚踢它,它分明是坚固结实、钻不透的硬物体,而不是构成海中哺乳类动物的庞大躯体的柔软物质。

不过这个坚硬物体可能是一种骨质的甲壳,跟太古时代动物的甲壳相似,我很可以把这个怪物归入两栖的爬虫类,如龟鳖、鳄鱼、遥龙之类。

可是!不然!在我脚下的灰黑色的背脊是有光泽的,滑溜溜的,而不是粗糙有鳞的。它被撞时发出金属的响亮声,这是那么不可思议,看来,我只好说它是由螺丝钉铆成的铁板制造的了。

再不可能怀疑了!这动物,这怪东西,这天然的怪物,它使整个学术界费尽了心血,它使东西两半球的航海家糊里糊涂,现在应当承认,它是一种更惊人的怪东西,它是人工制造的怪东西。

看到最怪诞、最荒唐甚至神话式的生物,也不会使我惊骇到这种程度。造物者手中造出来的东西怎么出奇,也容易了解。现在一下子看到那种不可能的事竟是奥妙地由人的双手实现的,那就不能不使人感到十分惊讶了!

现在不容犹豫了。我们现在是躺在一只潜水船的脊背上,按照我可能的判断,这船似乎有点像一条巨大的钢鱼。对这,尼德·兰也早有他的看法:我们——康塞尔和我——只能同意他。

"那么,这只船里面是不是有一套驾驶机器和一批驾驶人员?"我说。

"当然有,"鱼叉手答,"不过,我上这浮动小岛已三小时了,它还没有一点

动静。"

"这船一直没有走动吗?"

"没有走动,阿龙纳斯先生。它只是随波漂荡,而不是它自己动。"

"可是,我们都知道,它移动的速度很大。正因为它有这样的速度,所以就必然有一套机器,和一批操纵机器的人,所以,我的结论是……我们是得救了。"

"晤!"尼德·兰带着保留的语气说。

这时候,好像是为了要证明我的论据是对的,这个奇异东西的后面沸腾起来,它现在开行了,推动它的分明是那推进器。我们赶快紧紧把住它那浮出水面约八十厘米的上层。还算运气,它的速度并不十分快。

"它如果就这样在水平面上行驶,我倒一点不在乎,"尼德·兰低声说,"但是,如果它忽然异想天开沉到水底下去,那我的性命就靠不住了!"

加拿大人说得一点不错。所以,最要紧的是赶快想办法跟里面的人取得联系。我想在它上层找到一个开口,一块盖板,用专门术语来说,找到一个"人孔";但一行行的螺丝钉很清楚、很均匀,把钢板衔接得十分结实,无缝可寻。

而且这时,月亮又消逝了,我们是在一片深沉的黑暗中。只好等到天亮,才能想法进入这只潜水船的内部。

所以,我们的命运是完全由指挥这机器的神秘的领航人的意思来决定了。如果他们潜入水中,我们便完了!除了这种情形,那我并不怀疑跟他们取得联系的可能性。正是,如果他们不能造空气,他们一定要常常到洋面上来,更换他们呼吸的空气。所以,船上层必然有一个孔,使船内部可以跟外间的大气互相交流。

至于希望得到法拉古舰长来救的想法,现在要完全放弃了。我们被拖到西方去,我估计船的速度相当缓慢,每小时约十二海里。船的推进器搅动海水,十分规律,有时船浮出一些,向高空喷出磷光的水柱。

到早晨四点左右,这船的速度增加了。我们被拖得头晕眼花,有点吃不消了,同时海浪又直接向我们打来。很幸运,尼德·兰一下子摸到了一个钉在钢背上的大环,我们就牢牢地挽住它,才不至滑倒。

最后,长夜过去了。我的不完全的回忆不容我将当时的印象完全写出来。单有一件小事现在还可以记起来。就是当风浪比较平静的时候,我似乎几次都听到有模糊不清的声音,好像是从远方传来的不可捉摸的乐曲的和声。全世界的人都无法解释的那水底航行的秘密是怎么一回事呢？生活在这只怪船里的是怎样的人呢？怎样的机械使它行动有这样惊人的速度呢？

天亮了。朝雾笼罩着我们，但不久就消散了。我正要仔细观察一下上层形成平台的船壳的时候，我觉得船渐渐下沉了。

"喂！鬼东西！"尼德·兰喊着，用脚狠踢钢板，"开门吧，不好客的航海人！"

但在推进器拨水的隆隆声响中间，想叫人听到他的话是不容易的。很幸运，船一会儿又不往下沉了。

突然，一片猛然推动铁板的声音从船里面发出来。一块铁板掀起了，出来一个人，这人怪叫了一声，立即又进去不见了。

不久，八个又高又大的壮汉，蒙着脸，一声不响地走出来，把我们拉进了他们的可怕机器中。

地心游记

真正的旅程开始了。到目前为止，我们一直在行动，没有碰到困难；现在，每走一步都会碰到困难。

我还没有往下看我即将进入的那个无底洞，可是现在这个时刻已经来到。现在我仍然可以决定到底是参加这次旅行，还是拒绝尝试。然而在向导面前退回去，我会觉得很惭愧。汉恩斯正在这样镇静、这样毫不在乎、这样不顾危险地接受这项冒险的旅行，当我想起我不如他勇敢时，我的脸也红了。没有别人的时候，我可以提出一连串大道理，可是和汉恩斯在一起，我就只好不说话了。我一面想着我那可爱的格劳班，一面向着喷烟口走去。

我已经说过这个喷烟口的口径有一百英尺，圆周有三百英尺长。我靠着一块突出来的岩石往下看——不禁毛发也竖了起来！那种空虚使我非常害怕。我觉得我的重心在移动，好像喝醉了似的，头也晕了。没有一样东西比这个无底洞的吸引力更令人难以抵抗。我快要跌下来了，可是一只手拉住了我：这就是汉恩斯的手。显然，我在哥本哈根的教堂里受到的训练，还没有到家呢。

虽然我不能长久地往喷烟口里看，可是我已经看出它是什么样子了。几乎笔直的岩壁上也有许多突出的部分，我们可以把它们当作立足点，如果说不需要梯子，那么扶手是无论如何要找的！有一根绳子拴在上面就解决问题了，可是到了下面，

我们怎样把绳子解开呢?

叔父一下子就解决了这个困难。他解开一捆大约有大拇指那样粗、四百英尺长的绳子;起先他放下一半,在一块坚硬而突出的熔岩上绕了一圈,然后再放下另外一半。于是我们每一个人都能抓住这绳子的一半下降;我们下去了大约二百英尺时,便放开一半,抓住另一半把绳子收回来,再没有比这更方便的事了。这个办法可以无限制地重复下去。

"现在,"叔父做完了这番准备工作之后接着说,"我们来看看行李,这些行李必须分成三包,每人背一包——我只是指容易碎的东西。"

这位大胆的教授显然没有把我们这三个人也算作容易碎的东西。

"汉恩斯,"他说,"负责管理工具和一部分粮食。你,阿克赛,拿另外一部分粮食和枪!我自己背剩下的食品和精致的仪器。"

"那么,"我说,"衣服和绳索、梯子呢?"

"它们自己下去。"

"您怎么说?"我惊奇地问。

"你看着吧。"

叔父做事麻利泼辣,而且从不犹豫。汉恩斯听了命令以后,把不容易碎的东西捆在一起,干脆就从喷烟口里掷了下去!

我听到了空气移动而发出的又响又忿的声音。叔父身靠着喷烟口,满意地注视着那些行李被掷下去,他站着看得愣住了。

"好,"他说,"现在该轮到我们了。"

让任何一位诚实的人告诉我,听到了这几个字是否可能不害怕。

叔父把仪器的包裹背在背上,汉恩斯背起了工具,我扛起了枪。我们开始依次下降——先是汉恩斯,然后是叔父,最后是我,我们在极度安静的情况下下降,只有小块岩石掉下去的声音划破了这一片寂静。

我一手拼命抓住了两根绳子,一手用一根尖头包铁的棍子使身体稳定;就这样下降。只有一种思想占据了我——恐怕有些地方没有立足点。这根绳子似乎不够我们三个人用。我尽量少用它,像完成奇迹似的使我自己在突出的熔岩块上得到平衡,我的脚尽量像手那样地工作着。

每当汉恩斯脚下滑了一步,他就静静地说,"小心!"

"小心!"叔父重复说。

半小时之内,我们全部到达了坚实地伸入喷烟口里面的一块岩石的表面。

动物园里的救世主

这是6500万年前白垩纪晚期普通的一天,真的不可能搞清是哪一天了,但确实是普通的一天。这一天的地球,是在平静中度过的。

那时各大陆的形状和位置与现在大不相同,恐龙主要分布在两块大陆上,其一是冈瓦纳古陆,其二是劳拉西亚古陆。

这一天,在所有的大陆上,所有的生命都在为生存而奔波,在这蒙昧的世界里,它们不知道自己从哪里来,也不关心自己到哪里去,当白垩纪的太阳升到正空,苏铁的大叶在地上投下的影子缩到最小时,它们只关心从哪里找到自己今天的午餐。

一只霸王龙找到了自己的午餐,它此时正处于冈瓦纳古陆的中部地区,在一片高大的苏铁林中的一块阳光明媚的空地上。它的午餐是一条刚刚抓到的肥硕的大蜥蜴,它用两只大爪把那只拼命扭动的蜥蜴一下撕成两半,把尾巴那一半扔进大嘴里,津津有味地大嚼起来,这时它对这个世界和自己的生活很满意。

就在距霸王龙左脚1米左右的地方,有一个蚂蚁的小镇,镇子大部分处于地下,里面生活着1000多只蚂蚁。今年的旱季很长,日子越来越难了,它们已经连着两天挨饿了。

霸王龙吃完后,后退两步,满意地躺在树荫下睡午觉。它的倒卧使小镇产生了一场强烈的地震,涌到地面的蚂蚁看到霸王龙的身躯像远方一道高大的山脉,不一会儿地震又发生了,只见那道山脉在大地上来回滚动着,霸王龙把一只巨爪伸进嘴里,在巨牙间使劲儿抠着,蚂蚁们很快明白了霸王龙睡不着的原因:牙缝里塞了肉,很难受。

蚂蚁小镇的镇长突然间有了一个主意,它攀上一棵小草,向下面的蚁群发出一股气味语言。气味所到之处,蚂蚁们理解了镇长的意思,也发出气味把这信息更广地传播开来,蚁群中触角挥动,出现了一阵兴奋的浪潮。随后,在镇长的率领下,蚁群向霸王龙行进,在地面上形成了几道黑色的小溪。

10分钟后,蚂蚁们便跟着镇长开始登上恐龙的巨爪。霸王龙看到了前臂上的

跟着名著学读写

蚁群，挥起另一只爪子要把它们扫下去。它挥起的巨掌如一片乌云瞬间遮住了正午的太阳，蚁群所在的前臂平原立刻暗了下来。蚂蚁们惊恐地仰望着空中的巨掌，急剧地挥动着它们的触须，镇长则抬起前爪指着恐龙的大嘴，其他的蚂蚁也学着镇长的样子，一起指着恐龙的嘴。霸王龙愣了几秒钟，似乎明白了蚂蚁的意思。它想了想，把举着的那只爪子放了下来，前臂平原上立刻云开日出。霸王龙张开大嘴，将爪子的一根指头搭到它的巨牙上，形成了一座沟通前臂平原与巨牙的桥梁。蚂蚁犹豫着，镇长首先向指头走去，蚁群随后跟上。

阅读检测

※ 结合你的阅读感受，填好下列表格。

类别	出处	理由
我喜欢的想象		
我喜欢的人物		

习作指南

同学们，我们今天来试着写一写科技小论文。不要看到主题就心生抵触，科技小论文没有你想象的那么复杂那么可怕哦。

科技小论文是我们科学研究的总结。这种文体的写法有一定的规范性，它包括以下内容：

1. 论文题目：我们之前看到的科幻小说都有和主题相关的题目，不能文不对题。题目要求简洁、新颖、吸引读者。如科幻小说《流浪地球》《海底两万里》，再如《为什么人连续打喷嚏会头晕眼花》，简洁明了，吸引读者。提醒大家注意的是，研究的题目不能太大，不然无从下手。

2. 引言：这是你精彩论文的开场白，简单说明你进行这项研究的目的。

3. 所用材料和研究方法：比如你要写清考察或观察对象、实验的材料及材料来源；采用什么研究方法以及具体研究步骤；使用了哪些仪器等，以便增强文章的说服力。

4. 实验结果：这部分除了用文字说明，还可用表格数据、图片、照片，数据的真实可靠是实验研究的关键所在。

5. 通过实验得出了什么科学结论？

第十三章 魔幻小说

　　《哈利·波特》是英国作家J. K. 罗琳（J. K. Rowling）于1997—2007年所著的魔幻文学系列小说，共七部。其中，前六部以霍格沃茨魔法学校为主要舞台，描写的是主人公哈利·波特在霍格沃茨魔法学校六年的学习生活和冒险故事。第七本描写的是哈利·波特在校外寻找魂器并消灭伏地魔的故事。

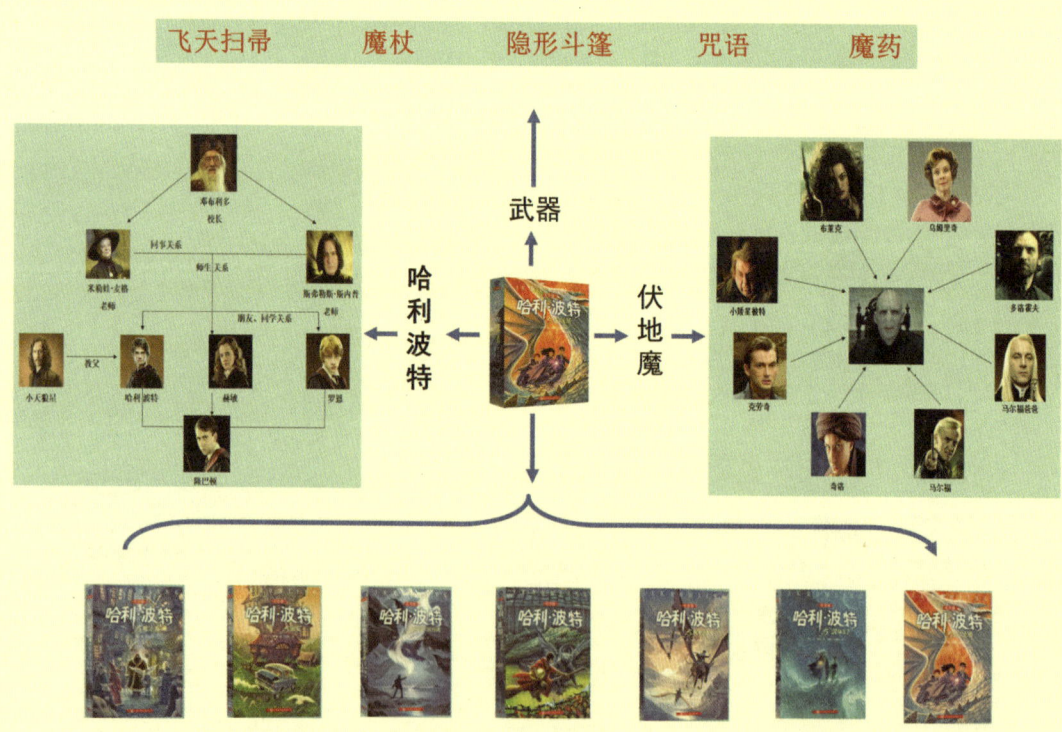

第十三章 魔幻小说

名师点拨

魔幻小说：是魔法幻想类小说的简称，定义是非严谨的欧美奇幻小说框架下，以欧式奇幻世界参照创作，以魔法世界为特色的幻想风格小说。此类小说多以魔法、精灵、矮人、异世界、穿越为题材。代表作品有：美国玛丽·波·奥斯本的《神奇树屋》、美国厄休拉·勒奎恩的《地海巫师》、英国C.S.刘易斯的《纳尼亚传奇》、英国J.K.罗琳的《哈利·波特》、英国罗尔德·达尔的《查理和巧克力工厂》、法国塞奇·布鲁梭罗的《魔眼少女佩吉·苏》等。

魔幻小说还有一个流派是"魔幻现实主义小说"。这种流派的创作手法，把触目惊心的现实和迷离恍惚的幻觉结合在一起，通过极端夸张和虚实交错的艺术笔触来网罗人事、编织情节，试图描绘和反映错综复杂的历史、社会和政治现象。代表作品是拉丁美洲作家加夫列尔·加西亚·马尔克斯的《百年孤独》等。这类魔幻小说的显著特点是，给现实生活变形，加入神秘、神奇甚至古怪诡异的内容，具有强烈的社会矛盾、政治斗争内涵。

 ## 阅读魔幻小说的方法

一、厘清人物关系

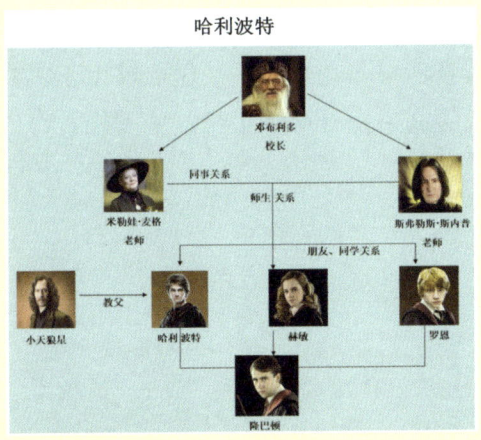
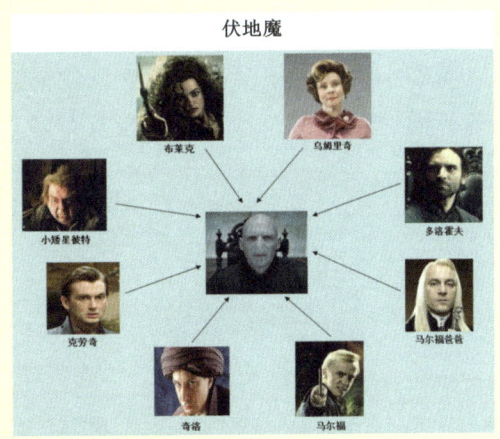

二、了解魔幻小说中的哥特体风格

哥特体文学是一种浪漫主义时代、模仿中世纪神秘恐怖气氛的文体。设置悬念

和语义陷阱是这类小说的共同特点。在《哈利·波特与魔法石》中猫头鹰传信内容的呈现过程充满了曲折，霍格沃茨学校地点和建筑风格的设置都充满了神秘、恐怖的气氛，这是典型的哥特式风格。

三、认识小说中的伏笔功能

《哈利·波特与魔法石》这本小说中埋下了大量的伏笔。例如文中对奇洛、斯内普等主要人物的描写，一个结结巴巴、看上去绝不害人的奇洛教授，实际上是一个冷血阴谋家；而不喜欢哈利、在大部分故事中似乎扮演了一个坏人角色的斯内普教授实际上并没有要加害哈利的险恶意图。海格带哈利去对角巷购买上学物品时，曾经在古灵阁取了一件神秘物品，后来让三头犬路威看守，最后才揭示它看守的是魔法石。

四、关注魔幻小说中出现的魔法物品

《哈利·波特》的巫师世界中，有许多令人着迷的魔法物品，如：魔杖、厄里斯魔镜、冥想盆、时间转换器、隐形衣、活点地图、飞天扫帚等。魔杖是魔法的象征、巫师的标志，在《哈利·波特》中，大多数巫师在11岁入学开始学习魔法的时候选择自己的第一根魔杖。每一根魔杖都是独一无二的，巫师选择魔杖的同时，魔杖也在选择巫师。魔杖由不同的木质和杖芯组成，常见的魔杖木质有：桦木、紫杉木、橡木、冬青木、山楂木、柳木、樱桃木等等；相比木质，杖芯的种类则较少，最常见的杖芯是独角兽毛、凤凰羽毛和龙心腱，还有一些比较少见的，如媚娃的头发等；主角哈利的魔杖就是由冬青木和凤凰的羽毛制成的。

魔幻小说里有很多有趣的魔法物品：《查理与巧克力工厂》里能够上下左右随意运行的玻璃电梯，各种各样带有奇妙功能的糖果；《魔法手指》中那根神奇的手指；等等。

第十三章 魔幻小说

 书宝论坛

魔幻小说以现实为基础。它的"幻"增加神秘气氛、加强讽刺意味，它的"魔"更是让人读来精彩纷呈。我们在阅读魔幻小说时常常为作者奇特丰富的想象力而惊叹。那神奇的魔法世界、有趣的魔法物品、可爱的魔法动物，作者是怎么想象出来的呢？

我发现魔幻小说都构造了一个新的世界，通往幻想世界都有一个神奇的通道，用以连接现实世界和幻想世界。《哈利·波特》就是通过九又四分之三站台连接麻瓜世界和魔法世界。《爱丽丝梦游奇境》是通过一个神秘的兔子洞。我们在写想象类的作文时，也可以设置这样一个神秘通道。

我发现《哈利·波特》中设置了许多有趣的神奇动植物，有马人、狼人、人鱼、鹰头马身有翼兽、人头狮身龙尾兽等等，它们都是由几种不同类型的动物、植物的重新组合，或者让动植物具备新功能。而书中提到的食物和饮料，如酸棒糖、比比多味豆、黄油啤酒、金丝雀饼干、锅形蛋糕、巧克力蛙、蛋奶酒等等，可以进行功能的翻转，材料的替换，让人耳目一新，这对我们创造人物形象、畅想未来科技提供了很好的范例。

跟着名著学读写

是啊,爱因斯坦曾经说过:"没有想象力的灵魂,就像没有望远镜的天文台。"阅读魔幻题材的书籍,能让我们学到许多提高想象力的方法。孩子们,在你们这个最有朝气、最具想象力的阶段进行大胆畅想吧!

下面我们以《哈利·波特》为例找到打开阅读魔幻小说的金钥匙!

 整本书阅读

哈利·波特与魔法石(节选)

弗雷德和乔治刚刚离去,某个很不受欢迎的人就露面了:马尔福。

"在吃最后的一顿饭吗,波特?你什么时候乘火车返回麻瓜那里?"

"现在你回到地面上,又有你的小不点儿朋友陪伴左右,你的胆子就大多了。"哈利冷冷地说。当然啦,克拉布和高尔根本不能算小不点儿,但由于主宾席上坐满了老师,他们俩不敢造次,只好阴沉着脸,把手指捏得吧吧响。

"我随时愿意单独与你较量,"马尔福说,"如果你没意见,就在今晚。巫师之间的决斗。只用魔杖——不许接触。怎么啦?我猜,你还没听说过巫师决斗吧?"

"他当然听说过。"罗恩说着,突然转过身来。"我是他的助手,你的助手是谁?"

> 为了帮助我们理解文章,首先找出故事中出现的人物,厘清人物关系是至关重要的。

第十三章 魔幻小说

马尔福看着克拉布和高尔,把他俩挨个儿掂量一番。

"克拉布。"他说,"就在午夜,怎么样?我们在奖品陈列室和你们见面,那里从来不锁门。"

马尔福走后,罗恩和哈利面面相觑。

"巫师决斗是怎么回事?"哈利问,"你说做我的助手,这又是什么意思?""噢,如果你死了,助手就接着上。"罗恩轻描淡写地说,终于又开始吃他那已经冷却的馅饼。他捕捉到了哈利脸上的神情,便又急忙补充道,"不过你知道,人们只有跟真正的巫师进行正规的决斗时才会死。你和马尔福充其量只能向对方发射发射火花。你们俩懂的魔法太少,不会真正伤着对方的。不过,我敢说他还以为你会拒绝呢。"

"如果我挥动魔杖,一点儿反应也没有,怎么办呢?"

"那就扔掉魔杖,对准他鼻子揍一拳。"罗恩建议道。

"对不起,打扰一下。"

他们俩抬头一看,原来是赫敏·格兰杰。

"能不能让人在这里消消停停地吃饭?"罗恩说。

赫敏没有理他,却对哈利说:"我忍不住偷听了你和马尔福说的——"

"我就知道你会这样。"罗恩咕哝道。

"——夜里你绝对不能在学校乱逛,想想吧,如果你被抓住,会给格兰芬多丢掉多少分啊,而且你肯定会被抓住的。你真的太自私了。"

"这事真的与你无关。"哈利说。

"再见。"罗恩说。

以决斗来结束一天,这无论如何也不能算是美妙圆满的,哈利躺在床上想道,他早就听见迪安和西莫进入了梦乡(纳威还没有从医院里回来)。罗恩一晚上都在给他出谋划策,例如:"如果他想给你念咒语,你最好躲开,因为我不记得怎样挡住咒语。"他们很可能会被费尔奇或洛丽丝夫人抓住,哈利觉得自己是在与命运作对,今天又要违反一条校规了。另一方面,马尔福讥讽的脸不断在黑暗里显现——这是哈利面对面打败马尔福的一个大好机会,他不能放过。

"十一点半了,"终于,罗恩低声说道,"我们得走了。"

他们穿上长袍,拿起魔杖,蹑手蹑脚地穿过城堡上的房间,走下旋转楼梯,进入格兰芬多的公共休息室。壁炉里还有一些余火在闪烁着微光,扶手椅仿佛都变成了一团一团黑乎乎的

> 在霍格沃茨,有神秘的胖夫人肖像把守城堡通道。肖像中的胖夫人、幽灵血人巴罗、骚灵皮皮鬼这些神奇魔法生物为城堡蒙上一层神秘色彩,有典型的哥特式小说的味道。

跟着名著学读写

影子。他们刚要走到肖像通道，就听见离他们最近的一张椅子上有人说话："我不敢相信你竟然这么做，哈利。"

一盏灯噗的一闪亮了，是赫敏·格兰杰。她穿着粉红色的睡袍，皱着眉头。

"你！"罗恩恼怒地说，"回去睡觉！"

"我差点儿就告诉你哥哥了，"赫敏不客气地回敬，"珀西——他是级长，他会阻止这一切的。"哈利无法相信居然有这样好管闲事的人。"走吧。"他对罗恩说。他推开胖夫人的肖像，从洞口爬了进去。赫敏可不会这么轻易让步。她跟着罗恩爬进洞口，像一只发怒的母鹅压低声音朝他们嚷嚷。"你难道不关心格兰芬多，只关心你自己吗？我不想让斯莱特林再赢得学院杯冠军，不想让你把我用转移咒语从麦格教授那里弄来的分数全部丢光。""走开。"

> 魔幻小说里处处都有魔法的神奇：用口令可以打开出城的通道，用"转换咒"可以实现两种事物的交换，摔伤的胳膊一眨眼就可以恢复如初。

"好吧，不过我警告你，等你明天坐火车回家时，你别忘了我说的话，你真是太——"

至于太怎么样，他们就不知道了。赫敏转向胖夫人的肖像，想重新钻回去，却发现自己面对的画上已空空如也。胖夫人深夜出去串门儿了，赫敏被关在了格兰芬多城堡外面。

"哎呀，现在我怎么办呢？"她扯着嗓子问。

"那是你的问题。"罗恩说，"我们得走了，快要迟到了。"

还没等他们走到走廊尽头，赫敏就赶上来了。

"我和你们一起去。"她说。

"你们难道以为我会站在这外面，等费尔奇来把我抓住吗？如果他发现了我们三个人，我就把实情告诉他，就说我在试图劝阻你们，到时候，你们可以为我的话作证。""你胆子倒不小——"罗恩大声说。"闭嘴，你们两个！"哈利严厉地说，"我听见有声音。"是一种呼哧呼哧的声音。"是洛丽丝夫人吗？"罗恩屏住呼吸问道，眯起眼睛看着暗处。不是洛丽丝夫人，是纳威。他蜷缩在地板上，睡得正香，但他们一走近，他就猛地惊醒了。"谢天谢地，你们找到了我！我在这外面待了好几个小时。我记不得那道新口令了，没法上床睡觉。""小声点儿，纳威。口令是'猪鼻子'，可现在对你也没有用了。胖夫人不知到什么地方去了。"

第十三章 魔幻小说

"你的胳膊怎么样了！"哈利问道。

"没事儿，"纳威说着，举起胳膊给他们看。"庞弗雷夫人一眨眼就把它治好了。"

"不错——好了，纳威，你听着，我们要去一个地方，待会儿见——"

"别撇下我！"纳威说着，从地上爬了起来，"我不想一个人待在这里，血人巴罗的鬼魂已经两次从这里经过了。"

罗恩看了看表，又愤怒地瞪着赫敏和纳威。

"如果你们两个有谁害得我们被抓住了，我就一定要学会奇洛提到的那种妖怪咒，用在你们身上。"

赫敏张了张嘴，大概是想告诉罗恩到底怎样使用妖怪咒，可是哈利朝她"嘘"了一声，叫她安静，然后招呼大家快走。

他们沿着走廊轻快地走着，月光从高高的窗口洒进来，一道道地横在地上。每一次拐弯，哈利都以为要撞上费尔奇或洛丽丝夫人了，还好，他们的运气不错。他们匆匆登上楼梯，来到三楼，蹑手蹑脚地朝奖品陈列室走去。马尔福和克拉布不在。陈列奖品的水晶玻璃柜在月光下熠熠闪亮。黑暗中，奖杯、盾牌、奖牌和雕像闪着银色和金色的光。四个人贴着墙向前移动，眼睛紧盯着房间两头的门，哈利拿出他的魔杖，以防马尔福突然冲进来，和他决斗。时间一分一秒过去。

"他迟到了，也许他因为害怕，不敢来了。"罗恩悄声说。这时，隔壁房间里传来一个声音，吓得他们跳了起来。哈利刚举起魔杖，就听见有人说话了——不是马尔福。"到处闻闻，我亲爱的，他们可能躲在哪个角落里。"

是费尔奇在对洛丽丝夫人说话。哈利吓坏了，疯狂地朝另外三个人挥着魔杖，叫他们尽快地跟着他；他们悄没声儿地走向那扇远离费尔奇声音的门。纳威的长袍刚刚掠过拐角，他们就听见费尔奇走进了奖品陈列室。

"他们就在这里的什么地方，"他们听见他低声嘟哝，"大概躲起来了。"

"这边走！"哈利不出声地对大家说。他们都吓傻了，悄悄儿地沿着一道摆满盔甲的走廊往前走，可以听见费尔奇离他们越来越近了。突然，纳威忍不住发出一声恐怖的尖叫，撒腿就跑——他被绊了一下，赶紧一把搂住罗恩的腰，两人一起跌倒在一套盔甲上。

顿时，咣啷啷，哗啦啦，那声音足以吵醒整个城堡。

"快跑！"哈利大喊一声，四个人顺着走廊全速跑去，不敢回头看费尔奇是不是跟上来了——他们绕过门柱，跑过一道又一道走廊。哈利跑在最前面，他不知道他们在哪里，也不知道在往哪里跑。最后他们在上魔术课的教室附近出来了，他们知道，这里离奖品陈列室有好几英里呢。

"我想，我们已经把他甩掉了。"哈利喘着粗气说。他靠在冰冷的墙上，擦着额

跟着名著学读写

头上的汗。纳威弯着身子，气急败坏，呼哧呼哧地喘着。

"我——告诉过——你们，"赫敏气喘吁吁地说，用手抓住胸前的衣缝，"我——告诉过——你们。"

"我们必须返回格兰芬多城堡，"罗恩说，"越快越好。"

"马尔福骗了你，"赫敏对哈利说，"你明白了吧？他根本不打算上那儿和你会面——费尔奇知道有人要去奖品陈列室，一定是马尔福向他透露了消息。"哈利认为赫敏可能是对的，但他不想对她这么说。"我们走吧。"然而事情不那么简单。他们刚走了十来步，就听见一扇门的球形把手嘎啦啦一响，什么东西从他们面前的一间教室里蹿了出来。是皮皮鬼。他一看见他们，就开心地尖声怪叫。

"闭嘴，皮皮鬼——求求你——你会害得我们被开除的。"

皮皮鬼咯咯地笑着。

"讨厌的新生，半夜三更到处乱逛。啧，啧，啧，淘气，淘气，你们会被抓起来的。"

"不会的，只要你不出卖我们，皮皮鬼，求求你。"

"应该告诉费尔奇，应该。"皮皮鬼一本正经地说，但他眼睛里却闪烁着调皮的光芒。

"这是为你们好，知道吗？"

"滚开。"罗恩凶狠地说，使劲打了皮皮鬼一下——这就酿成了大错。

"学生不睡觉！"皮皮鬼吼了起来，"学生不睡觉，在魔咒课的走廊里！"

他们一低头闪过皮皮鬼，没命地逃着，一直逃到走廊尽头，重重地撞在一扇门上——门是锁着的。"完了！"罗恩呜咽着说。他们绝望地推着那扇门。

"我们完蛋了！死到临头了！"他们听见了脚步声，费尔奇正在循着皮皮鬼声音尽快赶来。"哦，快过来。"赫敏粗暴地说。她夺过哈利的魔杖，

> "阿拉霍洞开！"一道神奇的解锁咒让他们避开了费尔奇的追击，但不幸的是，又落入了三头犬。神秘恐怖的气氛进一步升级。

敲了敲门锁，低声说道："阿拉霍洞开！"锁咔嗒一响，门突然开了——他们一拥而入，赶紧把门关上，将耳朵贴在上面，听着。

"他们往哪边跑了，皮皮鬼？"只听费尔奇说，"快点儿，告诉我。"

"说'请'。"

"别跟我捣乱，皮皮鬼，快说，他们去哪儿了？""如果你不说'请'，我就不

第十三章 魔幻小说

会对你说什么话。"皮皮鬼用他那恼人的连哼带唱的声调说。

"好吧——请你告诉我。"

"什么话！哈哈！我告诉过你，如果你不说'请'，我就不会对你说'什么话'！哈哈！哈哈哈哈！"他们听见皮皮鬼飞快地离去，费尔奇恼羞成怒地咒骂着。

"他以为这扇门是锁着的，"哈利低声说，"我想我们不会有事了——走开，纳威！"

纳威一直在拉扯哈利长袍的袖子。"怎么啦？"

哈利一转身——看见了，清清楚楚地看见了。一时间，他相信自己一定是走进了一场噩梦——在已经发生了这么多事情之后，这简直太过分了。

他们并不是像他以为的那样在一个房间里。他们是在一条走廊里。是四楼的那条禁止入内的走廊。现在他们知道这里为什么禁止入内了。

他们正面对着一条怪物般的大狗的眼睛，这条狗大得填满了从天花板到地板的所有空间。它有三个脑袋，三双滴溜溜转动的凶恶的眼睛，三个鼻子——正朝他们的方向抽搐、颤抖，还有三个流着口水的嘴巴，口水像黏糊糊的绳子，从泛黄的狗牙上挂落下来。

它一动不动地站在那里，六只眼睛都盯着他们。哈利知道，他们之所以还没有死，惟一的原因就是

> 对三头犬的外貌描写，生动地刻画了一个奇大无比、牙齿锋利、凶神恶煞的怪物狗的形象。这也是魔法世界里神奇的魔法生物。让我们读魔幻小说时把它们整理出来吧！

他们的突然出现使它大吃了一惊。但它正在迅速回过神来，那一声声震耳欲聋的咆哮意味着什么，是再清楚不过的了。

哈利摸索着去拧门把手——在费尔奇和死亡之间，他宁愿选择费尔奇。

他们一步步后退——哈利砰地把门关上。他们回到走廊里，撒腿就跑，简直是在飞奔。费尔奇一定忙着到别处去寻找他们了，他们没有看见他的踪影，何况也根本顾不上了——他们只想着尽可能远地逃离那个怪物。他们一直跑到八楼胖夫人的肖像前才停住脚步。

"你们都上哪儿去了？"胖夫人问道，看着他们耷拉在肩膀上的长袍，以及他们大汗淋漓的通红脸庞。

"别问啦——'猪鼻子，猪鼻子'。"哈利喘着气说，肖像向前旋转着开了。他们跌跌撞撞地爬进公共休息室，浑身发抖地瘫倒在扶手椅里。

有好一会儿，谁都没有说话。纳威呢，他看上去似乎永远也不会说话了。

"他们到底想干什么？把那么一个玩意儿关在学校里！"最后，罗恩说道，"如果有哪只狗需要训练，就是那只了。"

赫敏的气喘匀了，但她的坏脾气也回来了。

跟着名著学读写

"你们，你们几个，长着眼睛是干什么用的？"她气冲冲地说，"你们没看见它站在什么上面吗？"

"地板上？"哈利猜测。"我没有看它的脚，我光顾着看它的脑袋了。"

"不，不是地板上。它站在一个活板门上。它显然是在看守什么东西。"

她站起身，愤怒地瞪着他们。

"我希望你们为自己感到得意。我们都差点被咬死——或者更糟，被学校开除。好了，如果你们不反对的话，我要去睡觉了。"

罗恩盯着她的背影，吃惊地张大嘴巴。

"去睡吧，我们不反对。"他说。"这叫什么事儿？就好像我们把她硬拉去似的。"

可是，赫敏的话使哈利回到床上后又陷入了沉思。那只狗在看守着什么？海格是怎么说的？

如果你想藏什么东西，古灵阁是世界上最安全的地方——大概除了霍格沃茨吧。

看来，哈利似乎已经弄清了713号地下金库那只肮脏的小包裹的下落。

> 读了这一段文字，你是否想起，当海格带着哈利去对角巷买上学物品，海格除了在古灵阁帮着哈利取了钱，还带着邓布利多交给他的神秘任务，取走了713号地下金库的小包裹。这就是罗琳女士经常运用的伏笔了，让我们时刻对下文充满了好奇，对故事的发展充满期待。

1. 我们前面聊了这么多，大家是不是很想把这套书拿过来品读？如果你手中正好有这套书，那首先映入你眼帘的就是书名《　　　　　》。每本书都有自己独特的封面，你从封面得到了哪些信息？连同你的疑问，请一并逐条写下来。

_____

_____

2. 你了解作者吗？可以简要介绍一下吗？

_____

3. 看来你对作者的生平做了充分的"备课"，是个会读书的孩子！在没有正式读书之前，你可以来猜一猜，这本书大概讲的是什么事？打开你的思路，展开想象的翅膀，假如你就是罗琳，你的故事会如何展开并发展呢？

_____

_____

第十三章 魔幻小说

4. 如果你想快速知道自己的想法和作者是不是有些相似，你可以翻看"序言"或者故事简介哦！

5. 打开封面，我们还会很习惯地看一看目录，你最喜欢哪个部分？和大家交流交流吧，猜一猜这个章节会有哪些故事发生呢？

哈利·波特与阿兹卡班囚徒

这本书是英国作家J.K.罗琳创作的长篇小说，是《哈利·波特》系列小说的第三部。讲述了哈利·波特在学校已经度过了不平凡的两年，传言布莱克是"黑魔法"高手伏地魔，他是杀害哈利父母的凶手，曾经用一句魔咒接连结束了13条性命。哈利的生活因此发生了极大的变化。

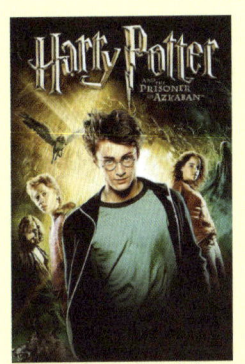

人物	性格
哈利	
布莱克	
古灵阁的妖精	

哈利·波特与死亡圣器

这本书是魔幻小说《哈利·波特》系列的第七本，也是最后一本。主要讲述了17岁的哈利本应在霍格沃茨魔法学校继续最后一年的学业，但为了完成已故魔法学校前任校长邓布利多留给他消灭伏地魔的任务，哈利和好友面对伏地魔及其追随者食死徒的围追堵截，隐形循迹、历经艰险，最终销毁多个魂器并战胜伏地魔，取得魔法世界伟大胜利的故事。

书中的哪些情节表现了正义的伟大？请你写一写。

跟着名著学读写

情节一	
情节二	
情节三	

地海巫师

这本书是一部青少年成长小说。作者是厄休拉·勒奎恩。本书讲述了主人公格得历尽千辛万险从牧童成为巫师的历程。

阅读角度	摘抄或评价
牧童生活	
人物特点	
环境描写	
人物细节描写	
侧面描写	

第十三章 魔幻小说

> 在魔幻小说作者的笔下，通过细致的描摹与刻画，一个个灵动鲜活的人物形象、曲折的情节就出现在我们面前，深深地印在我们的脑海里。
>
> 请打开你的闹钟或者秒表，给自己至少15分钟时间，快速阅读下面的三个片段，找出主人公最让你意想不到的细节描写，划出来。

哈利·波特与阿兹卡班囚徒（节选）

　　哈利瘫坐在木兰花新月街的一道矮墙上的时候，他已经离家有几条街了，由于拖着箱子，累得气喘吁吁。他很安静地坐着，满腔怒气仍然没有平息，心脏还在猛烈地跳动。

　　但是，在这条黑暗的街上独自坐了十分钟以后，一种新的感觉突然侵袭到他心中，那就是：恐慌。不管怎么样，他从来没有遇到过比现在更坏的情况。他很孤独地搁浅在黑暗的麻瓜世界里，没有任何地方可以去。最糟的是，他刚才正经施展了魔法，这意味着他几乎肯定要被霍格沃茨学校开除了。他严重破坏了《"限制未成年人使用魔法"的法令》，魔法部的代表竟然没有到他现在坐着的地方对他进行突击，这让他诧异不已。

　　哈利全身颤抖，往木兰花新月街左右看着。他会遇到什么事呢？他会被捕或是干脆被逐出魔法界吗？他想到了罗恩和赫敏，情绪更低了。哈利可以肯定，不管他是不是罪犯，罗恩和赫敏都会想法帮助他的，不过现在他们两个人都在国外，而且海德薇又飞走了，他没法和他们俩取得联络。

　　他身上也没有麻瓜通用的钱。在他的衣箱底的钱袋里，有一点儿魔法界的黄金，但他父母留给他的其余财产都在古灵阁魔法银行的地下金库里。他可不能一路拖着衣箱上伦敦啊。除非……他低头看看魔杖，魔杖还被他抓在手里。如果他已经被开除了（想到这一点，他的心脏就痛苦地快速跳动），再施展一点魔法也不妨事。他有爸爸遗留给他的隐形衣——如果他对衣箱施展魔法，让衣箱变得轻如鸿毛，把衣箱捆在飞天扫帚上，自己再穿上隐形衣飞到伦敦去，那又怎么样？然后他

跟着名著学读写

可以从地下金库里取出其余的钱，然后，他去流浪。这样的前景非常可怕，但他总不能老是坐在这道矮墙上啊，要不然他就不得不向麻瓜的警察解释他为什么深更半夜还待在大街上，带着一箱子咒语书和一把飞天扫帚。

哈利又打开了衣箱，把里面的东西拨拉到一边，他要找的是那件隐形衣——但在他找到以前，他突然直起了身子，再次向四面张望着。

哈利脖子上突然有一种针刺般的奇异感觉，让他感到有人在监视他，但这条街上似乎没有人啊，那些方方正正的大房子里也没有露出什么灯光的地方。

哈利又俯身向着衣箱，但他几乎又马上站直了身子，他的手抓紧了魔杖。与其说他听到了什么，不如说他感觉到了什么：有什么人或什么东西站在他身后的篱笆和车库之间的狭小空间里。哈利斜眼看看那条黑暗的胡同。只要那东西会动，哈利就会知道这只不过是一头迷路的猫还是——别的什么。

"荧光闪烁。"哈利轻声低语道，于是他的魔杖末端发出一道光来，他几乎感到眩晕了。他把魔杖高举过头，布满砾石的二号墙体忽然闪烁着亮光；车库的门发出微光，在这两者之间，哈利清楚地看到，一个很大的、有着发微光大眼睛的什么东西的庞大轮廓。

哈利向后退去。他的腿碰到了衣箱，绊了一下。他伸出一条手臂以保持身体平衡，这时，魔杖从他手里飞了出去，他摔到了街沟里。

震耳欲聋的砰的一声，哈利举起双手掩住眼睛以抵御一道突然袭来、令人眼花的强光。

哈利大叫一声，滚回到人行道上，非常及时。一秒钟以后，一对巨大的车轮和车灯尖叫着恰恰在哈利刚才躺着的地方刹住了。哈利抬起头来，发现这车轮和车灯属于一辆三层的公共汽车，这辆汽车是从稀薄的空气里出现的。汽车挡风玻璃上的金色字母组成了这样几个字：骑士公共汽车。

哈利·波特与死亡圣器（节选）

小精灵躺在地板上，颤抖着，喘着气，绿色的鼻涕粘在鼻子上，苍白的前额上他惩罚自己时造成的瘀伤已经散开了，他眼睛肿胀，布满血丝的眼睛中充满泪水。

第十三章 魔幻小说

哈利从没有见过如此让人同情的情况。

"你把盒子带回家了，"他残忍地说，决心知道整个故事。"你试过毁掉它？"

"克利切无论做什么都不能在上面留下任何痕迹，"小精灵呻吟着，"克利切什么方法都试过了，他知道的所有方法，可是哪种……哪种方法都没用……有太多强大的咒语施加在盒子上，克利切确信毁掉它的方法是从盒子里面破坏，但是打不开它……克利切惩罚自己，他又试着打开它，他惩罚自己，又尝试打开它。克利切没能执行命令，克利切没办法毁掉那个盒子！而女主人伤心地发疯，因为主人雷古勒斯不见了，克利切不能告诉她山洞里发生了什么事情，不能，主人雷古勒斯禁止……禁止他告诉家……家族里的任何人山……山洞里发生的任何事情……"

克利切哭得太厉害了，话都说不连贯了。赫敏看着克利切，泪水从脸上流下来，但是她不敢再去碰克利切了。甚至连一直都讨厌克利切的罗恩也忍不住了。哈利坐在自己的脚跟上，摇了摇头，试着把事情理清楚。

"我不能理解你，克利切，"最终他说。"伏地魔想杀了你，雷古勒斯为了打倒伏地魔牺牲了，你却仍然高兴地把小天狼星出卖给了伏地魔？你高兴地去找纳西沙和贝拉特里克斯，让她们把消息传给伏地魔……"

"哈利，克利切不是这么想的，"赫敏说，用她的手背擦掉眼泪。"他是一个奴隶；家养小精灵对于受到糟糕的，甚至残忍的对待已经习惯了；伏地魔对克利切所做的事情并不比一般情况下他们受到的对待差多少。巫师战争对于克利切这样的小精灵来说意味着什么？他忠于善意对待他的人们，布莱克夫人曾经这样，雷古勒斯也一定是这样的，所以他欣然地为他们服务并盲从于他们的信仰，我知道你想说什么，"哈利想要抗议，但是她只管说下去，"雷古勒斯的心意改变了……但是看起来他并没有告诉克利切这些，不是吗？我想我知道为什么。如果克利切和雷古勒斯的家族保持古老的纯血统，那么他们将是最安全的。雷古勒斯不过是在尝试保护家族里的人。"

"小天狼……"

"对于克利切来说，小天狼星很可怕，哈利，这样并不好，你知道这是真的。小天狼星回来的时候克利切已经孤独了很长时间了，他肯定想要一些关爱。我确信'西茜小姐'和'贝拉小姐'对待克利切的态度会和善得多，所以他愿意为她们做事，告诉了她们想知道的每一件事。我一直说巫师们会为他们对待家养小精灵的方式付出代价的。当然，伏地魔是这样……小天狼星也一样。"

哈利找不到反击的话，他看着克利切在地板上哭泣，全身都湿了，他想起邓不

跟着名著学读写

利多在小天狼星去世几个小时之后曾经对他说过的话：我不认为小天狼星把克利切看做和人类一样有敏锐的感情的生物……

"克利切，"过了一会儿，哈利说，"你要是感觉可以了，嗯……请坐起来。"

克利切打了几分钟的嗝才安静下来。他有点吃力地调整成坐姿，像一个小孩子一样用手揉着眼睛。

"克利切，我要求你做一些事情。"哈利说。他求助地看着赫敏。他想温和地给出命令，但是同时，他不能假装这不是一个命令。然而，他语气的变化似乎得到了赫敏的认可：她鼓励地笑了。

"克利切，我想请你，去找到蒙顿格斯·弗莱齐。我们需要知道盒子在哪儿……主人雷古勒斯的盒子在哪儿，这非常重要！我们想继续完成由主人雷古勒斯开始的工作，我们想……呃……确保他没有白白地牺牲。"

克利切把拳头从眼睛前拿开，抬头看着哈利。

"找到蒙顿格斯·弗莱齐？"他声音嘶哑地问。

"并且把他带到这里，格里莫广场，"哈利说。"你愿意为我们这么做吗？"

克利切点头答应了，他站起来时，哈利突然来了灵感。他扯出海格的钱包，拿出那个假的魂器，雷古勒斯曾经在里面放了一张给伏地魔的纸条。

"克利切，我希望，呃，你拿着这个，"他说，把盒子按在小精灵的手中。"这个属于雷古勒斯，我相信他希望你拥有它，作为对你所做的一切的感激。"

"太过分了，伙计。"罗恩说。小精灵看了一眼盒子，发出一声充满了震动和痛苦的嚎叫，再一次摔倒在地上。

他们花了将近半小时时间让克利切平静下来。克利切得到了布莱克家族的传家宝作为自己的东西，他激动得双腿发软，已经站不起来了。最后他终于能够蹒跚地走几步了，他们陪着他走到橱柜前，看着他小心地用脏毯子把盒子裹进去折好，并向他保证，在他外出的时候他们会把保护这个盒子看成是最重要的事。然后他向哈利和罗恩低低地鞠了两个躬，甚至朝着赫敏的方向做了一个很古怪的动作，似乎是在尝试向她行礼，然后，砰的一声，他幻影移形了。

地海巫师（节选）

格得最初觉得，在繁花盛开的树下，这间房子好像还算是个明亮的地方。他住了下来，也常观看西边的天空，随时拉长巫师的耳朵，留意有无鳞甲羽翼拍动的声音。但没有龙来。格得在自己的海堤钓鱼，在自己的园圃种花种草。时值夏季，他坐在屋外的潘第可树下，翻阅从柔克学院带来的民俗书，常整天深思其中的一页、一行，或一字。瓯塔客不是在他身边睡觉，就是到满地青草和雏菊的树林里猎鼠。他随时为岛民服务，是岛民的全能医师和天候师。他倒没想过，由巫师来搬弄这种雕虫小技，或许可耻，因为他自己小时候是巫童，所服务的村民比下托宁岛民更穷苦。不过，下托宁的岛民很少要求格得做什么，他们敬畏格得，部分是因为他是智者之岛出身的巫师，另一部分也是因为他的静默和他那张有伤疤的脸孔。因为这个缘故，纵然年轻如格得，总使人与他相处不自在。

然而，格得还是交了个朋友，是个造船匠，家住东边邻岛，名叫沛维瑞。他们是在海堤结识的，当时，格得停下来看他踩踏一条小船的船桅，他早已抬眼看着巫师，咧嘴笑道："一个月的工差不多要完成啦。要是你来做，我猜你只要一分钟，念个咒就好了，是吧，先生？"

"可能吧，"格得说，"但是，除非我一直持咒，否则可能下一分钟就沉入海底了。不过，要是你想……"他没有把话讲完。

"怎么，先生？"

"呃，这条小船造得相当好，实在不须再增加什么。不过，要是你喜欢，我可以施个捆缚术，帮她保持平顺安全，或是施个寻查术，让她由海上返航时，可以平安回家。"

格得不希望伤了这位造船匠的感情，因此有点欲言还止，但沛维瑞的面容竟为之一亮。

"先生，这条小船是为我儿子造的，要是你肯替他祝个咒，真可以说是大德隆恩了。"

说着，他爬上堤防，拉起格得的手，郑重道谢。

从那次起，他们便常常一起工作。造船或修船时，沛维瑞负责手工；格得除了提供法术技巧之外，顺便学习如何造船、如何不依靠法术驾船，因为纯粹借帆驶船的技巧，在柔克岛几乎已经绝迹了。格得时常与沛维瑞和他的小儿子伊奥斯，驾驶不同的船穿梭在海峡和礁湖之间，到后来，不但格得成为驾船好手，他与沛维瑞的友谊也坚定不移。

秋末，船匠的儿子生病，孩子的母亲请了帖斯克岛一位擅长医疗的女巫，情况似乎好转了一两天。但后来，在一个暴风雨肆虐的半夜，沛维瑞跑来猛敲格得的房门，哀求他去救他的儿子。格得与他跑到船上，在黑夜暴雨中火速划船到船匠家。

跟着名著学读写

格得看见那孩子躺在草床上,母亲蹲在床边,女巫一边燃烧草根,一边唱着奈吉颂,那也是她最好的疗方。但是她小声对格得说:"巫师大人,依我看,这孩子得的是红热,熬不过今夜了。"

格得跪下来,两手放在孩子身上,也得到相同的结论,身子不由得后退一下。他自己那场大病的最后几个月,药草师傅教了他许多民间疗方,不管疗方深浅,原则都一样,那就是:伤可治,疾可疗,垂死的灵魂只能由它去。

做母亲的见格得退后,明白了含义,立刻绝望地号啕大哭。沛维瑞在她身旁弯下腰,说道:"太太,雀鹰大人会救他的,不用哭!他既然来了,就有办法。"

听闻这母亲的悲号,目睹这父亲对他的信赖,格得不忍心让他们失望。他推翻了自己的判断,心想如果可以把烧热降退,或许这孩子就可以得救了。他说道:"沛维瑞,我会尽力。"

夫妻俩从屋外取来新接的雨水,格得用来为孩子洗凉水澡,同时不停念一种止热咒。可是,这个咒起不了半点效用,突然间,格得以为那孩子就要在他的手臂中死去。

格得顾不了自己,马上集中力量,运转自己的灵魂,去追赶孩子的灵魂,要把它带回家。他呼叫孩子的名字"伊奥斯!",他从自己的内在听觉听见了微弱的应答,所以又叫了一次,一边继续追赶。他看见男孩快步跑在他前头,正要自某座山丘侧面跑下一个漆黑的陡坡。四周悄然无声,山丘上方的星辰,是他肉眼不曾见过的,但他晓得那些星座的名字捆星、门星、转者星、树星。它们都是那种不会下沉,也不会因某个白天来临而淡隐的星辰。他追赶那个垂死的男孩,追得太远了。

格得一察觉这点,便发现自己单独站在幽黑的山脚。想转身回去,已经很难了,非常难。

他慢慢转身,先缓缓跨出一脚爬上山坡,再跨出另一脚,一步一步用意志力爬山,每一步都比前一步艰难。

星星没有移动,贫瘠的陡坡也没有一丝风,在这片广阔的黑暗王国内,只有他在缓慢走动攀爬。他爬到山丘顶上,在那里看见一面矮墙。墙的另一边,一个黑影与他面对。

那个黑影不具人形或兽形。虽然没有形状,也几乎看不清楚,但黑影低声无语地对格得唏唏嘘嘘,并向他逼近。黑影站在活者那一边,格得站在死者这一边。

他要不就下山,进入沙漠的疆域和无明的死者之城,要不就跨越那一道墙重拾生命,可是那边有个无形邪物在等他!他的"精神之杖"就在手中,格得把它举高。这动作使他恢复了力气,他对着黑影,准备跳过那道低矮的石墙时,杖转眼放出白光，在漆黑之中成了炫目的光亮。他纵身一跃，感觉自己坠落，之后就什么也看不见了。

沛维瑞与妻子及女巫看到的过程是年轻的法师咒语念到一半就停下来，抱着孩子，动也不动，静立片刻，然后把小伊奥斯轻轻放回草床，手举上杖，静静站着。突然，他高举木杖，木杖发出白色光焰，宛如握着闪电棒。电光石火间，屋子里所有的东西都奇怪地跳动起来。等到眼睛可以清楚观看时，他们看到年轻的法师蜷缩着身子，躺在泥地上，旁边的草床上躺着死去的孩子。

沛维瑞以为法师也死了。他妻子大哭，他自己也完全不知所措。所幸女巫曾道听途说，对巫术、真巫师的死亡方式有点认识。她看格得躺着，虽然身体冰凉、没有生命迹象，但她知道他并不是死了，而应当成生病或精神恍惚来处理。所以，他们把他送回家，请一个老妇人看顾，留意格得是睡、是醒，还是一睡不起。

格得昏迷时，小瓯塔客躲在屋内椽子之上，与陌生人来时一样。它在那儿待着，挨到雨打墙壁，炉火沉寂，夜深更移，老妇在炉边打盹为止，才爬下来，爬到动也不动、僵直卧床的格得身边，伸出它枯叶般的干舌头，开始耐心地舔他的手和腕，然后蹲在他的头旁边舔太阳穴、有疤的脸颊，再轻舔他紧闭的双眼。在它轻柔的抚触下，格得慢慢会动了。他醒过来，不知自己去过何处、如今身在何处，也不知昏暗的空中那抹微光是晓曙之光降临人间。瓯塔客照往常一样窝在他肩膀旁，接着就睡着了。

事后，格得回顾那一夜，他明白自己当时躺着不省人事时，假如没有什么人去碰触他、没有什么从旁召唤他回来，他可能永远回不来了。多亏那只兽以它无声、本能的智慧，舔触它受伤的同伴，抚慰了他。然而，格得从那份智慧中看到与他内力相仿的东西，是一种如巫术般深奥的东西。从那一回起，格得便相信，有智慧的人一定不会与其他生命相离，不管那生命有没有语言。往后的岁月，他都从沉默、从动物的双眼、从鸟兽的飞翔、从树木缓慢摇曳的姿态中，尽力去学习可能学到的东西。

※ 请概括三个片段的主要内容。

《哈利·波特与阿兹卡班囚徒》	
《哈利·波特与死亡圣器》	
《地海巫师》	

※ 结合你的阅读感受，填好下列表格。

类　别	人　物	出　处	理　由
我喜欢的人物			
我不喜欢的人物			

※ 没有上下文，上面的三个片段也有完整的故事情节。作者在塑造人物的时候，深入的细节描写有什么好处？请你结合人物至少写出两点。

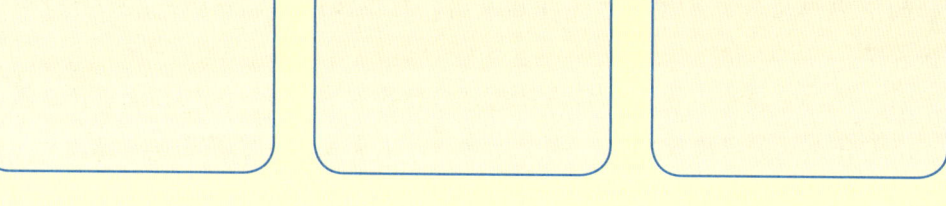

※ 请你为自己喜欢的片段续编故事。

第十三章 魔幻小说

习作指南

想象作文分很多种：

1. 故事接龙类：题中给出一段材料，要求续写出后面的情节甚至结局。

2. 故事创编类：题中给出一则漫画，或某种情景，或熟知的故事材料，要求写出一篇记叙文或一个新的故事来。

3. 情景描摹类：题中给出某诗词片段或图片画面，要求入情、入景、入微地描摹出来。

4. 科幻设想类：或直接给出文题，或假定特定情景，要求想象人或事物的状貌。

5. 寓意寄托类：给出文题，要求在其中寄寓某种生活哲思或感悟。

想象是创造出新形象的思维过程。想象是作文创新的基础。若将作者的生活感受比作金子，不管这感受多么丰富，倘若没有想象，也不过是一座沉睡的金矿。

想象还是一种非常重要的能力，正如英国大诗人雪莱所说，想象是创造力。想象作文，就是在想象的基础上写作文。

如何写好想象作文呢？

一、想象要合情合理

表现过去和现在，一定要注意结合当时的时代背景、生活水平、风俗人情、语言服饰等各个方面的差别，不可以以今代古，亦不可以古代今。

展望未来的时候，更要清楚地了解当今社会的发展情况，特别是科学技术的发展，要科学地描写未来的发展趋势，不要一味追求大胆而虚幻得天花乱坠，不可理解，更不应出现前后矛盾，甚至知识性方面的谬误。

二、想象要丰富多彩

用多点辐射拓展想象的广度。即以写作的中心为圆点，向四周辐射，要放开思绪，让思绪的线条纷纷延伸。可以想象神奇的人物，如《海的女儿》中的人鱼公主；《拇指姑娘》中的拇指姑娘等。可以想象神奇的环境，如：《巨人的花园》《冬天的温妮》等。可以想象神奇的器物。如，《宝葫芦的秘密》中的宝葫芦，《哈利波特》中的魔杖等。还可以想象神奇的情节，如：《爱丽丝梦游仙境》《绿野仙踪》等。

对一个材料、文题、图片或话题进行纵向的畅想，可以上下几千年、纵横几万里地去畅想，可以古今中外、神思飞越地去畅想。只有这样打开思路，才能写出丰富多彩的想象佳作。

三、想象要新颖神奇

想象也需要创新。开始写想象作文，我们往往抄袭别人的想象，喜欢人想亦想，

- 255 -

跟着名著学读写

这样的想象作文既不新颖，更不神奇。如何新颖神奇呢？首先要在丰富的想象内容上精选与众不同的点来表现生活的面。如《尾巴它有一只猫》运用反向想象，站在尾巴的角度看待尾巴和猫的关系，别出心裁。《疯狂星期二》中的青蛙可以乘坐魔毯在空中飞翔等。

南朝的刘勰曾这样形象地强调了想象的妙趣和作用："文之思也，其神远矣。故寂然凝虑，思接千载；悄焉动容，视通万里。吟咏之音，吐纳珠玉之声；眉睫之间，卷舒风云之色。"作为21世纪的青少年，我们更应关注生活，博览群书，强化科学意识，打造创新思维，放飞想象的翅膀。

漫画读物 第十四章

德国第三帝国时期,战火不断,硝烟弥漫,令人窒息的白色恐怖笼罩整个国家。《父与子》犹如荒漠中的一片人性绿洲,温暖了德国。我国著名漫画家华君武先生称赞它:"孩子看了好笑,成人看了也好笑,各人去笑各人所理解的,这是卜劳恩漫画的魅力。"

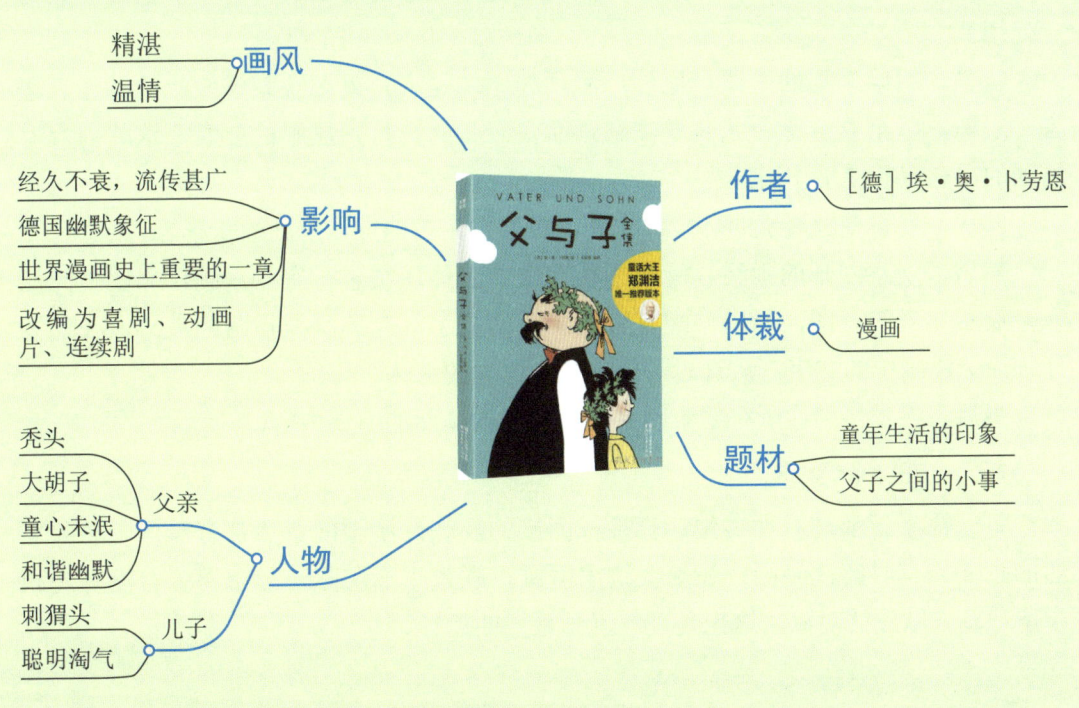

名师点拨

漫画，是一种艺术形式，是用简单而夸张的手法来描绘生活或时事的图画。一般运用变形、比喻、象征、暗示、影射的方法，构成幽默诙谐的画面或画面组，以取得讽刺或歌颂的效果。

阅读漫画的方法

一、读准标题

标题往往揭示漫画的内容和主旨。读准漫画的标题，可以透析整幅漫画的含义，领会其主要思想。

二、观察内容

完整的漫画由许多要素构成，我们若想把漫画的内容读透彻，就要认真观察每一处细节。

首先，明确漫画的主体。比如：漫画的主体是人，就要观察该人物的动作、语言、表情，甚至衣着等。尤其要注意画面中夸张的、特别显眼的要素，这些内容对漫画的寓意有着提示作用。

其次，观察漫画展示的环境。比如：故事发生的地点、所处的背景等。

然后，观察漫画的画注。漫画往往在细节上体现寓意，有些漫画仅靠图画无法完全展示作者的意图，所以常配有言简意赅的文字，起到画龙点睛的效果。我们要仔细品味漫画中的文字，认真思考研究其中蕴含的意味。

最后，将观察到的所有要素联系起来，明白画面的主要内容。

三、理解含义

每一幅漫画都是对现实生活直接或间接的反映，漫画的背后都有着作者想要表达的意义。有时解读漫画，还需要跳出漫画，联系生活实际，想想周围有没有漫画中所讽刺或歌颂的对象，这也是理解漫画重要的途径。

第十四章　漫画读物

通过标题可得知这幅漫画的主要内容是父亲哄儿子睡觉。

画面中的主角是父子二人，通过观察环境，我们可以猜测地点是在儿子的卧室。

通过观察人物的动作，我们发现父亲为了哄儿子睡着，使尽了浑身解数，又是陪着推小车，又是举高高，最后父亲才知道原来儿子只是想留自己在身边一起入睡。

画面看似是生活中平淡的小事，却表现出儿子对父亲的撒娇和依赖，父亲对儿子的宠爱和包容。父子之间浓浓的情意让人心生暖意，都无言地流泻出纯真的赤子之情与融融的天伦之乐。

跟着名著学读写

书宝论坛

1934年12月13日，《父与子》的第一个连环漫画故事《糟糕的家庭作业》在《柏林画报》刊载问世。《父与子》溢满了作者卜劳恩的爱子之情，可以说是世界上流传最广的亲情漫画。作品中一个个生动幽默的小故事都是来自漫画家在生活中的真实感受，《父与子》实际上就是卜劳恩与儿子克里斯蒂安生活的真实写照。

作者卜劳恩1944年因受纳粹迫害自杀于狱中，留下遗言："……我为德国而画……还望把他（克里斯蒂安）抚养成人。带着幸福的微笑，我去了。"原来父子之间温馨的日子那么美好而短暂。我们得知了作者的遭遇以后，再看漫画，会觉得父子情更加珍贵，并相信这种深厚的情感将会随漫画永世流传。

你们说得很对。了解作者的生平和作品的创作背景可以帮助我们更深刻地体会作品蕴含的感情。

第十四章 漫画读物

开卷有益

1. 看一看

仔细观察这本书的封面，父亲与儿子的形象有什么特点呢？

2. 猜一猜

整本漫画通俗易懂，引人发笑，猜一猜父亲和儿子之间会发生哪些有趣的事情呢！

3. 查一查

《父与子》为什么是世界上流传最广的漫画，历经70余年而不衰呢？创作背景以及名人的评价会告诉你答案。

掩卷而思

1. 画一画

你是不是也想到了和爸爸之间发生的有趣的事呢？动起手也来画一幅漫画吧！

2. 讲一讲

俗话说："与人分享的快乐才是真正的快乐！"你的这幅漫画一定很有意思，赶快把它分享给老师、同学和家人，并把这件有趣的事讲给他们听吧！

3. 议一议

多么有趣的一对父子呀！如果让你来评价一下他们，你会对他们说什么呢？

跟着名著学读写

我想对父亲说：_____
_____
我想对儿子说：_____
_____

群文阅读

漫画一

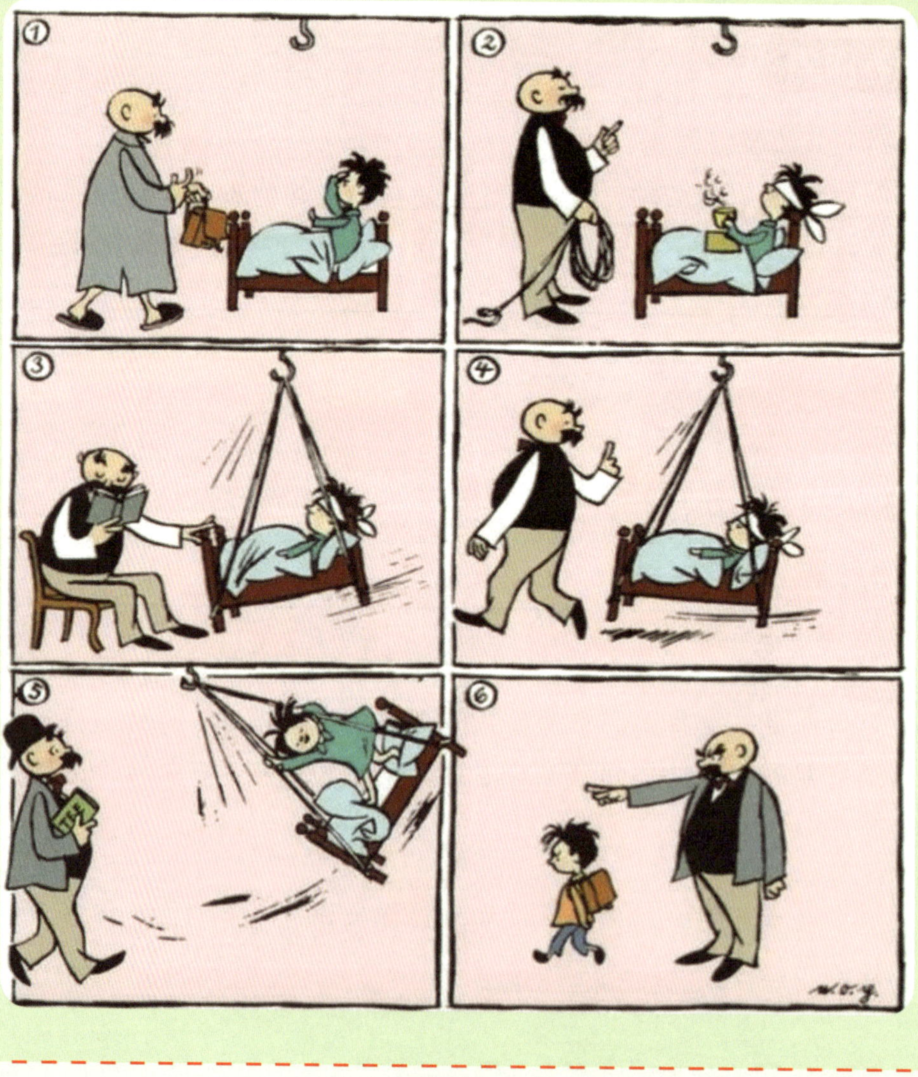

漫画二

漫画三

跟着名著学读写

阅读检测

1. 选择其中一幅，简要地说一说漫画的内容。
   _____
   _____

2. 假如你是"漫画一"中那个儿子的同学，你如何劝说他呢？

3. 题目往往会告知我们图画的主题，是漫画的"眼睛"。请你仔细观察"漫画二"，选择你认为最合适的题目。（　　）

   A. 照相　　　B. 论拍照姿势的重要性　　　C. 完美的照片　　　D. 头发

4. 仔细观察"漫画三"，并联系生活实际，说一说你对这种行为的看法。
   _____
   _____

5. 结合三幅漫画，说一说父亲与儿子分别给你留下了怎样的印象。

习作指南

漫画作文是指根据给出的一幅或几幅漫画写出的作文。

漫画作文如何写呢？

一、仔细观察，读懂画面

1. 看漫画的题目与画中的文字，能帮助我们把握漫画的主题。

2. 观察画面上的背景，弄清事件发生的时间、地点。

3. 漫画作文中，画面的主体一般都是人物。关注人物的相貌、服饰、动作等，弄清人物的年龄、身份。

二、根据内容，合理想象

漫画是一幅没有声音、静止的画面，要把它变成有血有肉的故事，就得对画面内容进行合理的想象，对故事情节做补充。如：从人物的表情可以想象当时他的心情，根据警示牌可以想到相关内容等。

三、抓住重点，有序表达

1. 从画面观察到的、想到的内容会很多，我们需要进行筛选，与主题紧密相连的内容要详写，其他则略写。

2. 根据漫画内容，有顺序地写。写事情要交代清事件的起因、经过和结果，介绍人物要有对人物的语言、动作、神态、心理等的描写。

四、联系实际，发表看法

漫画的题材多来源于现实生活，所以在习作中，应将漫画的内容与生活实际联系在一起。想一想周围是不是有类似的情况，然后就这一情况发表自己的看法。

仔细观察下面这幅漫画，运用学到的方法写一写吧！

孩子吵完大人吵

"我讨厌你！"
"我更讨厌你！"

"爸爸，有人打我……"

"就是他！就是他打了我！"

"嘿，你儿子打了我的儿子！"
"是你儿子先动手打了我的儿子！"

"胡说八道，快点道歉！"
"该道歉的应该是你们才对！"

"你这个可恶的家伙……"
"你更可恶！"

第十五章 历史读物

  《上下五千年》是一套通俗历史读物。在这套书中，作者选择重要、著名的人物和事件，根据史籍材料，加以组织和剪裁，用通俗的现代语言写出来，基本上没有虚构，对小读者了解历史大有助益。

  这本书不仅介绍了斑斓瑰丽的上古创世神话，有斗智斗勇的春秋战国谋略故事，也有天下一统的秦汉雄风和战事纷扰的三国故事，有气势恢宏、文采精华的唐宋故事和跌宕起伏的元明清朝代更替，还有近代史上的受辱与抗争以及浴火重生的新中国的成立。本书内容涵盖政治、军事、科技、文化、经济、艺术、民族、法律、外交、教育等诸多方面，讲述了从盘古开天辟地到1949年新中国成立的中华五千年历史。

跟着名著学读写

著名事件：唇亡齿寒、卧薪尝胆、屈原投江、完璧归赵、负荆请罪、毛遂自荐、破釜沉舟、官渡之战、三顾茅庐、王安石变法、林则徐虎门销烟、五四运动、九一八事变、南京大屠杀……

著名人物：晏子、扁鹊、屈原、秦始皇、项羽、刘邦、司马迁、曹操、刘备、诸葛亮、武则天、郑成功……

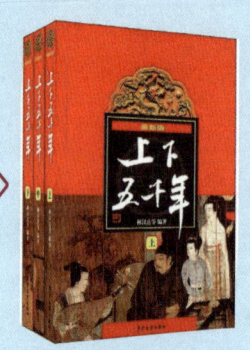

作者：林汉达，著名教育家、文字学家、历史学家。从20世纪20年代开始，林汉达先生即从事研究和写作，著作颇丰，涉及面广，影响了一大批读者。除了教育类和文字改革类专著，林汉达先生最著名的作品有《东周列国故事新编》《前后汉故事新编》《三国故事》《上下五千年》等。其中久负盛名、影响最为广泛的就是《上下五千年》。

朝代：夏、商、周、春秋战国、秦、汉、三国、晋、南北朝、隋、唐、五代、宋、元、明、清

名师点拨

什么是历史类书籍？

文字记录的历史，我们统称为历史类书籍——史书。包括纪传体史书、历史小说等。

纪传体史书，史书的一种形式，以为人物立传记（皇帝的传记称"纪"，一般人的称"传"，记载制度、风俗、经济等称"志"，以表格排列历史大事称"表"）的方式记叙史实。

历史小说，通过描写历史人物和事件，再现一定历史时期的生活面貌和历史发展趋势。它依据历史事实，但又不同于历史教科书，它可以作适当的想象、概括和虚构，但所描写的主要人物和主要事件应有历史根据，具有真实与虚构相统一的特征。

历史类书籍代表作品

《史记》是西汉著名史学家司马迁撰写的一部纪传体史书，是中国历史上第一部纪传体通史，被列为"二十四史"之首，与后来的《汉书》《后汉书》《三国志》合称"前四史"。还有元代讲史话本《三国志平话》。

 阅读历史类书籍的方法

一、要清楚历史背景

读史书忌讳死读书，看字面意思，断章取义。所以阅读这类读物时，我们就要了解清楚当时的历史背景、文化传统等。

二、要关注重大事件

一般的历史都是事件类的。关于历史事件除了要了解事件的起因、经过和结果外，还要明白或记住事件发生的时间。

三、要关注历史人物

历史事件往往都与重要的历史人物有关，而创造历史事件的历史人物都不是光杆司令，他们一定身边有着很多的名臣俊杰。这些人也都在我们关注的范围之内，关注他们的身世、成长经历、教育背景、性格等，有助于更好把握人物的成长轨迹和加深对人物的了解。

四、要整体梳理

如果书中有历史故事的话，绝对不能只读单篇内容。既然是历史当中的一段，它肯定不是单一的，一定要读完故事之后，最好是把整个朝代再梳理一遍，这样的话才能有一个整体性。

五、要前后延展

读史书是一项立体多维工程，不能孤立、割裂地去读，应该前后延展，牵涉极多。例如，想读汉代历史，先秦史不得不有所涉猎；想研究三国，前面汉代豪族和后面南朝世家门阀都要了然于胸。

同学们,历史类书籍的阅读方法学会了吗?下面就让我们用学到的方法来读一读这本书的内容吧!

社会背景:春秋战国时期列国争霸,互相防守,长城修筑进入第一个高潮,但此时修筑的长度都比较短。秦灭六国统一天下后,秦始皇连接和修缮战国长城,始有万里长城之称。秦始皇通过连接原有的燕、赵、秦长城,有效地阻挡了匈奴等北方少数民族的侵犯。

秦始皇筑长城

东周列国,经过春秋时期和战国时期五百年的变迁,才合成了一个大国。秦王嬴政跟着就改变国家的制度。当初六国诸侯都称为王,如今王没有了,那么自己又叫什么呢?他觉得自己的功劳威望比古时候的三皇五帝还大,就采用了皇帝这个名称。自己是中国头一个皇帝,就叫始皇帝,人们就称他为秦始皇。他想以后就用数目字计算:第二个皇帝就叫二世,再下去叫三世,这么下去一直到万世。他又叫玉器工匠刻了一颗大印,称为玉玺。

秦始皇废除了分封诸侯的办法,采用了郡县制度,把天下分为三十六郡。由朝廷直接任命三个最重要的长官:郡守,是一郡中最主要的长官;郡尉,在郡守底下,管理治安,统领军队;郡监,执行监察的事情。郡下面是县。

秦朝的兵车,要在从咸阳北到燕地、东到齐地、南到海边的三十六郡的道路上都能通行,就规定兵车的大小,统一为轴上两轮的距离一律为六尺,道宽五十步(秦以六尺为一步),每隔三丈种上青松。修路的人一部分是原来的士兵。秦朝把各地所有的兵器都收到咸阳来,铸成十二个巨大的铜人和好些个大钟。

交通一方便,商业就发达,秦朝的度(尺寸)、量(斗升)、衡(斤两)也作出了统一规定;把战国时一些地区不同的文字,规定为统一的文字。

公元前214年,秦始皇发大军五十万人,平定岭南(今广东、广西),又添了三个郡。第二年,大将蒙恬在北方打退了匈奴,又添了一个郡,合成四十郡。

秦始皇下令规定:除了秦国的历史和医药、占卜、种树、法令等书籍以外,其余的诗、书、百家的言论，全给烧了。谁要私藏或拿古人的议论来反对现在的法令，就治罪。他叫御史把反对皇帝的四百六十多个犯禁严重的儒生和方士（求神问卜的人）都埋了；次一等的，都轰到边疆去开荒。

这就是秦始皇废分封、建郡县，车同轨、书同文，统一度量衡的改革。秦始皇还做的一件大事就是御匈奴、筑长城了。

北方的匈奴趁着燕、赵衰落的时候，一步步地往南侵略，连河南（今内蒙古河套以南地区）大片的土地也给夺去了。秦始皇派将军蒙恬发兵三十万北伐匈奴，把河套地区收回来，编成四十四个县，把内地的囚犯大批地送到那边去开荒。为了加强北方的防御，秦始皇又派了几十万民夫把原来燕国、赵国和秦国北边的长城连起来，又造了不少新的城墙，从临洮（今甘肃岷县）到辽东（今辽宁辽阳西北）筑成一道万里长城。

> 秦始皇，历史上著名的改革家、政治家及战略家。他是第一个结束分裂混战局面、统一六国、建立中央集权国家的人。人们对于秦始皇的印象无非就是个暴君，生性多疑，为了保证他的绝对权力和国家统一，他专制独裁，焚书坑儒，差点就将儒学文化毁于一旦。

以前各国的长城，是各国为了自己的防御，各自在本国形势险要的地方修筑起来的。齐、楚、魏、燕、赵和中山等国都兴筑了长城。公元前214年，秦始皇完成统一后修筑的长城，只是将秦和原赵、燕共三国建造在北边的长城连贯成一条。今天的六千三百公里长的长城，是经过汉朝以后历代修筑过的。

> 秦统一六国后，秦始皇派著名大将蒙恬北伐匈奴，把各国长城连起来，西起临洮，东至辽东，绵延万余里，遂称万里长城。长城的修建客观上起到了防止匈奴南侵，保护中原经济文化发展的积极作用；但修建长城耗费了大量的人力物力，特别是在秦统一全国不久、百废待兴的情况下，大量的人力被消耗在长城修建工程，民怨四起，加速了秦朝的灭亡。对秦始皇修长城这一历史事件，我们应该既看到它积极的一面，也应充分认识到它消极的方面。

跟着名著学读写

书宝论坛

《上下五千年》这本书使我了解到祖国悠久的历史,但为什么说是"上下五千年"呢?

五千年只是一个约数。"上下"在这里不是方位名词,而是指古今的意思,是指中国历史从公元前2000多年的五帝时代到现在大约4000多年不到5000年的历史。以当时的学术水平自然不能考证得很清楚,因此只能大概地说五千年了。

为了便于同学们理解历史类书籍,这里给大家介绍几个关于中国古代人物的特定称谓。如"竹林七贤"指的是三国魏正始年间(240—249年)嵇康、阮籍、山涛、向秀、刘伶、王戎及阮咸七人。"建安七子"是汉代建安年间(196—220年)七位文学家的合称,包括孔融、陈琳、王粲、徐幹、阮瑀、应玚、刘桢。像这样的特定称谓还有很多,我们可以查阅资料,多了解一下!

第十五章 历史读物

我还知道"竹溪六逸"是开元年间隐居于竹溪的六位名士合称。开元二十五年（737年），李白移家东鲁，与山东名士孔巢父、韩准、裴政、张叔明、陶沔在泰安府徂徕山下的竹溪隐居，世人皆称他们为"竹溪六逸"。

整本书阅读

开卷有益

我们在开始阅读一本书之前，首先要仔细观察一下封面，说一说从封面上你获得了哪些信息。

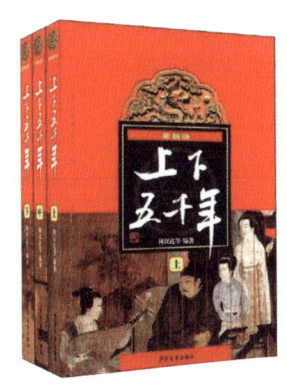

在封面上我们可以看到书名、作者、出版社、封面插图，还知道这套丛书有上、中、下三册。

红色是我们中华民族最喜爱的颜色，代表着喜庆、热闹与祥和。我国有辉煌灿烂的五千年历史，承载了国人太多的记忆，所以这本书采用红色作为封面底色。

这套丛书中每一本的封面各不相同。如上册书的封面图截取的是《韩熙载夜宴图》。这是五代十国时期南唐画家顾闳中的绘画作品，现藏于故宫博物院。

跟着名著学读写

其他两册书的封面上各是选取了哪些名画呢？感兴趣的同学可以去查一查。

细心的同学会发现，这套丛书只有一个目录，出现在上册。丛书共有372个小标题。当你耐心读完后，心中会油然升起强烈的民族自豪感和爱国主义热情。

下册书后面还有一个历史大事年表，有助于帮你捋顺各个朝代哟！

掩卷而思

谈各个朝代

※ 我国历史上出现了很多朝代，你记得住吗？为了便于同学们记忆，下面的朝代歌你要熟记哟！

朝 代 歌

夏商与西周　东周分两段　春秋和战国　一统秦两汉

三分魏楚吴　二晋前后沿　南北朝并立　隋唐五代传

宋元明清后　皇朝至此完

※ 假如你能穿越，最想穿越到哪个朝代？

前些年，一些媒体刊物关于"你最想穿越到哪个朝代？"调查活动，想穿越到宋朝的得票率出奇得高。你知道这是为什么吗？请你通过查阅资料来写下大家选择宋朝的理由吧！

第十五章 历史读物

聊历史事件

※ 成语故事是我国历史的一部分，每一个成语的背后都有一个含义深远的故事。经过时间的打磨，千万人口口相传下来，每一个成语是那么深刻隽永、言简意赅。你在阅读丛书时，找到了哪些成语故事呢？写下来吧。

成 语	主要人物	历史事件简述	成语解释
负荆请罪	廉 颇		背着荆条向对方请罪。表示向人认错赔罪。

说历史名人

※ 在每一个历史时期都有一些人改变了中国的历史进程、发展方向、民生经济和生活方式，他们的事迹影响着一代又一代的人。

首先我们先来认识古代名人，请你连一连。

司马迁	《说文解字》	一部多卷本编年体史书
贾思勰	《水经注》	第一部纪传体通史
许 慎	《梦溪笔谈》	古代中国地理名著
司马光	《史记》	涉及古代中国自然科学、工艺技术及社会历史现象的综合性笔记体著作
郦道元	《齐民要术》	一部综合性农学著作
沈 括	《资治通鉴》	我国第一部系统地分析汉字字形和考究字源的字书，也是世界上很早的字典之一

跟着名著学读写

现在我们来认识一下近现代名人,请你写出他们的名字及简要人物介绍。

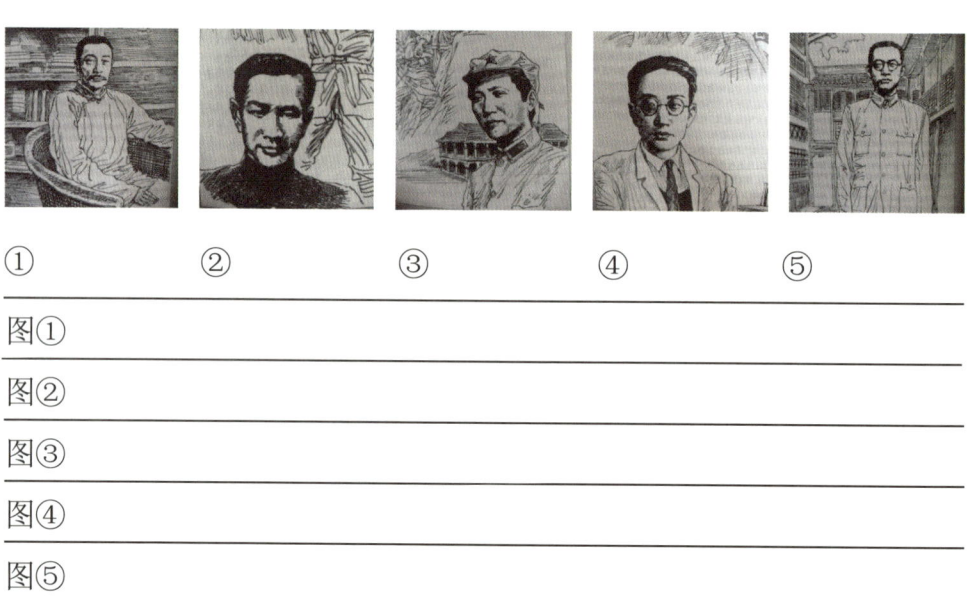

① ② ③ ④ ⑤

图①

图②

图③

图④

图⑤

你还可以读更多

历史是我们国家的过去,是民族的记忆,是我们对远古的怀念。读史使人明智,读史对于我们每个人的成长具有十分重要的意义!下面这些书推荐给你。

《明朝那些事儿》主要讲述的是从1344年到1644年这300年间关于明朝的一些故事。以史料为基础,以年代和具体人物为主线,并加入了小说的笔法,语言幽默风趣。对明朝十七帝及其他王公权贵和小人物的命运进行全景展示,尤其对官场政治、战争、帝王心术着墨最多,并加入对当时政治经济制度、人伦道德的演义。

第十五章 历史读物

《少年读史记》由台湾著名作家张嘉骅根据《史记》中的人物故事编写而成，共计60篇。主要根据《史记》的"本纪""世家"和"列传"的相关篇章，精选了唐尧到汉武帝间杰出人物的事迹，包括帝王、将相、世家公子、谋士、教育家、武士、辩士、刺客等。语言生动，文字流畅简约，通俗易懂，有极强的故事性和可读性。除此之外，还将《报任安书》收录进来，这是司马迁的名篇，是司马迁与任安的心灵对话，收入这篇文章，对于了解司马迁的人生际遇和心路历程都有重要意义。

一个个鲜活的历史人物，一桩桩真实的历史事件，都是祖宗留给我们的宝贵文化财富。

请你认真默读下面5个材料，每个故事争取在3分钟内完成阅读，来挑战一下吧！

【材料一】

田单巧布火牛阵

齐湣王骄横暴戾，赶走了孟尝君，自己想称天子。大夫狐咺上朝劝谏，湣王下令将他杀死后暴尸街头示众。从此，齐国上下人心离散。

而燕国自燕昭王以来，却日益富足强盛起来。见齐湣王昏庸残暴，就和大将乐毅商讨进攻齐国的方案。乐毅说："齐国是个军事大国，要取胜它，必须与中原各国联合出兵。"

　　于是燕昭王就派使者与秦、魏、赵、韩四国联络。公元前284年，乐毅统率五国大军，大举进攻齐国。联军在济水西岸大败齐军。齐军大将韩聂战死，齐湣王逃回齐都临淄。打败齐军后，各诸侯国的军队乘胜收取了齐国边境的一些城市，然后回国了。只有乐毅率燕国军直逼临淄。齐湣王被乐毅的燕军吓破了胆，只带了家眷和少数文武官员弃都而逃。

　　乐毅占领了临淄，将齐国的宝藏及宗庙祭器，以及原先齐国掠夺来的燕国的国宝统统收集起来送回燕国，同时又带兵继续追击齐湣王的军队。乐毅英勇善战，又善于运用计谋，因此，大军一路上势如破竹，齐军望风披靡。

　　不多久，乐毅就攻下了齐国七十余座城池。这时齐国只剩下莒城和即墨两地未被攻下。齐湣王逃往莒城，并向楚国求救。楚顷襄王派大将淖齿带兵二十万救齐。淖齿到了莒城，见齐湣王大势已去，就杀了湣王，企图自立为王。

　　乐毅的军队围攻莒城。但由于楚军力量强大，久攻不下。于是乐毅就移兵包围即墨。

　　乐毅对即墨采取了围而不打的战术，而且允许城内百姓出城耕田购粮。他也约束燕军，不准掳掠百姓。他想让即墨城内的军民，不战而降。

　　再说，即墨的守将这时正好病死，城中没有了领兵御敌的主将，于是，大家就选举了一个叫田单的人出来主持守城。田单是一个很有智谋的人。他从小熟读兵书，希望有朝一日能为国出力。但齐湣王不懂得用人，田单只在临淄做过市场管理员那样的小官吏。在燕兵入侵，与齐国的官员、百姓逃难到即墨的路上，田单机智地将当时车轴两边突出的部位锯掉，并包上了铁皮，因此，他坐的车行动灵活，顺利地到达了即墨。而许多官员坐的车，都因为车轴太长，互相碰撞，在乱哄哄的逃难中有的车翻人亡，有的因行动缓慢而成了燕军的俘虏。

　　田单当了即墨守将后，不盲目出战。他一面组织人力修筑加固城墙，准备固守，一面派人潜出去打听敌军的情况和外面的政治形势。不久，派出去的探子回报说燕昭王死了，继位的燕惠王不信任乐毅。于是，田单立即派人去燕国放风，说乐毅迟迟不攻莒城和即墨，是想在齐国收买和笼络人心，自己当齐王；否则齐国的七十多座城池都攻下来了，还剩这小小的两个地方会几年攻不下吗？这些传言没过多久，就风风雨雨传进了燕惠王的耳中。

　　燕惠王听了这些谣言，就更加对乐毅不满了，于是派自己的心腹将军骑劫去即墨前线代替了乐毅。乐毅很伤心，又怕回去受到燕惠王的迫害，就投奔赵国去了。

骑劫到任后,一改乐毅的做法,他立即下令加紧攻城,并且在攻城时将一些俘虏的齐军割去鼻子,驱赶他们打头阵;他还让士兵将即墨附近齐人的坟墓全挖开,将骸骨点火烧掉。即墨城内的军民见燕军这样残暴,个个恨得咬牙切齿,纷纷到田单那里请求出阵与燕军决一死战。

田单见城内军民的抗敌士气鼓起来了,又施出了第二条计策:他抽调城内的精壮军民五千人,日夜在隐蔽处训练,同时只让老弱军人和妇女守城。还收集了城内的金子,叫人带上扮成富翁偷跑出城去向骑劫投降,请求燕兵在破城后不杀害、骚扰他们的亲属。骑劫见了,心花怒放,觉得即墨守不了几天了,就让手下的军官士兵尽情地作乐几日,准备最后攻城。

就在这时,田单将城内的牛统统集中起来,约有一千头左右,在它们身上披上画有五颜六色的龙纹图案的绸布,牛角上绑上锋利的尖刀,牛尾上缚着浸透了油的麻丝;同时在城墙根凿开了几十处洞,将牛牵到洞口。待到晚上,他命士兵们在牛尾上点着了火,将牛群统统赶出洞外。尾上着了火的牛,疯狂地冲向燕军的阵地。

而那五千训练有素的精壮士兵,也都脸上涂着油彩,在牛群后冲出。在燕军阵地内,麻痹大意的军官士兵们都睡得死死的,一点戒备也没有。突然间被疯牛的嚣叫声和冲天的火光惊醒,只见大批花身怪兽和花脸神将杀入,个个吓得腿发软,魂不附体,以为是天兵天将杀来,只顾得抱头鼠窜逃命,哪还有抵抗的勇气和胆量?

骑劫正在中军帐内喝酒,听到喊声出去,也吓得莫名其妙,根本无法阻止军队溃逃,自己只得也随混乱的队伍逃走,不料田单已率齐军追杀上来。燕军互相践踏,溃不成军,混战中骑劫被田单一戟戳死。

田单率军乘胜追击。燕军失去了主帅,无法抵抗。而那些刚被燕军占领的齐国城市里的百姓,也纷纷起来响应,他们赶走了燕军,迎接田单率领的齐军。于是,田单一直率领齐军将燕军赶出了齐国的北部边界。临近灭亡的齐国又得以恢复。

田单反击燕军的同时,莒城的齐国人也乘机杀了楚将淖齿,将齐湣王的太子法章迎进城去,立为齐王。这就是齐襄王。公元前279年,田单将齐襄王迎回临淄。由于田单恢复齐国的功劳,齐襄王将他的家乡安平地方一万户的土地赐给他,并封他为安平君。

【本文选自少年儿童出版社 林汉达等 编著《上下五千年》】

【材料二】

出奇制胜——田单复国的故事

田单也许真的懂兵法，因为他接连使出许多奇招来对付燕国。

当时，燕昭王刚过世，继位的燕惠王与乐毅不和。田单得到这个消息后，乘机在燕国施行反间计，放话说："齐王已经死了，却有两座城没被攻下。乐毅迟迟不结束攻城战，是怕攻下归国后，国君会借机杀他。表面上说是讨伐齐国，其实是想联合齐国兵力，在齐国称王。因为齐人至今尚未完全归顺，所以乐毅慢慢进攻即墨，以便见机行事。齐人现在最怕的是燕国派其他将军来，一旦换掉乐毅，即墨就完了。"

燕王听信了这些谣言，于是派骑劫去替代乐毅。

被解除任命的乐毅并未返回燕国，而是投奔赵国。燕国军民为此感到相当愤慨。

田单命令城里的人在用餐之前，都要在庭院里祭拜祖先。天上的飞鸟因此纷纷盘旋而下，要吃祭拜时进献的食物。

驻扎在城外的燕军看到这种情形，觉得很奇怪，于是田单又对外放话："这是神仙要下凡来教导我们了。"之后又命人四处传言："将会有神人来当我们的导师。"

有个士兵一时兴起，信口胡诌："那我可以当你们的导师吗？"说完掉头就走。

田单赶紧起身，把那名士兵拉回来，请他东向而坐，拜他为师。

那个士兵连忙说："我是骗您的，其实我什么本事也没有。"

田单小声告诉他："您就别说了！"依旧以奉师之礼对待他。

此后，田单每次发布命令，必定说是出自神师的旨意。

田单还对外宣称："我们最怕燕军将割掉鼻子的齐国俘虏放在阵前，然后出兵和我们作战。燕军要是这么做，即墨非败不可啊！"

燕军听到这些流言，便照着做。即墨城里的人看见投降的齐国人被割掉鼻子，都非常的愤怒，于是更坚决地守着城池，唯恐被燕军俘虏。

田单继续使用反间计，说："燕人会不会在城外挖我们的祖坟、羞辱我们的祖先啊？燕人若是这么做，只怕我们的心都寒了。"

燕军于是把齐人在城外的祖坟挖开，并焚烧骨骸。即墨人在城上远远看到这种情形，个个痛哭流涕，怒气高涨，都想出城去跟燕军拼个你死我活。

第十五章 历史读物

田单知道这时军心可用，便亲自带着铁锹等工具，跟士兵们一起做起防御工事，还把妻妾编在队伍之中，拿出所有的饮食犒赏大家。

田单命令精锐的部队埋伏起来，让老弱妇孺去城头防守，再派使者告知燕军，他们决定投降了。燕军听到后都欣喜若狂。

田单从民间搜集了一千镒黄金，派即墨的富豪把这些黄金送给燕国的将军，并且对对方说："即墨就要投降了，希望燕军进城后不要掳掠我们的妻妾，让我们能够安生过活。"

燕国将军非常高兴，当下就答应了，燕军的防备也因此愈来愈松懈。

田单最后使出的奇招，是千年之后仍让人拍案叫绝的"火牛阵"。

他将城里的一千多头牛，都披上面着五彩龙形花纹的大红绸服。

每头牛的角上都绑着锋利的刀，尾巴都捆着沾满油脂的芦苇。

这时，城墙已经凿出了几十个洞。夜里，田单将牛尾巴上的芦苇点燃，放他们出洞，再派五千壮士跟随在后。牛因为尾巴被烧痛，疯狂地向燕军奔去，吓得燕军惊慌失措，四下逃散。

一条条的牛尾巴燃烧得像火把，场面光亮耀眼。仓促间，燕军以为自己看到的是龙，而撞上牛的燕军非死即伤。

随行的五千名壮士嘴里衔着噤声的枚，无声无息地杀过去。城里的人擂鼓呐喊，紧跟在后；老弱妇孺也没闲着，把铜器敲得震天响。

燕军因为惊骇过度，最后大败而走，燕将骑劫也被杀了。

燕军四处逃窜。齐人追逐败走的燕军时，经过的城邑都背叛燕军归附田单，因此田单的兵力愈来愈多。齐军乘胜追击，燕军逃得一日比一日仓皇，一直退到黄河边。

齐军终于收复了失去的七十多座城。

此时，齐湣王已被淖齿所杀。淖齿被莒城里的人所杀，齐襄王则继承了齐湣王的王位。

齐人到莒城迎接齐襄王返回国都临淄，请国君重新执政。（公元前279年）齐襄王即位后，封田单为安平君。

【本文选自青岛出版社 张嘉骅 编著，郑慧荷、宫月淑 绘图《少年读史记》】

【材料三】

史记原典精选——《史记·田单列传》

田单乃收城中得千馀牛,为绛缯衣,画以五彩龙文,束兵刃于其角,而灌脂束苇于尾,烧其端。凿城数十穴,夜纵牛,壮士五千人随其后。牛尾热,怒而奔燕军,燕军夜大惊。牛尾炬火光明炫耀,燕军视之皆龙文,所触尽死伤。五千人因衔枚击之,而城中鼓噪从之,老弱皆击铜器为声,声动天地。燕军大骇,败走。齐人遂夷杀其将骑劫。燕军扰乱奔走,齐人追亡逐北,所过城邑,皆畔燕而归。田单兵日益多,乘胜,燕日败亡,卒至河上,而齐七十馀城皆复为齐。乃迎襄王于莒,入临淄而听政。襄王封田单,号曰安平君。

【本文选自青岛出版社 张嘉骅 编著,郑慧荷、宫月淑 绘图《少年读史记》】

【材料四】

于谦保卫北京城

"土木之变"后,造就了明代杰出的民族英雄于谦。

千锤万凿出深山,烈火焚烧若等闲。

粉骨碎身浑不怕,要留清白在人间!

于谦这首《咏石灰》诗,明白晓畅,脍炙人口,是对他自己一生的事业成就、道德情操的生动写照。

于谦是浙江钱塘(今浙江杭州)人,受封过"少保"官衔,所以又称于少保。他自幼性格刚强,志向远大,特别崇拜南宋民族英雄文天祥。他公元1421年中进士,宣德年间做御史,巡视江西,平反冤案,升为兵部右侍郎,又先后出任河南、山西巡抚。他到处访贫问苦,兴利除害,为百姓办了不少好事。

于谦对于权贵,从不阿谀奉承。每次到北京办事,他都空着手,不带礼品。当时北京的权贵们，接受地方官员的贿赂，成了风气。于谦对此非常不满，他还写了首诗，其中两句是："清风两袖朝天去，免得闾阎（街坊里巷）话短长。"意思是做人要清清白白，免得遭人说长道短。"两袖清风"从此成为常用的成语。

后来，王振专权，误将于谦当做另一个得罪过他的、姓名相似的御史，因而指使同党诬陷他，将他关入大狱，准备处死。以后王振知道搞错了，放于谦出狱，但还是要贬他的官。山西、河南成千的官员百姓联名上书，请求让于谦留任，他才回到河南巡抚的任上。

公元1448年，于谦到北京任兵部左侍郎。第二年，就赶上瓦剌入侵与土木堡之变。八月下旬，从土木堡逃回京城的残兵败将，带回大军惨败、皇帝被俘、瓦剌军很快要打来的坏消息，上自皇室，下至百姓，都惊呆了，不知如何应付。愁云惨雾，笼罩着京城。

皇太后匆忙让明英宗的弟弟、郕王朱祁钰监国（暂代皇帝管理国家），召集大臣商议守卫京城的事。侍讲学士徐有贞迫不及待地发言，说他观察天象的变化，明朝气数已尽，不是瓦剌的对手，不如迁都南京。

于谦非常气愤，大声斥责道："谁说迁都，就先砍掉他的头！京城是国家的根基，一旦放弃，整个国家就完了。大家不记得南宋灭亡的惨痛教训了吗？"

于谦的话义正词严。他坚守北京的主张得到了许多大臣的拥护。

但人心还没有安定，局面仍然混乱。一天，郕王召集大臣议事，大伙痛哭流涕，要求宣布王振颠覆国家的罪行。郕王没有明确表态，却转身走进内宫。大臣们则越说越激动，跟着拥入宫门。郕王不得不同意抄王振的家，却派王振的同党、也是宦官的马顺去执行。马顺这时还狐假虎威，吆喝着要将大臣们赶出宫去。愤怒的人群抓住马顺就是一顿痛打，不一会就把他打死了。但愤怒的大臣们仍然大喊大叫，局面大乱。郕王面色惨白，可又脱不了身。

这时，于谦挡住众人，挺身而出，说："殿下不要走。王振是罪魁祸首，不严惩不足以平民愤。群臣也是一心为国家。请殿下明确宣布王振的罪恶。"

郕王照于谦的话做了，众人这才满意地散去。

为消除群龙无首的混乱局面，于谦与群臣一道劝郕王赶快登基，皇太后也是这个意思。九月，郕王即位，称代宗，年号景泰；尊被俘的明英宗为太上皇。于谦升任兵部尚书，负责守卫京城。

于谦迅速采取措施，加强京城的防务。同时调集辽东、山东、河南等地的明军，火速赶到北京参加守卫，又命令工部急速调集粮草物资赶造衣甲器械，做好准备。

也先想以送回英宗皇帝为诱饵，引诱明朝讲和。于谦力排众议，没有上也先的

当。十月间,也先再也等不住了,挟持着明宗,攻破紫荆关,打到北京城下。大营就安在西直门外。

于谦立即召开军事会议,讨论对策。大将石亨主张避开敌兵的锐气,军队全部撤进城里,城外坚壁清野,等敌军疲惫了再去打他。

于谦表示反对,他说:"我军退缩,敌军会更加轻视我军。现在各地征调来的大军已有二十多万,应该乘敌军立足未稳,主动出击,打掉他的骄气。"

于是,北京九座城门之外,都建立起明军的阵地,将士们怀着报仇雪耻、保家卫国的决心,同仇敌忾,斗志昂扬地准备与入侵敌军作殊死战斗。

于谦将兵部的事务交给副手,亲自率领人马,列阵于德胜门外,抵挡正面的也先大军。他下令:开战后,带队将领不顾部下率先后退的,斩将领。部属不听将领指挥擅自撤退的,由后队将士将前队官兵斩首。

也先没有料到,他会遭到北京军民空前顽强的抵抗。在德胜门,也先遇到埋伏,损失了一万多骑兵。在西直门,瓦剌兵遭到都督孙镗与赶来的援兵的围攻,落荒而逃。好多地方,老百姓勇敢地参加了战斗,他们爬到房子上,用砖瓦投掷瓦剌兵。到处都是英勇杀敌的悲壮场景。

也先在北京城下硬撑了五天,吃了好几个败仗,而明朝各地援军还源源不断地开来,形势对他变得非常不利。他只好挟持着朱祁镇,逃出关去。

京城保卫战取得了辉煌胜利!于谦乘势收复了关内大片失地,并调兵遣将,加强了各边关的守卫力量。

第二年八月,也先见明朝政治已经安定,明英宗在他手中再也没有用处了,便将明英宗放了回来。

于谦为人正直,性情刚烈,所以得罪的人不少。那个主张逃跑被他斥责的徐有贞,还有企图讨好于谦反被于谦责备的大将石亨,都很忌恨于谦。

公元1457年明英宗在宫中不耐寂寞,在徐有贞、石亨等人的策划下,发动政变,重登皇位,废除了明代宗。明英宗对支持朱祁钰做皇帝的大臣们恨之入骨,加上徐有贞、石亨等人说了于谦很多坏话,竟将这位忠心耿耿、功勋卓著的忠臣杀害了。

【本文选自少年儿童出版社 林汉达等 编著《上下五千年》】

【材料五】
北京保卫战——也先的第二方案

也先下达了撤退的命令,瓦剌的五万大军开始收拾东西,准备回家。

可是罗通实在是一个好客的人,他似乎觉得把也先这位客人晾在城外几天不搭理有点过意不去,便不顾也先的反对,坚持派出全副武装的士兵去为也先送行,于是"三败之,斩获无算"。

也先什么也顾不上了,他已经意识到,这次麻烦大了,如果再不逃走,连老命也难保了,他带着朱祁镇,准备撤回关外。

在败退的路上,也先最后看了一眼那近在咫尺却又远在天边的北京城,叹息而去。

似乎是为了怀念自己那最终未能实现的梦想,也先在离北京城外不远的地方扎营,度过了在京城的最后一个夜晚。

估计也先的打算不过是好好地睡上一觉,再做个好梦,然后第二天走人。可他万没有想到,于谦已经准备了一份厚礼,作为给他的离别礼物。

也先是一个经验丰富的军事指挥官,他已经预料到了城内的守军可能会夜袭出击。所以他把军营设在了离京城有一定距离的地方,加上他的军队以骑兵为主,所以就算守军出城攻击,他也能够从容做出反应,将军队撤走。

可是这次,上天又一次和他开了个大大的玩笑,由于在小时候没有接受过系统的科学技术教育,也先同志这次又要吃大亏了,吃没文化的亏。

他什么都考虑到了,却忘记了于谦手中有一样武器,不需要靠近他的营地就能置他于死地,而这件可怕的武器就是大炮。

明代的大炮自宋代和元代发展而来。经历长时间的改进,到了明永乐年间,大炮已经具有较远的射程和极大的威力,此时的于谦已经准备了数十门大炮,并把炮口对准了也先的营地,准备在夜里用这份意外的礼物给也先饯行。

就在那个夜晚,也先带着无尽的遗憾和惋惜再次遥望了京城。事后证明,这也是他投向京城的最后一瞥。他始终无法理解的是,自己的军队装备精良,士气高涨,士兵强悍,而对手则是主力被歼灭,装备不全,士气低落,士兵也是临时召集的预备队,毫无经验可言,这样的实力对比,无论用什么方法预测和计算,哪怕是搞民意调查,自己也是无论如何不可能失败的。

然而事实是,他失败了。

在那座看似岌岌可危的城池中,有一种力量在支撑着守军,顽强地对抗着他,而击败自己,创造奇迹的正是这种力量。

这种力量，我们称之为勇气。

作为失败者的也先自然会有很多感慨，可是此刻的胜利者于谦却没有这样的空闲，此时，他正忙于调集大炮，并将黑洞洞的炮口对准也先的营地，准备在夜里为也先组织场盛大的焰火送行晚会。

既然于谦有大炮，为什么一开始不用，却非要等到也先夜间在城外扎营，准备撤退之时方才动手呢？

其中大有奥妙。

于谦是一个正直勇敢的人，事实确实如此，但我们往往会忽略了这样一点，那就是于谦也是一个历经宦海，很有城府的人，他之所以在战斗的初始阶段不使用大炮，是因为在也先的队伍中有一个身份特殊的人——朱祁镇。

朱祁镇虽然已经不是皇帝，但如果在战阵之中、众目睽睽、光天化日之下被大炮轰死，影响实在不好，舆论压力太大，所以不能轻易动手。我们之前也曾经说过，朱祁镇是死是活其实并不重要，这个人之所以重要只是由于人们知道他是太上皇。也正是因为这个原因，在战争的前期大炮并没有得到广泛的使用。

但于谦也绝对不会因此放弃使用这种武器，他充分发挥了灵活处理问题的能力，解决了这个难题。

既然不能在众目睽睽下使用，那就等你们走远了再用，就算把你轰死了也是眼不见心不烦；既然不能在光天化日之下，那就等到晚上再动手，大炮无眼，黑灯瞎火的时候就算一不小心"误伤"或是"误杀"了太上皇阁下，那也是可以理解的。

最后如果在打扫战场时发现朱祁镇先生的尸体，就追认一个名分，史书上写些"为国捐躯，英勇献身"之类的话，宣传一下朱祁镇先生奋勇杀敌、寡不敌众被叛军所杀的先进事迹，用以鼓舞后人，启迪后代，至此大功告成，功德圆满。

于是就在那个夜晚，当也先的士兵们进入梦乡，营地一片寂静之时，远处的明军大炮开始了猛烈的轰鸣。数十门大炮齐放，也先营地顿时陷入火海，无数瓦剌士兵在睡梦中被击毙，余者四散奔逃，也先从梦中猛醒，拔刀出营准备组织抵抗，却惊奇地发现眼前并没有敌人，只有那不断从天而降的致命礼物。

瓦剌军营乱成一团，而远处的明军炮兵却是不慌不忙，把瓦剌士兵们当成活动的靶子，从容瞄准开炮，也算是结结实实地上了一堂炮兵瞄准训练课。

仗打到这个地步，也就没什么可说的了，瓦剌军营陷入一片火海，损失惨重（发大炮击其营，死者万人），却连一个敌人也没有看到，也先同志带着他还没有做完的美梦，连夜离开了这片伤心之地。

至此，北京保卫战结束，大明完胜。

北京保卫战是中国历史上一次十分重要的战役，如果此战失败，中国历史将会改写，因为京城一旦失陷，北方将无险可守，半壁江山必然难保，大明王朝的国运也将被改变。在这场决定历史的战争中，明朝政府在主力被歼、上皇被俘、兵力不足、士气全无的情况下，采用了正确的军事和外交方针，最终击败了来犯的蒙古军队，保住了帝国的北部领土，取得了最后的胜利。

从一盘散沙、行将崩溃到众志成城、坚如磐石，从满天阴云、兵临城下到云开雾散、破敌千里，大明帝国终于转危为安，北京保卫战创造了一个力挽狂澜的奇迹。而这个奇迹的缔造人正是于谦。

【本文选自浙江人民出版社 当年明月 著《明朝那些事儿》】

1. 通过阅读相信你已经对以上五篇选文的主要内容有了概括性的了解，请运用已经掌握概括主要内容的方法，概括材料一和材料四的主要内容。

【材料一】主要内容：
_____
_____

【材料四】主要内容：
_____
_____

2. 请你仔细阅读材料一、材料二和材料三，比较一下这三篇选文在表达上的异同点：

相同点：（内容）_____
_____

不同点：（体裁）_____
_____

3. 对比阅读材料四和材料五之后，你发现了吗，虽然都在写"北京保卫战"这个重大历史事件，可是材料四属于历史故事，更忠于史实，而材料五的体裁是小说，加入了作者一系列的创作成分，使故事情节更丰富，人物形象更生动……

你喜欢读材料（　　　　　　），为什么？

跟着名著学读写

_____

_____

  4. 田单和于谦都在国家遭遇外敌入侵之时，挺身而出，担当重任，挽救国家危亡，都是民族英雄。请你在材料二和材料五中分别找到有关这两个人物的具体描写，划出来并作批注，感受他们的智谋与勇气。

  5. 于谦从小学习刻苦，志向远大。相传有一天，他信步走到一座石灰窑前，观看师傅们煅烧石灰。只见一堆堆青黑色的山石，经过熊熊的烈火焚烧之后，都变成了白色的石灰。他深有感触，略加思索之后便写下了一首诗——《   》

  这首诗不只是石灰形象的写照，更是他日后的人生追求。请把这首诗抄写下来吧。你还知道于谦的其他诗作吗？

习作指南

  读历史故事，品历史人物。自古对历史人物的评说都是"仁者见仁，智者见智"。历史上的名人就像是我们的一面镜子，是我们的榜样，无形之中他们就会影响着我们的一言一行。

第十五章 历史读物

我喜欢李清照,她是最有才华的女词人,生于书香门第,儿时过目不忘,语出惊人,博览群书,在少女时代便非常出名。后来金人铁蹄南下,南宋王朝腐败无能。李清照目睹国破家亡,"虽处忧患穷困而志不屈",在"寻寻觅觅、冷冷清清"的晚年,她殚精竭虑,编撰《金石录》。

我喜欢诸葛亮,千古以来,他深受人们的爱戴,身上有着无数的光环。他非常有才华,"未出茅庐,已知天下三分"。我更喜欢诸葛亮遇事镇定自若,深谋远虑。在"空城计"中,他毫不畏惧司马懿的逼迫,从容布置,从而使对方退兵,西城得以转危为安。

同学们,你喜欢谁?这个人物的哪件事情给你留下了深刻印象呢?今天我们就来写一写你喜欢的历史人物吧!

选定历史人物

五千年的华夏文明照亮了中华民族的历史长河。阅读历史故事,你的眼前会浮现出很多个性鲜明的历史人物,他们中有的是帝王,有的是伟人……在这些历史人物中,你最喜欢谁?请把最主要的原因写出来。再好好读一读有关他的故事。

可以通过阅读历史故事、查找资料等方式搜集、筛选能表现人物品质的具体事例,提高自己积累习作素材的能力。

选取典型事例

所选的事例能够能很好地表现人物特点,而且新颖、感染人,重要的是对你有所影响,这样的事例就是典型事例。人物的思想品质或者说人物的特点是通过一件件典型事例表现出来的。希望你笔下的人物"事例典型、形象鲜明"。

转化资料语言

同学们不要忘记把搜集到的资料语言转为自己的话,转化方法如下:

方法一:在查阅资料深入了解人物之后,要丢开资料,凭自己的记忆,用自己的语言描述出来。

　　方法二：在介绍事件的过程中，加入自己的感受。

　　方法三：有时候，需要对比较长的资料语言进行概括；有时候，需要对简短的资料语言进行加工、扩写，如果能加入两至三个生动传神的细节描写就更好了。

　　怎么样？是不是已经打开了你的思路呢？开始动笔吧！

附录

部编版教材一—六年级《快乐读书吧》书目汇总

年级	册别	书目	知识能力点
一年级	上册	故事书、图画书	了解阅读方式和途径；产生阅读期待；培养阅读习惯
	下册	童谣、儿歌（附有两首童谣《摇摇船》《小刺猬理发》）	产生阅读兴趣、喜读乐背；分享阅读感受和自己的书籍
二年级	上册	《小鲤鱼跳龙门》《"歪脑袋"木头桩》《孤独的小螃蟹》《小狗的小房子》《一只想飞的猫》	推荐书目，学习自主阅读；认识封面，爱护图书；渗透阅读方法
	下册	《神笔马良》《七色花》《一起长大的玩具》《愿望的实现》	学会自主阅读；学会看目录；分享阅读成果
三年级	上册	《安徒生童话》《稻草人》《格林童话》	预测故事情节；想象；把自己代入故事
	下册	《中国古代寓言》《伊索寓言》《克雷洛夫寓言》	读懂故事；联系生活经验理解道理；关注人物
四年级	上册	《中国古代神话故事》《古希腊神话故事》《北欧神话故事》《印第安神话故事》	认识到神话对于古人的严肃性；想象，感受神话的宏大气魄
	下册	《十万个为什么》《看看我们的地球》《灰尘的旅行》《人类起源的演化过程》	用学过的方法理解科学术语；学会进一步质疑和探索
五年级	上册	《中国民间故事》《一千零一夜》《列那狐的故事》《非洲民间故事》《聪明的牧羊人》《曼丁之狮》	认识到民间故事的口头性特点，领略故事情节，感受人物形象；感受民间故事的善恶对立和圆满结局的特征
	下册	《西游记》《三国演义》《红楼梦》《水浒传》	体会章回体的特点；学会看回目
六年级	上册	《童年》《小英雄雨来》《爱的教育》	以主人公为中心梳理人物关系；把人物和情节联系起来记忆
	下册	《鲁滨逊漂流记》《骑鹅旅行记》《汤姆·索亚历险记》《爱丽丝漫游奇境》	借助写作背景理解作品内容和价值；做读书笔记，了解全书结构